KB180628

몸으로 본 유가 도덕 이론

몸으로 본 유가 도덕 이론

－ 공맹과 주희의 도덕 이론을 중심으로 －

장 수

역락

몸은 우리 자신이다. 그래서 몸은 우리에게 너무나 가깝고 친숙하지만, 바로 그 이유로 철학적 담론에서 오랫동안 잊힌 주제였다. 서구의 지배적인 지적 전통 안에서 몸의 담론은 낯선 것이며, 때로는 거북한 도전이었다. 그래서 몸은 오랫동안 '철학의 타자'로 남아 있었다. 이러한 의미에서 오늘날 전개되는 몸의 철학적 담론은 새로운 몸의 발견이 아니라 잊힌 '몸의 복권'을 의미한다.

이 책은 '몸의 복권'을 향한 철학적 시도의 한 표현이다. 즉 이 책의 주된 목적은 체험주의의 입장에서 유가 도덕 이론을 인지과학의 경험적 발견에 합치하는 '경험적으로 책임 있는' 도덕 이론으로 재해석함으로써 그 현대적 재구성의 필요성과 가능성을 탐색하려는 것이다.

유가 도덕 이론은 공맹의 인간 중심주의적이며 이상적인 도덕적 인간상에 대한 탐색을 위주로 하던 도덕 이론으로부터 후세의 유학자들, 특히 송대의 주희에 이르러 형이상학적인 초월적 해석 때문에 점차 보편적인 도덕원리의 탐구를 주된 목표로 하는 절대적인 도덕 이론으로 변형되었다.

체험주의는 최근 수십 년 동안의 경험과학적 탐구 성과들을 토대로 형성된 새로운 철학 이론이다. 이러한 체험주의는 '몸의 복권'을 중요한 철학적 주제로 삼아 '신체화된 경험'의 본성과 구조에 대해 더 포괄적이고 적절한 해명을 시도함으로써 새로운 철학적 시각을 열어 가고 있다. 체험주의는 특히 현대 인지과학의 개념적 도구와 방법들, 그리고 결과들을 적극적으로 적용함으로써 철학적 이론들의 본성에 대한 새로운 통찰을 바탕으로 철학적 이론들에 대한 탐구에서 개념적 분석, 비판적 평가, 구성적 이론화의 수단을 제공한다.

체험주의적 관점에서 볼 때 유가 도덕 이론은 다른 전통적 도덕 이론들과 마찬가지로 다양한 은유들의 구조물이라고 할 수 있다. 도덕 이론이 은유적으로 구성되었다는 것은 보편적 도덕원리를 탐구하는 절대주의 도덕 이론이 스스로 주장하는 절대성의 정당화 근거를 근원적으로 무너뜨리며, 그것은 나아가 절대적인 도덕 이론이 가능하지 않다는 것을 함축한다. 이것은 절대라는 이름으로 해석된 유가 도덕 이론이 사실은 그릇된 철학적 가정에 근거한 '철학적 열망'의 산물이며, 그것은 '우리의 것'이 아니라 '우리가 원하는 것'의 하나라는 점을 말해 준다.

절대적 이론이 문제가 되는 것은 동·서양의 지성사가 반복적으로 보여 주는 것처럼 그것이 순수한 이론적 열망으로 남아 있지 않고 종종 현실적인 정치권력과 결합함으로써 하나의 이데올로기적 독단으로 변질하기 때문이다. 이렇게 볼 때 우리의 '이상'으로서 제시된 절대적 이론은 오히려 우리 자신을 억압하고 통제하는 폭력적 도구로 전락할 위험성을 안고 있다. 이러한 맥락에서 오늘날 유가 도덕 이론의 현재적 설득력을 가로막는 가장 큰 걸림돌은 유가적 가치 자체가 아니라 바로 유가 도덕 이론과 그에 관련된 도덕성 개념들에 대한 사변적이고 초월적인 정당화 방식이다.

유가 도덕 이론에 대한 체험주의적 분석은 형이상학적인 정당화 방식의 한계를 보여 주며, 동시에 유가 도덕 이론이 추구하는 도덕적 덕목들이 필연적으로 형이상학적인 정당화를 요구하는 것이 아니라는 것을 잘 드러내 준다. 그것은 나아가 체험주의적 시각을 통해 공맹의 도덕 이론을 본지로 하는 유가 도덕 이론에 대한 형이상학적 정당화가 아닌 경험적인 정당화가 가능하다는 것을 함축한다.

이 책은 필자의 박사학위 논문인 「유가 도덕 이론의 체험주의적 해석」(2012)을 수정 보완한 것으로, 그 구성은 다음과 같다.

제1장에서는 유가 도덕 이론에 대한 경험적 재해석을 위주로 하는 해당

연구의 필요성과 목적, 그러한 연구에 필요한 철학적 방법론을 기술했고, 나아가 이상의 관련된 기존의 선행 연구를 검토해 보았다.

제2장에서는 인지과학의 철학, 즉 체험주의 이론의 형성과 발전, 체험주의 이론의 몇몇 핵심적 개념들에 대한 설명을 통해 그 기본 관점, 나아가 그것의 철학적 함축과 철학적 방법론상에서의 중요한 의의를 기술했다.

제3장에서는 체험주의적 시각에서 공맹 도덕 이론의 핵심적인 이론적 구조를 검토했으며, 이를 통해 그 철학적 특징과 이론적 난점을 밝혔다. 나아가 공맹의 도덕 이론이 후세에 의해 형이상학화한 근본 원인을 지적했다.

제4장에서는 체험주의 입장에서 공맹의 도통을 계승한 주희의 성리학적인 도덕 이론 체계의 철학적 사유 구조를 독해하고, 그 논리적 구조의 은유적 특성을 파악했다. 특히 그에 따른 이론적 체계성의 정합성 여부를 검토했으며, 그 과정에서 그 전반적인 은유적 구조를 드러냈고, 나아가 그것이 갖는 철학적 함축을 밝혔다.

제5장에서는 체험주의 '몸의 복권'의 관점에서 그 당시 아직 형이상학화의 과정을 거치지 않은 공맹의 도덕 이론에 대한 경험적인 재해석을 통해 유가 도덕 이론이 새로운 경험적 지식에 부합하는, 다시 말해 '경험적으로 책임 있는' 도덕 이론으로 재해석될 가능성을 탐색했다.

제6장에서는 유가 도덕 이론(공맹과 주희 도덕 이론)의 본성에 대한 체험주의적 해명을 바탕으로 유가 도덕 이론에 대한 경험적인 재해석의 회귀적 의미가 무엇인가를 집중적으로 제시했다.

요컨대, 필자는 위와 같은 분석과 논의를 통해 오늘날 유가 도덕 이론이 '경험적으로 책임 있는' 도덕 이론으로 재구성될 수 있으며, 또 그 재구성이 필요하고 가능하다는 점을 제안했다.

이 책의 주된 독자는 새로운 철학적 방법론에 관심을 두는 학부 고학년 학생들과 석·박사 대학원생, 그리고 다양한 인문·사회과학 분야의 연구자들이 될 것이다. 체험주의의 새로운 시각은 특정한 분야에 국한되지 않고 언어, 예술, 문학, 인류학, 사회학, 교육학, 수학과 같은 다양한 탐구 분야에서 새로운 논의의 가능성을 열어 줄 수 있으며, 이러한 영역에서 훨씬 더 구체적인 설득력을 보여 줄 것이다. 이 책은 그동안 한국 국내에 지속해서 소개됐던 체험주의에 대한 기본적 이해와 관심을 가진 독자들에게는 체험주의적 논의의 구체적인 확장 가능성을 보여 준다는 점에서 폭넓은 관심을 끌 수 있을 것이다. 특히 기존의 동양철학 분야 연구자들에게 동양의 전통적인 윤리학 이론에 대해 새롭게 조망할 수 있는 계기를 마련해 주고 나아가 새로운 논의의 방향을 제시해 준다는 점에서는 매우 중요한 의의가 있을 것이다.

이 책이 출판되기까지 많은 분의 도움이 있었다. 필자의 학문적 성장 과정에서 가장 큰 가르침과 배려를 주신 분은 전남대학교 철학과 최대우 교수님과 노양진 교수님이시다. 은사 최대우 교수님은 필자의 한국 유학 시절 박사학위 논문 지도교수다. 그 당시 최대우 교수님께서 흔쾌히 받아들였기 때문에 비로소 필자가 한국에 유학하여 학문을 더 닦을 기회를 가질 수 있었으며, 특히 최대우 교수님의 학업, 생활상에서 세심한 지도와 극진한 관심이 있었기 때문에 오늘날의 필자가 있게 된 것이며, 또한 이 책의 출판도 가능하게 된 것이다. 최대우 교수님은 필자에게 학문하는 방향을 제시하고 넓혀 주셨다. 최대우 교수님의 간곡한 타이름에 깊은 감사를 드린다.

은사 노양진 교수님도 필자의 철학적 시각을 이끌어 주신 또 한 분의 학문적 스승이다. 노양진 교수님의 말보다 행동으로 솔선수범하는 신중한 학문적 자세는 필자의 깊은 공감을 끌어냈다. 노양진 교수님의 세심하고 인내심이 있는 가르침이 있었기 때문에 필자는 점차 학문을 닦는 방법론을 장악하고 체득하게 되었으며, 나아가 학문의 든든한 기반을 마련하게 되었다. 노양진 교수님의 고귀한 가르치심에 깊은 감사를 드린다. 중국 연변대학교 철학 학과의 방호범 교수님께도 감사드린다. 방호범 교수님의 소개와 추천이 있었기 때문에 필자가 위의 두 분 은사를 만나고 모시게 되는 행운을 지니게 되었다.

이 외에도 학위논문이 완성되어 이 책으로 모습을 갖추기까지 필자에게 학문적인 격려와 배려를 아끼지 않으신 한국 원광대학교 철학과 김학권 교수님, 광주교육대학교 윤리교육과 문병도 교수님, 순천대학교 철학과 정용환 교수님께 감사의 인사를 드린다. 그리고 필자의 학문적 여정에서 많은 관심과 도움을 주신 전남대학교 철학과 조윤호 교수님, 류근성 교수님, 이향준 교수님, 이경환 교수님 등께도 감사를 드린다.

특히 내 가족에게도 감사드린다. 그들은 필자에게 사심 없는 사랑을 베풀었으며 필자를 위해 많은 헌신과 희생을 했다. 유학 시절 돌아가신 아버님께 효도 한 번 못해 매우 죄송스럽다. 어머님은 이전에나 지금이나 항상 이 아들에게 큰 애정을 주시며 매사에 아들을 위해 노심초사하신다. 동생 장길이도 그동안 수고 많았다. 동생이지만 돕기는커녕 크게 빚지기만 해서 매우 미안하다. 아내 김해림이 제일 고생했다. 지금까지 아무런 원망도 없이 묵묵히 이 남편만 바라보고 아이를 키우면서 바쁘고 급박한 인생길을 함께 걸어왔다. 남편을 사랑해주고 믿어주어 따라줘서 고맙기만 하다. 아들 장홍원도 다 커서 인젠 어엿한 대학생이 되었다. 그저 앞으로 건강하게, 훌륭하게 커 주었으면 고맙겠다.

또한, 이 책의 출판이 이루어지기까지 물심양면으로 많은 도움과 지지를 주신 중국 연변대학교 조선반도연구협력창신중심 주임 채미화 교수님께 머리 숙여 감사드린다. 끝으로 출판계 어려운 사정과 여건, 특히 연말이라는 시기적인 어려움으로 시간이 굉장히 촉박하지만, 이 책의 출판을 흔쾌히 허락해주시고 떠맡아 주신 한국 역락출판사의 이대현 사장님, 그리고 출판 과정에서 편집과 교열을 담당하신 홍혜정 과장님께도 이 지면을 통해 특별한 감사의 뜻을 표하고 싶다.

2016년 12월 겨울
지은이 적음

제1장 서론

1. 연구 목적 및 필요성

유학은 공맹에서 비롯된 도덕적 사유의 지속적인 확장과 재해석의 역사를 이루었으며, 동아시아의 주도적 도덕 이론의 위상을 확립했다. 그러나 오늘날 새롭게 주어진 경험적 지식에 근거한 철학적 반성은 유가 도덕 이론이 근원적으로 경험적 지식과 상충하는 가정들에 근거하고 있다는 사실을 보여 준다. 지속적인 사변화(思辨化)의 결과, 유가 도덕 이론은 비트겐슈타인(L. Wittgenstein)이 말하는 '철학적 열망'(philosophical cravings)의 산물이 되었으며, 더욱이 '우리가 원하는 것'(what we want)과 '우리의 것'(what we re)의 혼동을 가져오게 되었다.[1] 이러한 사실은 유가 도덕 이론이 오늘날 주어진 경험적 지식에 부합하는 방식의 근원적 수정을 요구하며, 나아가 유학적 도덕 가치들에 대한 경험적인 재해석을 요구한다.

공자(孔子)는 유학의 창시자로서 인(仁)의 실천을 핵심으로 하는 인본주의적 인간학을 창도했다. 맹자(孟子)는 공자의 학통을 이어 발전시켜 인의(仁義)를 바탕으로 하는 유학 사상을 확립했다. 맹자의 사상은 유가의 정통 사상으로 받아들여 공자의 사상과 더불어 '공맹 유학' 혹은 '선진 유학'으로 불린다. 공맹 유학은 인문주의적 인간을 중심으로 하는 이상적인 도덕적 인격의 창출을 목표로 하고 있다. 이러한 공맹 유학은 이론보다는 실천에 중점을 두고 있으며, 따라서 오늘날 윤리학이 요구하는 체계화된 이

---

1) 노양진, 『몸·언어·철학』 (파주 : 서광사, 2009), 332쪽 참조

론적 구조를 갖추고 있지는 않다.

공맹 유학은 그 후 불·도교를 비판적으로 흡수하는 과정에서 송대의 주희(朱熹)에 이르러 형이상학적인 리(理), 기(氣) 개념을 중심으로 하는 '성리학'(性理學)으로 체계화되었으며, 그것은 전형적인 절대주의(absolutism) 도덕 이론의 한 형태를 이루게 되었다. 물론 유학이 공맹에서 출발해서 주희에 이르기까지 동중서(董仲舒), 한유(韓愈), 주돈이(周敦頤), 장재(張載), 이정(二程), 그리고 주희 이후로는 왕수인(王守仁), 왕부지(王夫之) 등과 같은 많은 철학자에 의해 다양한 형태의 이론적 정교화를 거친 것은 사실이다. 그러나 유학은 결과적으로는 주희에 의해 초월적 형이상학의 체계적인 형태를 갖추게 되었다고 할 수 있다.

이러한 의미에서 공맹 유학과 주희의 성리학은 전반적인 유학적 전통의 큰 흐름에서 선명하게 구분되는 두 갈래의 축을 대변한다고 할 수 있다. 특히 보편적 도덕원리로서 리(理)를 중심으로 형이상학화된 주희 성리학은 적어도 유학적 전통 안에서 최고의 이론적 형태로 평가됐다. 그러나 오늘날 탈초월적(post-transcendental) 반성에 따르면 유학 이론의 형이상학화는 유학의 진전이라기보다는 오히려 유학의 억압적 틀이 되었다는 치명적인 비판을 불러왔다. 결과적으로 성리학의 초월적 형이상학화는 전통 유학의 도덕적 사유의 보호막이 아니라 전통 유학의 도덕적 사유를 실천력의 결여라는 곤경으로 몰아가는 역설적인 결과를 낳게 되었다. 여기에서 이러한 유학적 사유의 이론적 구도에 대한 비판적 재해석의 필요성이 제기된다.2)

---

2) 철학사에서 형이상학(metaphysics)은 아리스토텔레스(Aristotle) 이래로 여러 가지 다양한 의미가 있다. 즉 형이상학이란 존재하는 것들의 배후에서 그 궁극적 근거가 되는 존재 자체에 대한 체계적인 탐구를 이른다. 근세의 칸트(I. Kant)에 이르러 그는 형이상학은 단지 오성(Verstand)의 특정한 경험을 넘어선 예컨대 신, 세계, 영혼 등 대상들에 한정된다고 했다. 초월도 우리의 인식, 경험을 넘어선 것들이라고 했다. 이 글에서 형이상학과 초월은 주로 칸트적인 맥락에서 사용되고 있음을 미리 밝힌다. 특히, 이 글은 체험주의 시각에서 종래로 인간의 형이상학적이고 사변적인 사고에 대해서는 문제로 삼지 않는다. 대

2. 연구 방법과 범위

유가 도덕 이론에 대한 철학적 재반성, 특히 유가 도덕 이론에 대한 경험적 재해석에 중요한 계기를 제공해 주는 것은 '체험주의'(experientialism)라고 불리는 새로운 철학적 시각이다. 체험주의는 최근 미국을 중심으로 형성되어 가고 있는 새로운 철학적 흐름으로 '인지과학'(cognitive science)의 경험적 탐구 성과들을 적극적으로 수용함으로써 인간의 전반적 사고와 행위에서 몸의 중심적 역할을 중요한 철학적 주제로 부활시키고 있다.3)

특히 체험주의는 '신체화된 경험'(embodied experience)의 구조에 대한 새로운 해명을 통해 사변적 전통의 철학적 이론의 본성에 대한 새로운 분석의 틀을 제공한다. 즉 체험주의는 모든 도덕적 개념과 도덕 이론은 본성상 '은유적 구조물'이라고 주장하며, 이로써 보편적인 도덕원리를 탐구하는 절대주의적인 도덕 이론이 스스로 주장하는 절대성의 근거를 근원적으로 무너뜨린다. 이러한 체험주의는 하나의 새로운 방법론으로서 동양철학적 전통의 도덕 이론의 본성과 구조에 대한 비판적 분석 도구로 적용될 수 있다.4)

이 글은 주로 체험주의적 시각을 통해 유가 도덕 이론이 사변적인 정당

신에, 다만 은유적 구조물에 불과한 추상적 개념이 초월적 실체(substance)로 개념적 구조화되어 존재, 인식, 가치 등 철학 이론의 기본적 탐구 영역에서 보편적이고 절대적인 근거로 사용되는 것을 문제로 삼고 있을 뿐이다. 즉 경험을 넘어선 형이상학적 대상인 초월의 실체성을 표적으로 삼는다.

3) 노양진, 『상대주의의 두 얼굴』(파주 : 서광사, 2007), 183쪽 참조. 현재 체험주의의 주도적 인물로는 미국 캘리포니아대학교의 언어학 교수인 레이코프(G. Lakoff)와 오리건대학교의 철학 교수인 존슨(M. Jonson)을 들 수 있다. 레이코프와 존슨은 독창적인 은유 이론을 제시했으며, 이후 지속적인 공동 작업을 통해 '체험주의'라는 새로운 철학적 흐름을 형성해 가고 있다. 한국에서 체험주의와 관련된 체계적 탐구는 전남대학교 노양진 교수를 중심으로 이루어지고 있다. 노양진 교수는 현재 '기호적 경험'에 대한 체험주의적 해명을 핵심적 주제로 삼아 자신의 독자적인 연구를 수행하고 있다.

4) 이향준, 「체험주의적 분석의 학제적 전망 : 동양철학의 경우」, 『담화와 인지』, 제13권 (2006), 234쪽 참조.

화를 벗어나 '경험적으로 책임 있는'(empirically responsible) 도덕 이론으로 재해석될 수 있는 새로운 가능성을 탐색하는 데 있다. 따라서 이 글의 서술은 주로 공맹의 도덕 이론과 주희의 도덕 이론을 핵심 텍스트로 삼아 이 두 이론의 기본적 구조에 대한 검토를 통해 전통적인 유학적 사유로부터 형이상학적 요소를 극복하는 방식으로 이루어질 것이다. 이러한 분석은 결과적으로 공맹과 주희가 공통으로 옹호했던 유가 도덕 이론이 사실은 리기론과 같은 형이상학적인 정당화를 근본적으로 필요치 않는다는 점을 극명하게 드러낼 것이다.

이것은 지금까지 우리의 경험적 인식과 일상적 삶의 지반으로부터 멀리 나아간 유가 도덕 이론을 다시 우리의 현실적 삶의 지반 위에서 경험적으로 정당화하려는 시도로 간주할 수 있다. 동시에 이와 같은 비판적 재해석은 결코 고양된 사유에 대한 우리의 본성적 성향을 문제 삼는 것이 아니라, 오히려 그것이 불러올 수 있는 이데올로기적 독단이나 폭력의 위험성을 겨냥하는 것이다.

3. 선행 연구 검토

본 주제와 관련해서 지금까지의 성리학에 관한 비교적 권위 있는 기존의 선행 연구 경향을 검토해 보면 다음과 같다.

먼저, 중국의 몽배원(蒙培元)은 성리학을 '정감 철학'이라고 주장했다. 즉 주희의 인성론이 정감을 토대로 세워졌다는 것이다. 그러나 성리학자들이 지나치게 도덕적 이성을 강조함으로써 정감이 억제되었으며 도덕적 이성도 허위적인 것으로 흘러서 극단으로 향했다는 것이다.[5] 장립문(張立文)은

---

5) 蒙培元, 『理學範疇系統』 (北京 : 人民出版社, 1989), 265쪽 참조.

마르크스주의 변증법적 유물론의 관점에서 주회의 성리학 체계를 '유심주의'로 규정했다. 그에 따르면 주회는 인간의 실천 과정에서 '인식'의 측면을 과도하게 강조하고 있으며, 특히 리가 객관적 물질세계에 대한 인간 두뇌의 반영으로서 그것은 인간의 감성 인식에 의존하고 있다는 사실을 부정하고 있다.[6] 진래(陳來)는 주회 성리학에 대한 상세한 이론적 분석과 고증에 중점을 두고 있다. 그러나 그 역시 정주학파의 이 같은 유리(唯理) 혹은 범리주의(泛理主義)가 갖는 인식상의 근거와 의미, 나아가 철학적 착오가 발생하는 인식 상의 문제점을 지적했다. 그는 그것은 정주의 성리학에 대한 평가와 관련될 뿐만 아니라 중국철학사에서 정주의 성리학과 비슷한 여타 철학 학설(노장, 현학)의 이론적 사유를 분석, 평가하는 데도 관련된다고 주장했다.[7]

한편, 대만의 모종삼(牟宗三)은 칸트적인 접근으로 중국 성리학을 대체로 육왕(陸王)을 필두(筆頭)로 하는 심체(心體) 중심적인 해석과 정주(程朱)를 필두로 하는 성체(性體) 중심적인 해석으로 구분했다. 그에 따르면 육왕의 심학에서 리는 초월적이고 동태적이며, 본심이 성이고 심과 리가 하나이며, 따라서 '자율 도덕'이 된다. 그러나 정주학에서 리는 초월적으로 존재할 뿐 활동하지 않으며, 특히 심과 리는 근원적으로 분리된 것으로서 다만 관련적인 합일을 이루며, 따라서 이 성체의 도덕성은 감쇄되어 '타율 도덕'이 되고 만다.[8] 이와 유사한 관점은 유술선(劉述先), 채인후(蔡仁厚) 등 대만의 여러 학자에게서도 보인다.

한국의 이동희는 화이트헤드(A. N. Whitehead)[9]의 과정철학(유기체 철학)과의 비교를 중심으로 현대철학의 정치한 이론 체계를 빌어 주자학에 대한

6) 張立文, 『朱熹思想研究』(北京 : 中國社會科學出版社, 1981), 292쪽 참조.
7) 진래, 『주회의 철학』, 이종란 역 (서울 : 예문서원, 2002), 128쪽 참조.
8) 牟宗三, 『心體與性體(上)』(上海 : 上海古籍出版社, 1999), 75쪽 참조.
9) 화이트헤드는 영국의 철학자이며 수학자로서 유기체론에 바탕을 둔 독창적인 형이상학을 수립했으며, 그것은 '과정철학'(process philosophy)이라는 이름으로 불린다.

연구를 진행함으로써 리기론의 형이상학적 의미, 즉 리·기라는 존재론적
개념이 주희의 도덕 이론에서 갖는 의미와 그것이 파생하는 여타의 중요
한 철학적 문제들을 현대적으로 해석했다.10) 최정묵도 주자 철학에서 윤
리의 의미는 현실의 이익을 도모하기 위한 사회적 규범이 아니라, 인간이
인간일 수 있는 형이상학적 근거를 제시한 데 있다고 보았으며, 따라서 주
자 철학에서 도덕이 갖는 형이상학적인 의미를 그의 리기론의 존재론적
의미와 그것의 윤리적 의미를 밝히는 과정에서 집중적으로 탐구했다.11)

일본의 오하마 아키라(大濱晧)는 시종 주희 성리학의 논리적 체계, 즉 그
사상을 구성하는 모든 개념의 성격과 그것들 간의 상호 연관성을 해명하
는 데 초점을 두고 있는데, 특히 리기합리(理氣合離)의 사유 방식이 주희 사
상의 각종 논리적 모순점을 드러내는 근본적 원인이 된다는 독창적인 견
해를 밝혔다.12)

부가적으로 언급하자면 곽점죽간본(郭店竹簡本)의 『성자명출』(性自命出)에
대한 연구도 공맹 유학의 심, 성 등과 같은 핵심적인 도덕적 개념들을 성
리학의 형이상학적 관점이 아닌 감정적인 차원에서 재해석하는 데 그 주
안점을 두고 있다.

현재 성리학과 관련된 이러한 다양한 연구들은 크게 초월적 형이상학
을 받아들이거나, 그 문제점을 지적하거나, 그것을 완전히 거부하는 세 갈
래로 나누어져 논의를 전개하고 있는 양상을 띠고 있다. 그러나 특히 초
월적 형이상학의 문제점에 대한 건설적인 대안은 여전히 제시되지 않고
있는 것으로 보인다.

한편, 중국이나 한국에서 유가 철학에 대한 체험주의적인 접근과 그에

---

10) 이동희, 『주자 : 동아세아 세계관의 원천』 (서울 : 성균관대학교출판부, 2007), 「머리말」
    참조.
11) 최정묵, 『주자의 도덕철학』 (서울 : 국학자료원, 2001), 12쪽.
12) 오하마 아키라(大濱晧), 『범주로 보는 주자학』 (서울 : 예문서원, 1997), 14쪽 참조.

따른 비판적 탐구는 매우 제한적으로 이루어지고 있다. 중국에서는 주로 인지 언어학적 차원에서 체험주의 철학의 이론 특성, 기본 관점, 특히 인지언어학과의 상호 관계 등을 다루는 연구가 적지 않다.13) 그중에서 필자가 중국 유가 철학에 대한 체험주의적 재해석을 적극적으로 시도하고 있다.14) 한국에서도 다만 전남대학교의 이향준이 일련의 논문과 저서를 통해 지속해서 성리학적 개념과 이론에 대한 체험주의적 은유 분석을 시도하고 있으며, 이를 통해 유학의 체험주의적 분석의 이론적 필요성과 가능성을 제시하고 있다.15) 학위논문 형태의 연구로는 장수와 서영이의 박사학위 논문과 설영형의 석사학위 논문이 있다.16)

이외에도 체험주의적 시각에 직접 의존하고 있지는 않지만, 몸이라는 주제를 중심으로 유가 철학을 연구 검토하는 논문들은 드물지 않게 찾아볼 수 있다.17) 이러한 논문들은 모두 새로운 문제의식으로 유가 철학 안

---

13) 예컨대 王寅,「體驗哲學．一種新的哲學理論」,『哲學動態』, 제7기 (2003); 李福印,「概念隱喩理論和存在的問題」,『中國外語』, 제4기 (2005); 劉正光,「隱喩研究的三個層次與主要領域」,『外語學刊』, 제3기 (2007); 段錫金,「哲學研究的新維度－－西方體驗哲學」,『山東外語教學』, 제6기 (2010); 馬瑞香,「哲學研究的新維度－－西方體驗哲學」,『國外理論動態』, 제8기 (2011); 王寅,「體認一元觀 : 理論探索與應用價値－－心智哲學的新思考」,『中國外語』, 제2기 (2015) 등이 있다.

14) 졸작으로는「體驗主義哲學理論初探」,『延邊大學學報』, 제6기 (2012);「朱熹'理'的體驗主義探析」,『東疆學刊』, 제4기 (2014);「在認知轉變視域下對孔孟倫理思想的經驗詮釋」,『周易研究』, 제4기 (2015) 등이 있다.

15) 이향준,『조선의 유학자들, 켄타우로스를 상상하며 理와 氣를 논하다』(서울 : 예문서원, 2011);「체험주의적 분석의 학제적 전망 : 동양철학의 경우」,『담화와 인지』, 제13권 2호 (2006);「서(恕) : 도덕적 상상력」,『범한철학』, 제57집 (2010);「타카하시의 고약한 은유」,『대동철학』, 제55집 (2011);「맹자 : 슬픔의 서」,『율곡사상연구』, 제24집 (2012);「순자 : 날카로운 서(恕)의 차가움」,『범한철학』, 제68집 (2013);「공중누각의 기상론 : 소옹의 모호한 기상」,『율곡사상연구』, 제28집 (2014);「리(理), 사물, 사건―이이(李珥)의 경우―」,『율곡사상연구』, 제29집 (2014) 등이 있다.

16) 장수,「유가 도덕 이론의 체험주의적 해석―공맹과 주희의 도덕 이론을 중심으로」, 전남대학교 대학원, 2012. 2); 서영이,「조선 후기 실학의 도덕 이론에 대한 체험주의적 해석」, 전남대학교 대학원, 2012. 8); 설영형,「맹자 성선설의 체험주의적 분석」, 성균관대학교 대학원 석사학위논문 (2009. 2).

에서 몸의 지위와 역할 등 문제에 대해 주목하고 있다는 점에서 그 의미가 있다. 그러나 몸에 대한 체계적인 방법론이 주어지지 않았다는 점에서 대안적 논의로 나아가는 데에는 한계가 있어 보인다.

---

17) 예컨대 김세서리아, 「양명학에서의 몸 담론과 그것의 현대적 의미」, 『양명학』, 제10집 (2003. 8); 김미영, 「'人心道心說'을 통해 본 성리학의 몸 담론」, 『철학』, 제73집 (2004. 겨울); 신동은, 「성리학의 몸 공부 이해」, 『교육철학』, 제32집 (2004. 8); 엄연석, 「유가 철학에서 몸과 마음의 상호 관계」, 『인문과학』, 제38집 (2006. 8) 등이 있다.

제2장 체험주의 : 신체화된 상상력 이론

전통적으로 동·서양 지성사의 주류라고 할 만한 철학적 이론들은 그 중심적 논의에서 인간 몸의 역할을 전적으로 경시하거나 무시하고 있었다. 이러한 정신주의적 편향은 기본적으로 특정한 철학적 성향에서 비롯되지만, 더 근원적으로는 우리의 인지적 본성에서 비롯되는 것이기도 하다. 몸은 우리의 정상적인 인지 활동에서 배경적 조건으로 작동하며, 거의 의식의 표면에 떠오르지 않는다. 레더(D. Leder)는 이러한 몸의 특성에 관해 "몸이 우리의 삶에서 가장 뚜렷하게 상주하며, 불가피하게 현재하는 것이면서도 기본적으로 '부재'(absence)에 의해 특징지어진다"1) 고 말했다.

체험주의는 최근의 인지과학이 제시하는 수렴적 증거들을 토대로 '몸의 복권'이라는 문제를 중요한 철학적 관심사로 삼아 인간의 경험과 인식의 구조에 대해 더 포괄적이고 적절한 해명을 시도한다. 이러한 체험주의는 특정한 몇몇 철학적 문제나 이론에 대한 부분적 수정이 아니라 전반적인 철학적 시각의 변화를 예고하며, 또 요구한다.2)

이 장에서는 주로 체험주의를 이끌어 가는 몇몇 핵심적 개념들에 대한 간략한 설명을 통해 체험주의의 기본적 윤곽을 제시할 것이다.

---

1) Drew Leder, The Absent Body (Chicago : University of Chicago Press, 1990), p. 1 참조.
2) 노양진,『몸·언어·철학』, 208쪽 참조.

1. 인지과학과 체험주의

'인지'(cognition)란 자극을 받아들이고, 저장하고, 인출(引出)하는 일련의
정신 과정을 말한다. 일반적으로 지각, 기억, 상상, 개념, 판단, 추리 등을
포함해서 무엇을 안다는 것을 나타내는 포괄적인 용어로 쓰인다. 인지과
학이란 인간의 두뇌에 대한 경험적 탐구를 통해 '마음'의 본성과 구조를
밝히려는 학제적 탐구다. 인지과학은 주로 인공지능, 심리학, 언어학, 인
류학, 철학, 컴퓨터과학, 신경과학 등의 다양한 분야가 공동으로 참여한다.

1) 신체화된 마음의 인지과학 발전

1950년대 후반에 미국을 중심으로 처음 출발한 인지과학은 우리 마음
의 핵심적 소재가 우리 몸의 일부인 두뇌라는 가정을 공유하고 있다. 그
러나 초기 인지과학적 탐구를 이끌었던 '인지주의'(cognitivism)는 우리의 마
음을 독립적 실체라는 데카르트(R. Descartes)적 전통을 이어받고 있었다. 따
라서 우리의 마음을 하나의 독립적인 실체로 간주했으며, 마음을 마치 확
정적인 알고리즘(algorithms)을 통해 작동하는 컴퓨터와 유사한 것으로 이해
했다. 따라서 또한 마음의 작용에 대한 법칙적 탐구가 가능할 것이라고
가정했다.

이렇듯 마음의 법칙성에 대한 탐구를 위주로 했던 '제1세대 인지과학'
은 인지적 기능들이 우리 인간의 몸과 두뇌에서 유래하는 방식들을 무시
한 채, 마치 형식논리나 기호 체계의 조작에서처럼 마음을 일종의 추상적
인 컴퓨터 프로그램과 같은 것으로 간주했다. 특히 전통적인 영미 철학
대부분의 근본 원리들에 의해 정의된 인간의 사고와 이해는 몸과 연결된
방식과는 아무런 관련도 없었다.

요컨대 마음의 본질에 관한 제1세대 인지과학의 많은 견해는 경험적

증거와 결과들에 근거한 것이 아니라 오히려 선험철학의 가정들에 대한 믿음에 근거하고 있었으며, 그 주된 사조는 '계산주의'(computationalism)나 '기능주의'(functionalism)였다.[3]

그러나 1970년대에 접어들면서 인지과학은 전적으로 새로운 국면을 맞게 되었다. 구체적으로 말하면 1970년대 중반기에서 후반기에 이르기까지 선험철학적 가정들을 직접 반박하는 다수의 경험적 탐구가 활발하게 전개되면서 인지과학은 급속한 성장과 발전을 이루게 되었는데, 이것이 바로 '신체화된 마음의 인지과학'이라고도 불리는 '제2세대 인지과학'이다.

제2세대 인지과학은 우리 인간의 사고의 본성과 구조, 그리고 의미의 모든 양상에서 인간의 신체화된 이해의 중심적 역할에 특별히 주목했다. 즉 제2세대 인지과학의 경험적 탐구 결과들은 개념체계(conceptual system)에 대한 우리의 전반적 사고가 신체적 경험에 뿌리를 두고 있으며, 나아가 영상도식(image chema), 은유(metaphor), 환유(metonymy), 심적 영상(mental imagery), 원형(prototypes) 등과 같은 다양한 종류의 '상상적 구조'를 통해 은유적으로 확장되고 있다는 것을 보여 주었다.

2) 인지과학의 철학 : 체험주의 이론

잘 알려진 것처럼 인지과학은 경험적 탐구이며, 경험적 지식은 그 자체로 어떤 철학 이론도 구성하지 않는다. 적어도 경험적 지식이 특정한 철학적 입장을 예정하지 않는다는 점에서 철학적으로 중립적이라고 할 수 있다.[4] 그러나 이러한 인지과학의 발전은 철학 이론과 인지과학 간의 관계를

---

3) 제1세대 인지과학과 거의 비슷한 시기에 성행했으며, 특히 인지과학에 대한 이해를 도와주는 암시적인 발상이었던 이러한 기능주의의 핵심은 심적 종류와 속성이 물리 화학적이거나 생물학적인 종류보다 더 높은 추상 단계에서의 기능적 종류라는 관점이다. 김재권, 『물리계 안에서의 마음』, 하종호 역 (서울 : 철학과현실사, 1999), 17쪽 참조.
4) 노양진, 「인지과학과 철학 : 마음에서 몸으로」, <인지과학으로 여는 21세기> 연속세미

역전시켰다. 제1세대 인지과학에서는 대체로 철학 이론이 인지과학의 많은 부분을 지배했으며, 인지과학은 그 철학 이론의 가정을 따라야만 했다. 그러나 제2세대 인지과학에 이르러 철학적 탐구는 새로운 반성의 계기를 맞게 되었다. 즉 모든 철학적 이론들은 수렴적인 경험적 증거와 충돌하지 않는 방식으로 구성되어야 했다. 특히 철학적 개념에 관한 인지과학의 상세한 연구는 하나의 기획으로서 철학 이론에 관한 우리의 이해를 변화시켰을 뿐만 아니라 철학적 탐구의 결과, 나아가 철학의 탐구 방식도 변화시켰다.

체험주의는 제2세대 인지과학의 경험적 발견과 성과를 새로운 철학적 시각을 향한 핵심적 교두보(橋頭堡)로 사용했다. 체험주의의 주도적 인물로 꼽히는 레이코프와 존슨은 특히 제2세대 인지과학의 세 가지 핵심적 발견과 성과를 다음과 세 가지 논제로 집약했다.

> 마음은 본유적으로 신체화되어 있다.
> 사고는 대부분 무의식적이다.
> 추상적 개념은 대체로 은유적이다.[5]

체험주의는 인지과학이 제공하는 경험적 탐구의 성과들을 진지하게 받아들이며, 그것을 포괄하는 방식으로 새롭게 구성된 철학적 시각이다. 이러한 체험주의는 인지과학의 개념적 도구들, 결과들을 적용함으로써 우리에게 철학적 이론들의 본성을 이해하고, 그것들의 정합성을 평가하며, 나아가 구성적인 철학적 이론화의 가능성을 탐구하는 새로운 방법론적 통로를 제공한다. 체험주의가 주목하는 인지과학적 발견들이 철학적 논의에 불러오는 함축은 단순히 특정한 철학적 이론의 부분적 수정이나 보완을

나 제1회 발표문 (2010. 10), 1쪽 참조.
5) G. 레이코프 · M. 존슨, 『몸의 철학 : 신체화된 마음의 서구 사상에 대한 도전』, 임지룡 외 역 (서울 : 박이정, 2002), 25쪽.

요구하는 것이 아니라, 철학적 탐구 자체의 방향성 변화를 예고한다.

오늘날 우리 인간 몸의 구조와 작용에 대한 경험과학적 해명은 원천적
으로 제한되어 있으며 또한 완결되지도 않았다. 이는 오늘날 인지과학의
성과 자체가 아직도 매우 제한적이라는 것을 함축한다. 이는 나아가 체험
주의 또한 우리에게 주어진 이러한 경험과학적 지식과 증거들에 의존하
며 그 진전 또한 인지과학을 비롯한 경험과학의 발전에 의존할 수밖에 없
다는 것을 의미한다. 그러나 분명한 것은 현재 '열린 철학'의 한 갈래로
특징지어지는 체험주의는 인지과학의 발전과 더불어 경험의 본성에 대한
해명의 새로운 방향을 제시하고 있으며, 특히 철학적 탐구에서 몸의 철학
의 확장직 논의 가능성도 끊임없이 열어주고 있다.

2. 체험주의 이론의 기본 관점

존슨은 체험주의적 은유 이론을 철학적으로 확장해, 상상력(imagination)
에 관한 일반 이론을 제시했다. 체험주의에 따르면 은유는 우리 인간의
모든 사고와 행위의 중심적 기제이며, 우리의 모든 경험은 신체적·물리
적 층위에 근거하고 있다. 그것은 은유, 환유, 심적 영상, 원형 효과 등과
같은 상상력의 구조를 통해 환원 불가능한 방식으로 정신적·추상적 층
위에로 확장되며, 동시에 신체적·물리적 층위의 경험에 의해 강하게 제
약된다. 이러한 체험주의는 그 철학적 탐구에서 구체적으로 아래와 같은
기본적 관점을 제시하고 있다.

1) 상상적인 구조

전통적으로 '상상력'은 예술적 창조성, 환상, 과학적 발견, 발명, 독창성

등과 긴밀하게 연결되어 있었다. 특히 서구의 지적 전통에서는 상상력에 대한 두 가지 논의가 있었는데, 그 하나는 상상력을 예술과 환상, 창조성과 결합하는 방식이고, 다른 하나는 상상력을 지각과 이성을 결합하는 기능으로 간주하는 방식이다. 예컨대 칸트는 상상력을 감성과 오성을 매개로 정신적 표상(특히 영상과 지각)을 우리가 이해할 수 있는 의미 있는 통일들로 조직화하는 능력이라고 이해했다.

그러나 체험주의가 말하는 '상상력'은 우리의 경험에 질서를 부여하는 기본적인 영상도식적 능력이다. 즉 그것은 단순히 영상이나 기억들을 연결하는 법칙적 과정도 아니며 환상이나 창조성을 위한 지극히 주관적인 무모하고 무규칙적인 기능도 아니다.[6] 이러한 상상력의 구조는 방대하고 신체화된 의미의 복합체로서 경험의 기본 층위에서 주어지는 심적 표상들을 의미 있고 통일되고 정합적인 새로운 통합체로 조직화해 준다. 이러한 의미에서 상상력은 감각적 지각과 더 추상적인 개념화 능력을 매개해 준다. 이러한 상상력은 경험의 다양한 측면들을 개념화하고 또 그것들에 대한 명제적 기술들을 가능하게 해 준다.[7]

다시 말해서 우리가 의미 있는 것으로 경험하고 인식하는 것, 그리고 우리가 그것에 관해 사유하는 방식은 모두 우리 경험을 규정해 주는 상상력의 구조에 의존한다. 즉 상상력은 우리의 경험을 이해하는 능력, 경험의 의미를 찾는 능력에 불가결하다. 따라서 상상력은 우리 인간의 의미와 합리성, 즉 의미 있는 연결을 발견하고 추론하고 문제를 해결하는 합리적 능력에 핵심적이고 중심적이다.

체험주의는 인간의 기본적 차원의 경험, 이해와 추론이 상상적 구조를 갖고 있다고 주장한다. 인간의 상상적 구조에는 주로 영상도식과 그 은유

---

6) M. 존슨, 『마음 속의 몸 : 의미, 상상력, 이성의 신체적 근거』, 노양진 역 (서울 : 철학과 현실사, 2000), 37쪽 참조.
7) 같은 책, 344쪽 참조.

적 확장이 포함된다. 영상도식은 인간의 일상적인 신체적 활동으로부터 직접 발생하는 유동적이면서도 비교적 안정된 소수의 반복적인 '패턴'(patterns)들이다.[8] 다시 말해서 인간의 신체적 운동, 대상의 조작, 지각의 상호작용 등은 반복적인 형식들을 산출하는데, 이러한 형식들을 영상도식이라고 부른다. 이를테면 신체화된 본성에 근거한, 즉 우리 자신의 몸을 이해하는 기본적 방식인 '안―밖' 지향성은 '안'과 '경계', '밖'이라는 소수의 요소를 가진 「그릇」(Container) 도식의 기본 구조를 제공하며, 그것은 다른 물리적 대상은 물론 추상적 대상에 투사되어 그 대상을 이해하는 구체적 방식을 제공한다. 이러한 기본적 지향성이 영상도식의 기본 구조를 제공한다.

영상도식은 게슈탈트(Gestalt) 구조로 되어 있으며,[9] 또한 선개념적(preconceptual)이고 비명제적(nonpropositional)인 층위에서 작동하며 아날로그(analogue)적인 본성을 갖고 있다. 이러한 영상도식은 우리 인간의 경험과 이해를 구체적으로 조직화하고 근거 짓고 동시에 제약하는 기본적 구조로서 우리가 어떤 것을 의미 있게 이해하는 능력에 핵심적 역할을 한다.

한편, 체험주의적 관점에서 '은유'는 단순히 낱말들의 문제가 아니라 핵심적인 사고의 문제다. 은유는 전형적으로 우리 경험 안에서 지각하는 상관관계에 근거해서 형성된다. 즉 은유는 선재 하는 유사성에 근거하고 있는 것이 아니라 우리 경험 안의 영역 간 상관관계에 근거하고 있으며 그 상관관계는 은유 안의 두 영역 사이에서 유사성을 형성한다. 그 유사성은 은유의 주된 기능인 추론 패턴을 한 영역에서 다른 영역으로 사상

---

8) 노양진, 『몸 · 언어 · 철학』, 216쪽 참조.
9) 존슨, 『마음 속의 몸』, 128쪽 참조. 독일어 'Gestalt'는 본래 '형태'라는 의미를 갖고 있다. 구성요소에서 드러나지 않는 성질이 전체에서 새롭게 드러난다. 이런 의미에서 게슈탈트는 창발성을 가진다. 게슈탈트 구조란 우리 인간의 경험을 정합적인 전체로 조직화하는 반복 가능한 패턴이나 구조를 의미하는데, 그것들은 인간이 의미 구조를 획득하는 주된 수단이다.

(mapping)하는 데에서 구체적으로 드러난다. 실제로 추론의 보존과 사상은 은유의 가장 현저한 특성이다.[10] 이러한 은유는 의미의 본질에 영향을 미칠 뿐만 아니라 합리적 추론을 규제하는 인간 이해의 환원 불가능한 상상적 구조다.[11]

그리고 이러한 은유적 확장은 일정한 규칙이 없으며, 또한 자연적·사회적·문화적 요소에 따라 다양한 변이를 드러낸다. 이 때문에 비법칙적 특성이 있으며, 따라서 그 산술적 환원이 불가능하다. 그럼에도 영상도식과 같은 신체적 층위의 경험에 의해 강력하게 제약된다는 점에서는 또한 해석 불가능할 정도로 자의적이지는 않다. 요컨대 영상도식과 그 은유적 확장을 포함한 상상적 구조는 전반적인 인간의 이해와 사고, 추론에서 중심적 역할을 하고 있으며, 특히 그러한 상상력의 작용은 결코 무제약적이고 비합리적인 것이 아니다.

2) 은유적인 개념

은유는 체험주의적 상상력 이론의 기본적 요소의 하나다. 그런데 대부분의 전통적인 이론들은 이러한 '은유'를 주로 수사학적이거나 예술적인 기교의 문제로 다루었으며, 특히 파생적인 언어 표현 방식 또는 비본질적인 문학적 비유법으로 간주했다. 좀 더 최근의 이론들은 은유의 범위를 과학적 사고에서 은유의 역할을 포함하는 데까지 확장하기도 했다.

그러나 '사고의 기제'가 아닌 '문자적 장치'로 취급된 은유는 인지적으로 기본적이지 않으며, 설사 인간 이해의 인지적 과정으로 존재한다 하더라도 그것은 독자적인 인지 내용을 갖지 못하는 다만 수사적으로 강력하거나 예술적으로 흥미로운 표현 양식에 불과한 것으로 인식됐다. 특히 어

---

10) 레이코프·존슨, 『몸의 철학』, 102쪽 참조.
11) 존슨, 『마음 속의 몸』, 24쪽 참조.

떤 경우든 은유가 만일 조금이라도 의미가 있다면 그것은 문자적인 개념
들과 명제들의 집합으로 환원될 수 있는 일탈(逸脫)적 언어 표현, 또는 그
것의 파생적 기능이라고 간주해 왔다.

그러나 체험주의는 새로운 은유 이론을 전개하면서 지금까지 은유에
관한 환원주의(reductionism)적 해석이나 객관주의(objectivism)적 해명이 무시하
고 간과해 왔던 것들에 대해 초점을 맞춘다. 즉 체험주의는 은유를 단순
히 비유어 법이라는 전통적인 의미로 사용하는 것이 아니다. 오히려 은유
를 편재하는 광범위하고 필수불가결한 이해의 구조로 간주한다. 이러한
"은유의 본질은 한 종류의 사물을 다른 종류의 사물의 관점에서 이해하고
경험하는 것이다."12) 다시 말하면 은유란 하나의 개념 영역을 또 다른 하
나의 개념 영역으로 이해하고 정의하는 것이다. 이 때문에 체험주의의 은
유 이론은 흔히 개념적 은유(conceptual metaphors) 이론라고 불린다.13)

이러한 개념적 은유 이론에 따르면, 하나의 개념적 은유에는 두 개의
기본적 영역이 있다. 하나는 원친 영역(source domain)으로서 이 영역 내에서
중요한 은유적 추론이 생겨난다. 이 영역은 그 추론에 사용되는 구체적이
고 물리적이고 명확하게 윤곽을 주어진 개념들을 제공한다. 다른 하나는
표적 영역(target domain)으로 우리가 이해하려고 하는 직접적인 주제에 의
해 구성된다. 표적 영역은 상당히 추상적이고 퍼져 있으며 윤곽이 덜 뚜
렷한 경향을 보인다.14)

원천 영역에서 표적 영역에로의 사상은 다중적이며, 그것은 다양한 은
유적 함의를 산출한다. 즉 원천 영역의 둘 또는 셋 이상의 요소가 표적 영
역의 둘 또는 세 개의 다른 요소에 사상되면서 원천 영역의 은유적 함의

---

12) G. 레이코프 · M. 존슨, 『삶으로서의 은유』, 수정판, 노양진 · 나익주 역 (서울 : 박이정,
2006), 24쪽.
13) 졸탄 커베체쉬, 『은유 : 실용입문서』, 이정화 외 역 (서울 : 한국문화사, 2003), 3쪽 참조.
14) 같은 책, 21쪽 참조.

가 일단의 관련된 표적 영역을 특징짓고 구조화한다. '체험적' 의미에서 이러한 표적 영역을 원천 영역의 관점에서 이해하고 구조화하는 수단이 되는 은유는 우리 인간의 일상적인 사고와 행위의 방식을 규정하는 데 핵심적인 역할을 하고 있다.

체험주의는 비록 전부는 아니지만, 대부분 개념들이 은유에 의해 정의된다고 주장한다. 즉 인간이 생각하고 행동하는 관점이 되는 일상적 개념들은 대부분 본성상 은유적이다. 바꾸어 말하면 은유의 소재는 언어가 아니라 개념이라는 말이다. 그러나 개념이 은유적이라는 것은 결코 비은유적 개념의 존재를 부인하는 것은 아니다. 반대로 빈약하고 골격적이고 문자적인 은유적이 아닌 개념들이 있다. 예컨대 모든 기본적인 감각 운동 개념들은 문자적이다.

일반적으로 개념은 오직 본유적 속성의 관점에서만 정의되는 것이 아니라 오히려 기본적으로 상호작용적 속성의 관점에서 정의된다. 즉 전형적으로 추상적 개념을 포함한 많은 개념은 종종 은유들에 의해 정의된다. 구체적으로 말하면 개념의 의미는 주로 은유의 근본적 역할을 통해, 즉 추론 패턴들을 원천 영역에서 표적 영역으로 사상함으로써 형성된다. 따라서 그러한 개념들의 구조와 논리는 모두 이 은유들의 토대를 이루는 원천 영역인 신체적 영역에서 나온다. 이는 추상적인 개념들이 궁극적으로는 모두 신체적 활동에서 비롯되며, 또한 신체적 활동의 제약을 받는다는 것을 의미한다.

여기에서 볼 수 있듯이 개념은 결코 전적으로 외부 현실에 대한 객관적인 반영이 아니라 우리의 신체와 대뇌로부터 형성된, 신체적 경험을 통해 그 의미를 부여받는 것이다.15) 다시 말하면 개념은 서로 다른 개념적 은유를 통해 일치하지 않는 방식으로 은유적으로 표현된다.16)

---

15) 王寅, 「Lakoff和Johnson的体験哲學」, 『当代語言學』, 제2기 (2002), 144쪽.
16) 劉正光, 「<体験哲學－－体験心智及其對西方思想的挑戦>述介」, 『外語教學与研究』, 제6기

은유적 사상과 관련해서 중요한 것은 그것이 본성상 부분적이라는 점이다.[17] 즉 원천 영역의 모든 요소가 아니라 일부 요소만이 표적 영역에 사상되며, 원천 영역의 부분적 사상은 오직 표적 영역의 일부분만을 부각한다. 따라서 부각되지 않는 표적 영역의 부분은 당연히 은폐된다. 이렇게 볼 때 특정한 은유적 구조화를 통해 그 개념의 어떤 측면은 부각되거나 혹은 은폐된다. 요컨대 체험주의의 은유 이론은 고도의 추상적 층위에서 구성되는 철학적 개념이나 이론들이 모두 정교한 은유적 확장의 산물이라는 점을 극명하게 드러냄으로써 그것들을 급진적인 방식으로 해체할 수 있다는 사실을 함축한다.[18]

3) 두 층위의 경험

체험주의가 사용하는 '경험' 개념은 전통적인 경험주의(empiricism)가 말하는 '경험' 개념과는 매우 다른 폭과 의미를 지닌다. 17세기에 로크(J. ocke), 버클리(G. Berkeley), 흄(D. Hume) 등이 주도했던 고전적인 경험주의는 '경험'을 주로 '우리 감각적 지각에 직접 주어진 것'이라는 매우 제한적인 의미로 사용했다. 흄의 경험주의적 정신을 이어받은 20세기 논리실증주의(logical positivism)자들 또한 근세의 경험 개념을 받아들임으로써 초월적이고 사변적인 것을 거부하고 경험적으로 검증 가능한 것만을 유의미한 것으로 받아들였다.

체험주의는 경험이 수동적으로 받아들여지는 감각적 인상으로 환원될 수 있으며, 또한 감각적 인상들이 결합해서 원자적 경험을 구성한다는 전통적 경험주의의 경험 개념을 완전히 거부한다. 체험주의가 말하는 '구조

(2001), 467쪽.

17) 레이코프 · 존슨, 『삶으로서의 은유』, 35쪽 참조.

18) 노양진, 『몸 · 언어 · 철학』, 130쪽 참조.

화된 경험'이란 유기체—환경의 상호작용을 말한다. 즉 이러한 경험은 단순히 정신적 표상들의 흐름을 의미하는 것이 아니다. 그것은 매우 풍부한 신체적 경험과 신체적 경험을 구성하는 데 필요한 모든 것, 즉 유기체와 그 본성, 환경과 그 본성, 그것들의 지속적인 상호작용에 대한 우리의 이해, 파악하는 방식 등을 포함한다.[19]

더욱이 이러한 인간의 전 경험은 단순히 우리 밖의 객관적 사실에 대한 관찰이 아니라 처음부터 우리의 신체적 활동이 직접 개입하는 복합적인 과정이다. 다시 말해 인간의 전 경험은 기본적으로 우리의 신체적 활동으로부터 직접 발생하는 신체화된 상상적 구조에 근거하고 있으며, 또 그것에 의해 제약된다. 여기에서 볼 수 있듯이 이러한 경험은 우리 인간의 실질적인 삶을 통해 직접 주어지는 '살아진 경험'(lived experience)이다.

체험주의는 인간의 경험이 신체적·물리적 층위와 정신적·추상적 층위의 경험을 포함한다고 주장한다. 이러한 관점에서 존슨은 경험이 "우리를 인간— 우리의 세계에 대한 우리의 이해를 구성하는 복합적인 상호작용 안에서 결합하는 신체적·사회적·언어적 존재— 으로 만들어 주는 모든 것을 포함한다"[20]고 말한다. 이러한 경험은 크게 신체적·물리적 층위와 정신적·추상적 층위 두 갈래로 구분된다. 그러나 이러한 두 구분은 인간이 경험하는 대상들의 영역에 대한 이분법적 구분이 아니라 인간 경험의 특징적인 차원들을 나누어 보는 구분이며, 연속적 상호작용 관계 속에 놓여 있는 구분이다.[21]

인간의 모든 경험은 몸과 그 직접적 활동에서 출발해서 영상도식, 은유, 환유 등과 같은 상상적 기제를 통해 신체적·물리적 층위로부터 정신적·추상적 층위로 확장된다. 따라서 모든 정신적·추상적 층위의 경험은 신

---

19) 존슨, 『마음 속의 몸』, 365쪽.
20) 같은 책, 32쪽.
21) 노양진, 『몸·언어·철학』, 202쪽 참조.

체적·물리적 층위의 경험에 근거하고 있으며, 동시에 그것에 의해 제약되어 있다. 이러한 의미에서 모든 경험은 신체화되어 있다. 그러나 은유적 확장은 법칙적 예측을 할 수 없으므로 그 확장으로 드러나는 정신적·추상적 층위의 경험을 신체적·물리적 층위로 산술적으로 환원하는 것은 불가능하다. 경험의 중층적 구조에 대한 이러한 해명은 체험주의의 가장 큰 철학적 기여라고 할 수 있다.

체험주의의 해명에 따르면 이러한 경험은 또 객관주의 요소와 상대주의(relativism) 요소를 동시에 갖고 있으며 이 두 측면은 복합적인 방식으로 공존한다. 즉 신체적·물리적 층위에서는 현저한 공공성(commonality)이 드러나며 정신적·추상적 층위에서는 상대적 변이(relativistic variations)를 보인다. 그러나 정신적·추상적 층위의 경험이 신체적·물리적 층위의 경험에 의해 제약되어 있다는 점에서 그 상대적 변이는 제한 없이 임의적이지는 않다.[22) 따라서 이러한 경험은 또 의미의 임의성과 자의성을 막아주기에는 충분한 제약이 된다. 요컨대 이 경험은 우리의 모든 인지적 자원들이 모두 신체화된 경험의 본성에 의존하고 있다는 사실을 지적해주며, 따라서 이 경험 개념을 받아들인다는 것은 과거의 사변적 전통이 유지해 왔던 기본적 가정들에 대한 급진적 비판의 출발점이 된다.

4) 신체화된 마음

체험주의가 제안하는 '신체화'(embodiment) 개념은 우리의 전 경험이 신체적 근거가 있다는 것이다. 이 '신체화' 논제는 우선 과거의 전통적인 이론들과의 선명한 견해 차이를 표명한다. 즉 '신체화'는 상상적인 인간의 이해를 완전히 배제하는 객관주의와 인간의 이해에 대한 외적 제약이 없

---

22) 같은 책, 127쪽 참조.

다는 주관주의(subjectivism)의 그릇된 관점에 대비하여 인간 유기체 몸과 외부 환경의 지속적인 상호작용을 강조하는 측면에서 사용된다.

예컨대 고전적인 진리 대응설은 탈신체화(disembodiment)되어 있었다. 그러나 체험주의적 시각에서 볼 때 어떤 상황에서든지 우리가 진리라고 여기는 것은 그 상황에 대한 우리의 신체화된 이해에 의존한다. 따라서 우리가 접근할 수 있는 모든 진리는 신체화된 이해에 의존하는 신체화된 진리다. 이와 마찬가지로 이성도 만일 있다면 그것은 어떤 독립적인 능력인 것이 아니라 신체화된 이성이라고 할 수 있다.

이러한 관점에서 체험주의가 주장하는 신체화란 인간의 모든 경험, 이해와 사고의 뿌리가 인간의 신체적 활동에 있으며, 더 복잡하고 추상적인 사고도 역시 우리 인간의 신체적 활동을 토대로 하는 은유적 확장에 의해 이루어진다는 것을 의미한다.[23] 즉 인간은 신체화된 사회적 존재이며, 인간의 모든 경험도 신체화된 경험이며, 그것들은 기본적으로 신체화된 상상적 구조— 우리의 신체적 경험으로부터 직접 발생하는— 에 근거하고, 또 그것에 의해 제약된다는 것이다.

체험주의는 인간의 마음은 본유적으로 '신체화되어'(embodied) 있다고 주장한다. 이러한 체험주의에 의하면 "'마음'과 '몸'은 사실상 유기체와 환경 사이의 지속적인 상호작용 과정인 그 무엇인가를 개념화하기 위해서 우리가 구성하는 추상물들이다. 이러한 관점에서 몸은 마음속에 있고, 마음은 몸속에 있으며, 몸—마음은 세계의 일부"[24]다. 따라서 우리가 '마음'이라고 부르는 것과 '몸'이라고 부르는 것은 두 개의 서로 다른 '사물'이 아니라 하나의 유기적 과정의 상이(相異)한 양상들이다. 즉 마음은 그 자체로 독립적인 존재론적 영역이 아니라 몸의 정교한 활동을 통해 드러나는 새로운 국면이다.[25]

---

23) 레이코프 · 존슨, 『삶으로서의 은유』, 8쪽 참조.
24) 존슨, 『마음 속의 몸』, 13쪽.

이러한 마음은 모종의 추상적 실재(reality)가 아니라 몸의 일부인 두뇌의 활동을 중심으로 발생하는 특수한 현상이다. 즉 마음이라는 작용의 핵심적 소재는 우리 몸의 일부인 두뇌이며, 따라서 몸과 분리되고 무관한 마음은 없으며 또한 몸과 두뇌와 무관하게 존재하는 사고도 없다. 이렇게 볼 때 마음은 근원적으로 인간의 신체적 활동의 특수하고 정교한 방식 일부이며, 이 때문에 마음은 인간의 신체적 요소라고 부르는 모든 것들에 의해 지속해서 제약되고 영향받는다.

여기에서 볼 수 있듯이 신체화된 마음이란 바로 우리의 정신활동이 몸에 근거하고 있으며 동시에 몸에 의해 제약된다는 것을 의미한다. 특히 이러한 마음은 사소한 의미에서가 아니라 우리의 사고 능력이 우리의 두뇌, 몸, 그리고 신체적 상호작용의 본질에 의해 형성된다는 심오한 의미에서 신체화되어 있다고 말하는 것이다. 이러한 몸의 활동으로부터 비롯된 마음은 또한 다시는 신체적 요소들로 환원되지 않는다. 이를 마음의 창발(emergence)[26]이라고 한다.

신체화된 마음의 주된 기능은 감정이입(empathy)이다. 즉 우리 인간은 날 때부터 다른 사람들이 행하는 것을 행하고 그 사람이 경험하는 것을 경험함으로써 다른 사람들을 모방하고 또 다른 사람의 처지에서 그 사람의 경험을 생생하게 상상하는 능력을 갖추고 있다. 이러한 감정이입적 능력은 핵심적인 인지적 능력이다. 체험적으로 그것은 '초월'의 한 형태다. 그것을 통하여 인간은 '우리의 몸을 벗어나는 것'과 유사한 어떤 것을 경험할 수 있다. 그렇지만 그것은 대체로 신체적 능력, 다시 말하면 신체화된 마

---

25) 노양진, 「몸의 철학과 경험의 미학적 구조」, 전남대 인문학연구소 인문주간 특강 (2009. 9), 11쪽 참조.
26) '창발'이란 하위 영역의 구성 요소에는 없던 특성이 상위 영역의 전체 구조에서 자발적으로 출현하는 현상을 이르는 말이다. 이러한 창발은 일반적으로 첫째, 단절이 없으며, 둘째, 비규칙적이며, 셋째, 새로운 것이 생겨나며, 넷째, 비환원적이라는 중요한 특성이 있다.

음의 능력이다.[27]

마음이 신체화되었다고 하는 논제는 결코 작은 문제가 아니다. 그것은 과거의 탈신체화된 마음 중심의 지배적인 철학적 전통들과의 상충과 불합치, 나아가 그러한 전통들에 대한 강력한 도전을 의미한다. 그것은 우리가 몸으로부터 분리된 순수한 정신, 의식 상태에 도달할 수 있으며, 또한 그러기 위해서 열망해야 한다는 전통적 믿음이 그릇된 철학적 가상(假像)이라는 것을 말해 준다.

요컨대, 신체화된 상상력 이론으로서 체험주의는 위와 같은 기본 관점으로 그 철학적 전개에서 '경험적으로 책임 있는' 철학의 가능성을 제시한다. 특히 철학적 이론들의 본성에 대해 새로운 해명의 가능성을 열어 준다. 그것은 바로 우리 인간의 도덕적 이해, 사고와 추론은 은유적이며, 모든 추상적인 도덕적 개념들, 나아가 도덕 이론은 궁극적으로 은유적 확장과 도약의 산물로서 그 구조와 논리는 주로 이 은유들의 토대를 이루는 체험적 원천 영역에서 비롯된다는 것이다.[28] 이는 인간의 사고 확장 방식, 나아가 의미, 인식 전반에 관해 건설적 탐구의 가능성을 열어 주는 일종의 새로운 은유 이론이다.

이러한 체험주의의 은유 이론의 관점에서 레이코프와 존슨은 서구의 지성사를 통해 제시됐던 기본적인 도덕적 개념들과 그 대표적인 도덕 이론들에 대해 전반적인 은유적 분석을 진행했다. 이들의 연구에 따르면, '마음'의 양상은 전형적으로「몸 체계로서의 마음」,「기계로서의 마음」,「컴퓨터로서의 마음」등의 은유들에 의해 개념화되었으며,[29] 특히 칸트의 특징적인 윤리학적 이론도 사실은 일종의「본질의 통속이론」(Folk Theory of ssence),「엄격한 아버지」(Strict Father) 가족 도덕성 모형,「마음의 사회」(Society of ind)

---

27) 레이코프·존슨,『몸의 철학』, 815쪽 참조.
28) 같은 책, 485쪽 참조.
29) 같은 책, 348, 371쪽 참조.

은유, 「인간의 가정」(Family of Man) 은유 등의 평범한 통속이론들과 은유들
의 독자적인 통합에서 비롯되었다.30)

위에서 볼 수 있듯이 도덕적 개념들은 독립적인 개념적 근거가 있지 않
으며, 다만 우리 인간의 일상적인 신체적 활동으로부터 발생하여 은유적
으로 확장된 신체화된 개념들이다. 특히 오랜 시간 서구 사상을 지배해
왔던 보편적인 도덕원리의 탐구를 주된 목표로 삼았던 절대주의 도덕 이
론들도 사실은 우리 인간의 신체적 경험에 근거한 상상력의 사유를 통해
형성된 매우 정교하고 체계적이고 복합적인 은유들의 구조물이다.

이것은 '도덕적인 것'은 본성상 다양한 경험의 한 방식이며, 나아가 절
대주의 도덕 이론들이 제시했던 보편적인 도덕원리들도 역시 모두 은유적
가상으로서 전형적으로 절대적이거나 보편적이지는 않다는 것을 의미한
다. 그러나 동시에 또한 자의적이거나 무제약적이지도 않다는 것을 극명하
게 보여 준다. 체험주의의 이러한 주장은 절대적인 도덕 이론의 가능성을
원천적으로 부정한다.

방법론적 의미에서 볼 때, 이러한 체험주의는 절대주의와 객관주의를
거부하면서도 동시에 상대주의와 주관주의로 기울지 않는다. 달리 말하면
체험주의는 객관주의와 상대주의의 이분법적 대립을 넘어서는 제3의 관
점을 지향하고 있다. 노양진은 이러한 체험주의 철학적 입장을 일종의
'완화된 상대주의'(modified relativism)라고 명명했다. 이러한 유형의 대립 없
는 상대주의는 그 자체로 하나의 정형화된 이론이라기보다는 객관주의와
상대주의의 중간 지대에 있는, 이 양자의 대립을 해소하는 하나의 '철학
적 관점'이라고 해야 할 것이다.31)

체험주의의 이와 같은 입장이 옳은 것이라면, 그것은 철학사를 구성해
왔던 철학적 이론의 본성 자체에 대한 새로운 해명을 요구한다. 이러한

---

30) 같은 책, 606쪽 참조.
31) 노양진, 『상대주의의 두 얼굴』, 217쪽 참조.

관점에서 체험주의는 우리의 철학적 시각을 "동요시키는 동시에 해방하는"[32] 중요한 시각이다. 이러한 시각 전환이 철학적 개념과 이론의 본성에 관한 것이라면 그것은 동양 철학적 전통의 윤리 사상이나 도덕 이론에 대해서도 마찬가지로 적용될 수 있을 것이다.

---

32) M. 존슨, 『도덕적 상상력 : 체험주의 윤리학의 새로운 도전』, 노양진 역 (파주 : 서광사, 2008), 27쪽.

제3장 공맹의 도덕 이론에 대한 체험주의적 해명

공맹의 도덕 이론은 인간의 도덕은 어디에서 기원하며, 인간은 또한 어떠한 도덕적 규범을 준수해야 하며, 어떻게 도덕적 수양과 실천을 거쳐 '내성외왕'(內聖外王)의 도덕적 경지에 이를 것인가에 관한 윤리도덕 학설이다. 이후 공맹의 도덕 이론은 동아시아의 유학적 전통의 원형을 이루었으며, 동시에 이러한 공맹의 도덕 이론에 대한 다양한 해석이 공존했다.

그러나 공맹 도통(道統)의 진유(眞儒)를 계승했다고 자처하는 후세의 유학 자들은 모두 각자의 입장에서 서로 다른 자료를 근거로 삼아 공맹의 도덕 이론을 해석했다. 따라서 그들의 해서은 여러 측면에서 공맹의 본지로부터 멀어지는 결과를 낳게 되었다. 공맹 또한 그 당시 시대적 배경뿐만 아니라 자신들의 인식 제한성 때문에 도덕 이론에 대한 정교한 통찰과 성찰을 결여하고 있었다. 그 결과 유가 도덕 이론에 대한 지배적 전통은 공맹의 도덕 이론을 점차 사변화하는 방향으로 나아가게 했다.

만일 도덕 이론의 은유적 본성에 대한 체험주의적 해명이 옳은 것이라면 그것은 공맹의 도덕 이론에 대해서도 경험적 해명의 필요성과 가능성을 함축한다.

이 장에서는 주로 체험주의적 시각에서 공맹 도덕 이론의 핵심적인 이론적 구조를 검토하고 그것이 드러내는 이론적 난점들을 밝히는 데 초점을 맞출 것이다.

1. '천부 내재'의 도덕적 근거

1) 천부적인 도덕적 근거

인간의 도덕은 어디에서 비롯되는가? 즉 도덕의 근원은 어디에 있는가? 이것은 물론 공맹의 도덕 이론의 성격과 내용에 대한 기본 성향을 규명하는 기초적 물음이다. 이 문제에 관해 공자는 다음과 같이 말했다.

> 하늘이 나에게 덕을 주셨으니, 환퇴가 나를 어찌하겠는가?[1)]

> 하늘이 장차 이 문을 없애려고 하셨다면 뒤에 죽는 사람이 이 문에 참여
> 하지 못했을 것이나, 하늘이 이 문을 없애려고 하지 않으셨으니 광 땅의 사
> 람들이 나를 어찌하겠는가?[2)]

공자에 따르면 인간의 고상한 성품, 나아가 인간 사회의 중요한 윤리규범인 예악, 문화, 제도 등은 모두 하늘이 부여한 것이다. 이 때문에 그 누구도 그것을 빼앗거나 없앨 수 없다. 그러나 반면에 인간이 만약 하늘의 뜻에 어긋나는 부당한 일을 한다면 하늘이 바로 싫어할 것이며,[3)] 특히 하늘에 죄를 지으면 빌 곳이 없다.[4)]

여기에서 우리가 주목해야 할 것은 도덕의 근본 문제에서 공자가 말하는 하늘 즉 천관의 성격이다. 즉 공자가 어떤 의미에서 천 개념을 사용하고 있는가 하는 것이다. 이는 공자의 도덕 이론의 본성을 밝히는 데 출발

---

1) 『論語』, 「述而」 22, 天生德於予, 桓魋其如予何? 이하 원전 역문은 『논어』, 김학주 역, 제2
   전정판, (서울 : 서울대학교출판부, 2007) 참조.
2) 『論語』, 「子罕」 5, 天之將喪斯文也, 後死者, 不得與於斯文也. 天之未喪斯文也, 匡人其如予何?
3) 『論語』, 「雍也」 26, 予所否者, 天厭之 참조.
4) 『論語』, 「八佾」 13, 獲罪於天, 無所禱也 참조.

점이 된다.

고대 중국의 천 관념을 살펴보면 형이상학적 실체로서 천 관념, 종교적 신앙으로서 천 관념 등이 있었다. 공자의 천관은 이러한 고대 중국의 천 관념의 계승이며, 양기(揚棄)와 발전이다. 공자의 사상을 반영하는 『논어』에는 여러 가지 뜻의 천 관념이 등장한다. 예컨대 "높고도 크구나, 오직 하늘만이 크다"[5]에서의 자연적 천의 의미, "아, 하늘이 나를 망하게 하는 구나"[6]에서의 인격적 천의 의미, "나를 알아주는 것은 저 하늘뿐이구나"[7] 에서의 주재적 천의 의미 등이 그것이다. 『논어』에서 나타나는 천의 의미 는 자연적인 면보다는 인격적이고 주재적인 면이 더 많다고 할 수 있다. 즉 공자가 이 천을 우주 자연적 섭리, 원리적 개념보다는 우주의 주재자 이며 권위의 주체로 인식했다는 말이다.

모종삼은 공자의 "천명을 두려워한다"(畏天命)[8]에서 '외'(畏)는 공경하고 조심한다는 경외(敬畏)의 뜻에서 외이지 결코 두렵고 무서워한다는 외구(畏懼)의 뜻에서 외가 아니라고 했다.[9] 여기에서 볼 수 있듯이 공자에게서 하늘은 일종의 경외 대상이었으며, 따라서 그는 주로 하늘의 권위를 빌려서 인간의 도덕적 근원을 강조한 것이다.[10]

도덕의 근원 문제에 대해 맹자도 역시 공자와 마찬가지로 천의 권위에 의지한다. 그러나 그는 천 개념을 이전의 종교 신학적인 형태로부터 비교적 섬세한 이론적 형태로 변화, 발진시켰다. 특히 천도와 인성을 상호 결합함으로써 천부적인 도덕론을 논증했다.[11] 맹자는 다음과 같이 말했다.

---

5) 『論語』, 「泰伯」 19, 巍巍乎, 唯天爲大.
6) 『論語』, 「先進」 8, 噫, 天喪予.
7) 『論語』, 「憲問」 36, 知我者其天乎.
8) 『論語』, 「季氏」 8, 畏天命.
9) 牟宗三, 『中國哲學的特質』, (臺北 : 學生書局, 1978), 27쪽.
10) 張立文, 『天』 (臺北 : 七略出版社, 1996), 44쪽 참조.
11) 張立文, 『中國哲學範疇發展史(天道篇)』 (北京 : 中國人民大學出版社, 1988), 73쪽 참조.

마음의 기능은 생각하는 것이니 생각하면 얻고 생각하지 않으면 얻지 못
한다. 이것은 하늘이 나에게 부여한 것이다.[12]

인의와 충신을 행하며 선을 즐거워하며 게을리하지 않으니 이것은 하늘
이 내려준 벼슬이다.[13]

맹자에 따르면 인간의 마음은 선에 대해 자각 반성할 수 있으며, 자각
반성하면 모든 인간의 마음이 똑같이 여기는 이치와 의를 얻을 수 있다.
마음이 똑같이 여기는 이 이치와 의는 하늘이 인간에게 부여한 것이다.
그뿐만 아니라 인간이 인의 충신을 행하고 선을 즐거워하며 게을리하지
않는 선한 도덕적 품성도 역시 하늘로부터 품수 받은 귀한 벼슬이다. 즉
맹자에게서 천은 도덕의 근원이며, 더욱이 천과 인간의 도덕적 심성은 합
쳐서 하나가 된다. 이것이 바로 맹자의 '천인합일론'(天人合一論)이다.
　현재 도덕적 근원의 문제에서 공맹의 '천'에 대한 해석이 대체로 두 가
지로 나누어진다고 할 수 있다. 그 한 가지는 천을 『중용』(中庸)의 '천명지
위성'(天命之爲性)의 형이상학적인 초월적 의미에서 해석하는 것이다. 예컨
대 채인후는 맹자의 도덕 이론에서 사람의 도덕적 심성은 천으로부터 부
여받은 것이며, 따라서 천은 본심・선한 본성의 초월적 근거라고 했다.[14]
풍우란(馮友蘭)도 맹자가 말한 천은 때로는 주재지천(主宰之天)을 지칭한 듯
하고 때로는 의리지천(義理之天)을 지칭한 듯한데, 성이 천으로부터 부여되
었다는 것은 성선설의 형이상학적 근거라고 주장했다.[15] 특히 두유명(杜維
明)은 유학 전통에서 천은 인격적 신이거나 전지전능한 창조자는 아니더

---

12) 『孟子』,「告子上」 15장, 心之官則思, 思則得之, 不思則不得也, 此天之所與我者. 이하 원전
　　역문은 『맹자』, 김학주 역 (서울 : 명문당, 2002) 참조.
13) 『孟子』,「告子上」 16장, 仁義忠信, 樂善不倦, 此天爵也.
14) 채인후, 『맹자의 철학』, 천병돈 역 (서울 : 예문서원, 2000), 63쪽 참조.
15) 풍우란, 『중국철학사(상)』, 박성규 역 (서울 : 까치, 1999), 210쪽 참조.

라도 초월적 경향이 없는 것은 아니라고 주장했다. 그러나 그는 또 그것
은 도덕성에 대한 초월적 근거가 우리의 일상적 경험에서 절대적으로 분
리되어 있다는 그런 의미는 아니라고 했다.[16]

　다른 한 가지는 노사광(勞思光)과 같이 천을 선천적 의미에서 해석하는
것이다. 그에 따르면 공자에서 맹자에 이르는 선진 유학은 도덕적 주체성
을 핵심적 주제로 삼고 있었지 결코 형이상학적인 천을 최고 개념으로 삼
고 있지 않았다. 따라서 그 당시 공맹의 도덕 이론에는 형이상학적인 천
사상이 없었다. 바꾸어 말하면 형이상학적인 천은 공맹의 선진 유학의 핵
심적 소재가 아니다.[17] 특히 맹자에게서 '천'은 '한정의'(限定義)에 중점을
두지 않고 '본연리서'(本然理序)의 뜻이 있다. 이러한 '본연리서'의 의미는
광범위하여 거기에서 자연히 어떤 형이상학적인 관념을 이끌어낼 수 있
다. 그러나 적어도 맹자는 결코 '천'으로서 도덕적 심성의 형이상학적 근
원으로 삼지는 않았다. 그것은 『중용』의 형이상학적 입장과는 다른 인간
'주체'를 근본으로 하는 심성론의 입장이다.[18]

　요컨대 공맹의 도덕 이론에서 도덕적 근원은 천, 즉 인간의 선한 도덕
적 성품이 천으로부터 부여받은 것이며, 이러한 천에 대한 해석은 대체로
형이상학적인 초월의 의미와 본래부터 가지고 태어났다는 선천적 의미
두 가지가 있다.

---

16) 뚜웨이밍, 『뚜웨이밍의 유학 강의』, 정용환 역 (성남 : 청계, 1999), 330쪽 참조. 이 외에
　　도 부가적으로 언급하자면 필자는 2010년 11월 한국 경희대학교에서 개최된 <몸과 문
　　명 : 삶의 새로운 지평> 국제학술대회에서 개인적으로 두유명 교수께 인간 도덕성의
　　연원에 대해 질의한 적이 있었는데, 이 문제에 관해서도 그는 유가의 전통적인 '천명지
　　위성'이라는 초월적 입장을 유지하고 있었다.
17) 노사광, 『중국철학사(고대편)』, 정인재 역 (서울 : 탐구당, 1986), 29쪽.
18) 같은 책, 166-67쪽 참조.

2) 내재적인 도덕성

앞에서 살펴보았듯이 공맹은 모두 인간의 선한 도덕적 성품은 하늘로
부터 부여받은 것이라고 했다. 공자는 또 인간의 이러한 도덕적 성품은
인과 같은 내재적 인격의 계발이라고 했다. 이에 관해 공자는 다음과 같
이 말했다.

> 인이 멀리 있는가? 내가 인하고자 하면 인이 이른다.[19]

> 인을 행하는 것은 자신에게 달린 것이지 남에게 달려 있겠는가?[20]

인과 같은 도덕적 인격은 외재적인 것이 아니라 인간의 구체적인 생명
에 내재해 있다. 즉 인은 인간이 인간으로 되는 까닭으로서 내재적 본질
로서 본래부터 가지고 있는 것이며, 특히 그것은 인간 스스로 반성과 자
각을 통해야만 밖으로 드러나는 것이다. 이렇게 볼 때 인간의 도덕적 성
품은 이러한 인과 같은 내재적 인격 세계의 계발이라고 할 수 있다.

맹자도 인간의 선한 도덕적 본성은 본래부터 인간에게 내재한 것이라
고 했다. 이런 의미의 맥락은 맹자의 다음과 같은 말에서 쉽게 찾아볼 수
있다.

> 인의예지는 밖으로부터 나에게 녹여 들어오는 것이 아니라 내가 본래 가
> 지고 있는 것이다.[21]

> 군자의 본성인 인의예지는 마음에 뿌리를 둔다.[22]

---

19) 『論語』, 「述而」 29, 仁遠乎哉, 我欲仁, 斯仁至矣.
20) 『論語』, 「顏淵」 1, 爲仁由己, 而由人乎哉?
21) 『孟子』, 「告子上」 6, 仁義禮智, 非由外鑠我也, 我固有之也.

측은지심은 인의 단서이며, 수오지심은 의의 단서이며, 사양지심은 예의 단서이며, 시비지심은 지의 단서이다. 사람이 이 사단을 갖고 있음은 마치 사체를 가진 것과 같다.[23]

전통적인 해석에 따르면 인간의 선한 인의예지 도덕적 본성은 비록 하늘로부터 부여받은 것이지만, 그 본분은 이미 인간의 생명체 속에 갖추어져 있다. 즉 인간의 선한 도덕적 본성인 인의예지에 단서를 제공하는 측은지심, 수오지심, 사양지심, 시비지심이라는 사단지심(四端之心)은 인간의 심성 속에 본래 내재해 있는 것이다. 이것은 인간이 태어나서 죽을 때까지 가지고 있는 것으로서 결코 외부에서 얻어지는 것은 아니다. 여기에서 볼 수 있듯이 인의예지 도덕성은 인간에게 내재해 있는 도덕성이며, 그것은 바로 도덕적 심성이 인간의 내부에 있다는 것을 의미한다.

여기에서 한 가지 우리가 주목해야 할 점은 공맹, 특히 맹자는 왜 인간의 선한 도덕적 본성을 천부 내재한다고, 즉 하늘이 부여한 동시에 인간에게 본래 내재하여 있다고 주장했는가 하는 것이다.

잘 알려진 것처럼 공맹이 살았던 춘추, 전국시대는 천하가 바야흐로 합종연횡(合從連橫)에 힘쓰고 공벌을 중요하게 여기는 시대였다. 특히 전국시대는 맹자의 말 그대로 "짐승을 몰아서 사람을 잡아먹게 하는"[24] 시대였다. 그러한 당시의 현실 속에서 특히 맹자가 당우(唐虞) 삼대(三代)의 덕을 밝히고, 사회의 안정과 조화를 유지하며, 나아가 공자의 윤리 학설을 발전시켜 자신의 도덕 이론을 전개할 때 이론적으로 제일 고민했던 문제가 바로 모든 인간의 선한 도덕적 본성의 신장(伸張)이었다.

이렇게 볼 때 공맹, 특히 맹자가 인간은 하늘로부터 선한 도덕적 본성

---

22) 『孟子』, 「盡心上」 21, 君子所性, 仁義禮智根於心.
23) 『孟子』, 「公孫丑上」 6, 惻隱之心, 仁之端也; 羞惡之心, 義之端也; 辭讓之心, 禮之端; 是非之心, 智之端也. 人之有是四端也, 猶其有四體也.
24) 『孟子』, 「梁惠王上」 4, 率獸而食人.

을 타고나며, 동시에 이러한 도덕적 본성은 인간에게 본래부터 내재하여 있다고 한 것은 바로 인간의 보편적인 성선을 강조하기 위한 것이라고 할 수 있다. 그런 의미에서 또한 하늘을 보편적 성선의 근거로 내세웠다고도 볼 수 있다. 특히 이러한 자신의 주장을 뒷받침하기 위해 맹자는 "아무리 어린아이도 그 부모를 사랑하는 것을 알지 못함이 없으며, 자라서는 그 형님을 공경하는 것을 알지 못함이 없다"[25]라는 예시(例示)를 들었다.

그런데 여기에서 문제가 되는 것은 공맹의 이러한 도덕적 근거의 정당화 방식이다. 우선 공맹이 도덕적 본성의 보편적 근거로 제시한 이 하늘은 그것이 선천적이라는 의미에서든 아니면 초월적이라는 의미에서든 체험주의적 시각에서 볼 때 모두 이미 우리 인간의 인지적·경험적 한계를 앞서거나 넘어서고 있다.

그뿐만 아니라 아무리 어린아이도 그 부모를 사랑하는 것을 알지 못함이 없으며 자라서는 그 형님을 공경하는 것을 알지 못함이 없다는 예시는 인간의 보편적인 성선의 논거로서는 너무나 취약한 것이다. 그것은 우리가 현실 생활에서 쉽게 볼 수 있는 것처럼 어떤 사람은 어른으로 다 성장해서도 그 부모를 사랑할 줄 모를 뿐만 아니라 오히려 부모를 괴롭히고 또한 형제들 사이에서도 화목하지 못한데, 하물며 젖먹이 갓난아이거나 혹은 세 살배기 어린아이가 이미 철이 들어 그 부모를 아끼고 사랑할 줄 알 뿐만 아니라 자라서는 그 형제자매들까지 공경할 줄 안다는 것은 거의 있을 수 없는 일이기 때문이다. 특히 도덕적 경험이 인간의 인지가 상당히 발달한 단계에 이르러서야 비로소 형성된다는 현대 인지과학의 경험적 발견의 관점에서 보더라도 이와 같은 예시는 그 자체가 빈약한 것이며, 특히 경험적으로 설득력이 거의 없다. 따라서 또한 보편적 성선의 정당화 근거 또는 논거로 사용되기에는 무리가 있다고 할 수 있다.

---

25) 『孟子』, 「盡心上」 15, 孩提之童, 無不知愛其親也, 及其長也, 無不知敬其兄也.

체험주의에 의하면 선천성이나 초월성을 포기하고서도 인간의 도덕성이 여전히 보편적이라면, 그 보편성의 근거는 경험적 사실을 통해 입증되어야 한다. 그러나 맹자의 하늘에 근거를 둔 이러한 보편적 도덕성의 주장은 적어도 오늘날 우리의 철학적 시각 안에서 그 정당화가 불가능한 것이다. 그리고 공맹의 이 같은 주관적 사변화는 공맹의 도덕 이론이 후세의 유학자들에 의해 형이상학적으로 정형화, 절대화되는 소지(素地)를 제공해 주었다고 할 수 있다.

2. '탈신체화'된 도덕적 주체

1) 마음과 몸의 관계

도덕적 주체란 통상적으로 도덕적 의식과 의지, 판단, 행위의 소재지를 가리킨다. 그렇다면 공맹의 도덕 이론에서 도덕적 주체는 과연 무엇이며, 그 내용은 어떠한가? 이 문제는 주로 공맹의 도덕 이론에서 마음과 몸, 그리고 이 양자의 상관관계의 측면에서 파악해야 한다.

공자의 사상을 대표하는 『논어』를 살펴보면, 마음에 관한 언급은 6차례이고, 이에 대비해 몸에 대한 언급은 18차례나 된다. 마음에 관해 공자는 다음과 같이 말했다.

> 일흔 살에는 마음이 하고자 하는 바를 따라도 법도를 넘지 않았다.[26]

> 안회는 그 마음이 삼 개월 동안 인을 떠나지 않았다.[27]

---

26) 『論語』, 「爲政」 4, 七十而從心所欲不踰矩.
27) 『論語』, 「雍也」 5, 回也, 其心三月不違仁.

공자에게서 마음은 "잡으면 보존되고 놓으면 잃어버리며, 나아가고 들어옴에 정한 때가 없으며 그 방향을 알 수 없는"[28] 대체로 헤아리기 어려운 신비한 감각활동이다. 이러한 마음에 대한 공자의 정론은 없다. 그러나 공자가 안회(顔回)는 그 마음에 삼 개월 동안 인을 떠나지 않았으며, 특히 자신은 나이 일흔 살에 마음이 하고자 하는 바를 좇아도 법도를 넘지 않았다고 말했듯이 이러한 마음에는 광범위한 도덕적 내용이 포함되어 있으며, 따라서 그의 인의 중심사상과 적절히 합치된다.[29] 이러한 마음은 인간 주체의 도덕적 사유와 의식을 의미한다고 할 수 있다.

그렇다면 몸에 대해 공자는 어떤 태도를 보이는가? 즉 도덕적 수양과 실천에서 몸의 지위와 역할을 어떻게 보고 있는 것인가? 이 문제에 관해 공자는 다음과 같이 말했다.

> 그 몸이 올바르면 명령하지 않아도 행하고, 그 몸이 바르지 않으면 비록 명령하여도 따르지 않는다.[30]

> 참으로 그 몸을 바르게 한다면 정치를 하는 데 무슨 어려움이 있겠는가? 그러나 그 몸을 바르게 하지 못한다면 어떻게 남을 바르게 할 수 있겠는가?[31]

공자에 따르면 불인을 싫어하는 자는 인을 행할 때 불인한 것이 그 몸에 가해지지 못하게 한다.[32] 특히 뜻있는 선비와 어진 사람은 살기 위해서 인을 해치지 않으며 몸을 죽여 인을 이룬다.[33]

---

28) 『孟子』, 「告子上」 8, 操則存, 舍則亡, 出入無時, 莫知其鄕.
29) 餘書麟, 『中國儒家心理思想史(上冊)』(臺北 : 心理出版社有限公司, 1984), 46쪽 참조.
30) 『論語』, 「子路」 6, 其身正, 不令而行, 其身不正, 雖令不從.
31) 『論語』, 「子路」 13, 苟正其身矣, 於從政乎, 何有? 不能正其身, 如正人何?
32) 『論語』, 「里仁」 6, 惡不仁者, 其爲仁矣, 不使不仁者, 加乎其身 참조.
33) 『論語』, 「衛靈公」 8, 志士仁人, 無求生以害仁, 有殺身以成仁 참조.

여기에서 우리가 주목해야 할 점이 있다. 그것은 바로 공자가 이 몸, 즉 신(身)자를 어떤 의미 맥락에서 사용했는가 하는 것이다. 공자는 "그 자신의 행실을 공손히 해야 한다",34) "자신이 서고자 함에 남도 서게 하고 자신이 이루고자 함에 남도 이루게 한다"35)고 말했다. 이는 위에서 언급한 그 몸을 바르게 하지 못하면 어떻게 남을 바르게 할 수 있겠는가 하는 내용과 의미상에서 일맥상통한다.

다시 말하면 위의 일련의 인용문들에서 '몸' 대신에 '자신'이라는 말을 바꾸어 넣어도 그 의미는 모두 통하며, 특히 문맥상 더 자연스럽고 내용상 더 명료하다. 여기에서 볼 수 있듯이 공자에게서 몸을 의미하는 '신'자와 자신을 의미하는 '기'(己)자는 같은 뜻으로 쓰인다. 즉 이 '신'자는 본래 몸, 신체, 몸뚱이 등의 의미가 있지만, 공자에게서는 특별히 자기 자신을 가리키는 개념으로 해석될 수 있다는 말이다.

종합하면 공자는 마음, 몸이라는 용어를 모두 사용하고 있지만, 그럼에도 마음과 몸을 구분하거나 분리해서 이해하고 있지는 않다고 할 수 있다. 즉 공자에게서 마음은 일종의 도덕적 판단을 하는 도덕적 의식과 사유를 의미하며, 몸은 그러한 마음을 포함하고 있는, 나아가 실제로 도덕적 행위를 수행할 수 있는 도덕적 주체로서 인간 자신을 의미하며, 따라서 도덕적 수양과 실천에서 중심적 역할을 한다고 할 수 있다.

2) 신체적 요소가 배제된 본심

앞에서 우리는 공자의 도덕적 주체로서 인간의 마음과 몸의 관계를 살펴보았다. 그런데 이러한 인간의 마음과 몸의 관계는 맹자에 이르면서 미묘한 변화를 일으킨다. 뒤에서 언급하겠지만, 맹자는 주로 그 수행하는 기

---

34) 『論語』, 「公冶長」 16, 其行己也恭.
35) 『論語』, 「雍也」 28, 己欲立而立人, 己欲達而達人.

능에 따라 마음과 몸을 이분법적으로 구분해서 사용하고 있다. 그러나 미리 밝혀두겠지만, 이는 결코 맹자가 마음과 몸을 서로 무관한 것으로 분리해 본다거나 혹은 데카르트처럼 마음과 몸을 각각 독립적 실체로 간주한다는 의미가 아니다. 오히려 마음과 몸은 서로 떨어질 수 없는 관계다.

맹자에게서 이러한 마음은 도덕적 수양과 실천의 주체다. 즉 이 마음은 덕성의 주체로서 인간에게 내재해 있는 도덕심이며 실재하는 도덕적 본심이다. 이것은 심이며 동시에 성이다. 그러므로 도덕심은 바로 도덕성이다. 다시 말해 본심은 성이며 심과 성은 하나다. 심은 성의 주관적인 측면에서 말한 것이고, 성은 심의 객관적인 측면에서 말한 것이다.[36]

그렇다면 맹자는 도덕적 주체로서 심성의 내용을 어떻게 보고 있는 것인가? 이 문제를 우선 맹자와 고자(告子)의 인성에 대한 논변으로부터 살펴보자.

> 고자: 생의 본능을 성이라고 한다.
> 맹자: 생의 본능을 성이라 함은 흰색을 흰색이라고 말하는 것과 같은가?
> 고자: 그러하다.
> 맹자: 그렇다면 흰 깃털의 흰 것과 흰 눈의 흰 것이 같으며 흰 눈의 흰 것과 흰 옥의 흰 것은 같단 말인가?
> 고자: 그러하다.
> 맹자: 그렇다면 개의 성이 소의 성과 같으며 소의 성이 사람의 성과 같단 말인가?[37]

이 논변의 쟁점은 무엇을 인간의 본성으로 보는가에 있다. 우선 논변

---

36) 채인후, 『맹자의 철학』, 61쪽 참조.
37) 『孟子』,「告子上」3, 告子曰 : 生之謂性. 孟子曰 : 生之謂性也, 猶白之謂白與? 曰 : 然. 白羽之白也, 猶白雪之白; 白雪之白, 猶白玉之白與? 曰 : 然. 然則犬之性, 猶牛之性; 牛之性, 猶人之性與?

과정에서 맹자와 고자는 모두 논리적 오류를 범하고 있다. 예컨대 고자의 이른바 "생지위성"(生之謂性)에서 "생지"와 "본성"은 일종의 사실과 속성의 관계다. 이렇게 볼 때 각 사물이 타고난 어떤 속성을 그 사물의 본성이라고 할 수 있다. 그러나 결코 그 본성이 사물마다 모두 같다고 할 수는 없다. 그것은 무엇을 그 사물의 본성으로 볼 것인가는 보는 사람마다 달라 객관적인 사실의 모습을 하고 있지 않기 때문이다.

그리고 맹자가 이른바 "유백지위백여"(猶白之謂白與)에서 "백", 즉 흰 것은 하나의 객관적 사실이며 또한 속성이다. 따라서 그것은 흰 깃털이든 흰 눈이든 흰 옥이든 희다는 점에서는 분명히 같다. 인성론이 바로 인간의 본성을 무엇으로 볼 것인가에 초점을 맞추고 있다고 한다면, 분명한 것은 맹자는 고자와 달리 서로 다른 '유'(類)들 간에 서로 같은 객관적 사실과 속성으로부터 출발해서 서로 다른 '유'들 간의 같은 본성을 추론하는데, 이는 논리적으로 성립되지 않는다.

이렇게 볼 때 고자의 "타고난 것을 본성이라고 한다"는 말에 "그 말은 각 사물에 있는 흰 것을 희다고 하는 것과 같은 의미냐"고 하는 맹자의 질문이나 또 "그렇다"고 대답하는 고자의 대답, 특히 맹자의 "흰 깃털의 흰 것과 흰 눈의 흰 것이 같다"는 말에서 곧바로 "개의 성이 소의 성과 같으며 소의 성이 사람의 성과 같다"는 말을 추론하는 것은 모두 논리적 비약(飛躍)이 있다고 할 수 있다.[38]

여기에서 논변의 전반적인 과정을 살펴보면 고자는 생(生)이라는 사실을 포함한 식색(食色)과 같은 인간의 몸이 가진 어떤 자연적인 욕구나 본능 등을 인간의 본성이라고 주장한다. 이와 반대로 맹자는 인간 몸의 욕구, 본능 등과 같은 것들을 인간이 인간인 까닭으로서의 본성으로 보지 않는다. 이러한 관점은 맹자의 아래와 같은 말에서 선명하게 드러난다.

---

38) 중국철학연구회 편, 『논쟁으로 보는 중국철학』 (서울 : 예문서원, 1994), 53쪽 참조.

입은 맛에서 눈은 색깔에서 귀는 소리에서 코는 냄새에서 사지는 안일함
에서는 본성이나 명에 달려 있다. 그러므로 군자는 이것을 본성이라고 이르
지 않는다. 인은 부자에게서 의는 군신에게서 예는 빈주에게서 지는 현자에
게서 성인은 천도에서는 명이나 본성에 있다. 그러므로 군자는 이것을 명이
라 이르지 않는다.[39)

위에서 볼 수 있듯이 맹자는 입, 눈, 귀, 코, 사지와 같은 몸의 본능적인
욕구 등을 인간의 자연적인 본성으로 인정한다. 그러나 인간을 인간으로
규정해 주는 진정한 본성으로는 인정하지 않는다. 맹자에게서 인간의 존
재 근거로서 진정한 본성은 도덕적 본성이며, 그 안에는 인의예지만 내재
하여 있을 뿐, 신체적 요소와 같은 것들은 포함하고 있지 않다. 앞에서 언
급했듯이 맹자의 인성론에서 도덕심과 도덕성은 일치하며 같은 의미로
쓰인다. 이는 맹자가 말하는 도덕심에도 신체적 요소가 배제되어 있음을
의미한다.

여기에서 우리가 주목해야 할 것은 맹자가 "신체에는 귀한 것과 천한
것이 있으며 작은 것과 큰 것이 있다"[40)고 말한 점이다. 귀하고 큰 것은
마음을 가리키며, 천하고 작은 것은 입, 눈과 같은 신체적 요소를 가리킨
다. 맹자가 신체에는 귀하고 큰 것이 있다고 했으니 이는 마음이 신체에
포함되고 의존하며 또한 몸을 빌려야만 작용할 수 있음을 의미한다. 그런
데 맹자가 "먼저 큰 것을 세운다면 그 작은 것이 빼앗지 못한다"[41), "의지
는 기의 통수다"[42)라고 말했듯이 이는 또 마음이 몸을 주재하는 관계에
있다고 해석할 수 있음을 의미한다.

---

39) 『孟子』, 「盡心下」 24, 口之於味也, 目之於色也, 耳之於聲也, 鼻之於臭也, 四肢之於安佚也,
   性也, 有命焉, 君子不謂性也. 仁之於父子也, 義之於君臣也, 禮之於賓主也, 智之於賢者也, 聖
   人之於天道也, 命也, 有性焉, 君子不謂命也.
40) 『孟子』, 「告子上」 14, 體有貴賤, 有小大.
41) 『孟子』, 「告子上」 15, 先立乎其大者, 則其小者不能奪也.
42) 『孟子』, 「公孫丑上」 2, 夫志氣之帥也.

이 외에도 맹자는 또 "그 대체를 따르는 사람은 대인이 되고, 그 소체를 따르는 사람은 소인이 된다"[43]고 말했다. 여기에서 대체는 마음을 의미하며 소체는 신체적 요소를 의미한다. 맹자에 의하면 눈, 코, 입과 같은 소체는 자각 반성의 기능이 없어서 외물과 접하면 거기에 쉽게 끌려가고 말지만,[44] 마음과 같은 대체는 자각 반성의 기능이 있어 모든 인간의 마음이 똑같이 여기는 선한 이치와 의를 얻을 수 있다. 즉 맹자는 마음을 도덕적 가치 판단, 선택의 주재자로 이해하는 한편 눈, 코, 입과 같은 신체적 요소는 도덕적 가치 판단, 선택을 가로막는 부정적인 장애물로 이해한 것이다. 이 때문에 맹자는 "작은 것으로 큰 것을 해치지 말며, 천한 것으로 귀한 것을 해치지 말아야 한다"[45]고 했으며, 특히 대인이라면 '적자지심'(赤子之心)을 잃지 말아야 한다고 했다.[46]

그렇다면 '적자지심'이란 무엇인가? 조기(趙歧)는 적자지심이란 영아의 오로지 한결같이 변화되지 않는 마음을 말한다고 주석(注釋)했다.[47] 주희도 적자지심이란 순수하여 다른 것이 섞이지 않은 거짓이 없는 마음이라고 주석했다.[48] 이렇게 볼 때 대인이라면 절대 잃어버리지 말아야 할 이 '적자지심'이란 바로 순수한 도덕적 본심, 다시 말하면 인의예지만 내재하여 있고 신체적 요소가 배제된 도덕적 본심을 말한다고 할 수 있다.[49]

---

43) 『孟子』, 「告子上」 15, 從其大體, 爲大人; 從其小體, 爲小人.
44) 『孟子』, 「告子上」 15, 耳目之官不思, 而蔽於物, 物交物, 則引之而已矣.
45) 『孟子』, 「告子上」 14, 無以小害大, 無以賤害.
46) 『孟子』, 「離婁下」 12, 大人者, 不失其赤子之心者也 참조.
47) 趙歧, 『孟子趙注』(臺北 : 中華書局, 1982), 卷8, 「離婁」 4. 赤子, 嬰兒也, 小小之子, 專一未變化 참조.
48) 朱熹, 『朱子全書(6)』, 朱傑人・嚴佐之・劉永翔 主編 (上海古籍出版社, 安徽教育出版社, 2002), 「四書章句集注・孟子集注・離婁下」, 12, 赤子之心, 則純一無僞而已(356쪽). 이하 원전 인용에서 『朱子全書』는 『全書』로, 「四書章句集注」와 사서 각각의 집주, 그리고 편명과 원문, 쪽수를 각주에 표시한다. 이하 맹자집주 원전 역문은 『맹자집주』, 성백효 역 (서울 : 전통문화연구회, 2008) 참조.
49) 『孟子』, 「告子上」 10, 此之謂失其本心 참조.

잘 알려진 것처럼 맹자는 도덕적 수양과 실천에서 인의예지를 포함한 도덕적 본심의 자각과 보존, 나아가 확충을 강조하고 있다. 그런데 가령 이러한 도덕적 본심에 도덕 발현의 장애물인 신체적 요소가 들어 있다고 가정한다면 그 결과는 어떠하겠는가? 도덕적 본심이 확충될 때 도덕 발현의 장애물도 같이 확충되고 만다. 그렇다면 결과적으로 맹자의 주장처럼 도덕적 본심의 자각, 보존, 확충으로서 도덕적 수양과 실천을 할 수 없으며, 그것은 나아가 맹자의 수양론이 이론상 모순점이 존재한다는 것을 의미한다.

이렇게 볼 때 맹자가 말하는 도덕적 본심에는 다만 인의예지만 들어 있을 뿐 신체적 요소가 배제되어 있다고 할 수 있다. 종합하면 공맹에서 마음은 결코 신체적 요소와 분리되어 존재할 수 없다. 그럼에도 맹자가 말하는 도덕적 본심은 일종의 신체적 요소를 비켜선 탈신체화된 마음이라고 할 수 있다.

체험주의에 의하면 마음과 몸의 이원론은 이론적 요청으로 만들어진 가정이며, 마음은 인간의 신체적 활동에서 비롯되는, 또한 신체적 요소라고 부르는 모든 것들에 의해 지속해서 제약되고 영향받는, 그러나 신체적 요소들로 환원되지 않는 새로운 양상들이다. 이러한 "신체화된 마음은 살아 있는 몸 일부이며 그 존재는 몸에 달려 있다. 마음의 속성들은 순수하게 정신적인 것이 아니다. 그것들은 결정적인 방식으로 몸과 두뇌에 의해서 그리고 몸이 일상적인 삶에서 어떻게 작용할 수 있는지에 의해서 형성된다."[50] 이러한 체험주의 관점에서 볼 때 공맹의 도덕 이론, 특히 맹자의 윤리 사상에서 인의예지만 내재하여 있고 신체적 요소가 배제된 도덕적 본심은 오늘날 마음을 몸의 관점에서 해명하는 시각과는 부합되지 않는다.

---

50) 레이코프 · 존슨, 『몸의 철학』, 814쪽.

3. '절대 보편'의 도덕적 규범

1) 도덕규범의 보편적 특성

도덕규범은 인간의 구체적인 행위를 규정하고 나아가 인간과 인간 사이의 모든 관계를 정형화하는 일종의 행위지침과 본보기다. 이러한 도덕규범이 유가 도덕 이론의 핵심적 골간을 이루고 있다. 주대의 예는 본래 고대의 제천 의식을 통한 종교 의례에서 비롯되었지만, 그것은 이미 가족 중심의 예 질서를 포함한 사회적 치도(治道)로 확장 정립되었으며, 이 때문에 당위의 가치를 지닌 규범으로 정착하여 법 제도라는 성격까지 띠게 되었다. 이러한 주나라 문화와 예법을 찬미하고 따르기를 소망했던 공자는 다음과 같이 말했다.

> 천하에 다섯 가지를 행할 수 있다면 인하다고 할 것이다. …… 공손함과 너그러움과 믿음과 민첩함과 은혜로움이다.[51]

> [인이란] 거처할 때에는 공손하고, 일을 처리할 때에는 공경스럽고, 남과 어울릴 때는 충실한 것이다.[52]

주나라 예를 인이라는 개념을 통해 정리한 공자는 인을 특별히 숭상했으며 천하에 인덕이 행해지기를 강조했다. 따라서 그는 인간이라면 반드시 들어와서는 효도를 다 하고 나가서는 공손해야 하며, 근신하고 신의를 지키며, 널리 사람들을 사랑하고 인한 사람을 친근히 해야 한다고 했다.[53] 여기에서 볼 수 있듯이 공자는 '인'을 가장 기본적인 도덕 원칙으로 간주

---

51) 『論語』, 「陽貨」 6, 能行五者於天下, 爲仁矣 …… 恭寬信敏惠.
52) 『論語』, 「子路」 19, 居處恭, 執事敬, 與人忠.
53) 『論語』, 「學而」 6, 弟子立則孝, 出則弟, 謹而信, 汎愛衆, 而親仁 참조.

했으며, 특히 효, 제, 충, 신, 지, 용 등과 같은 도덕적 덕목들도 모두 인에 귀속시켰다. 즉 공자에게서 도덕적 규범은 인에 의해 집약된다고 할 수 있다.

유가 전통에서 인의의 도덕적 규범을 처음으로 조리 있게 체계화한 사람은 맹자라고 할 수 있다. 맹자도 공자와 마찬가지로 인의를 도덕의 근본원칙으로 삼아 '인의예지', '효제충신', '오륜' 등과 같은 도덕적 규범을 제기했을 뿐만 아니라 또한 상세하게 천명했다. 특히 맹자가 강조했던 인의예지 덕목들은 후세의 유학자들, 특히 송대의 유학자들에 의해 점차 인간의 도덕적 수양과 실천에서 반드시 지켜야 할 하나의 절대 불변의 도덕적 규범으로 변해버렸다.

그렇다면 맹자가 말하는 이 인의예지는 도대체 어떤 특성이 있는가? 이에 관해 맹자는 다음과 같이 말했다.

> 사람들은 모두 사람을 차마 해치지 못하는 마음을 가지고 있다.[54]

> 측은지심을 사람마다 모두 가지고 있으며 수오지심을 사람마다 모두 가지고 있으며 공경지심을 사람마다 모두 가지고 있으며 시비지심을 사람마다 모두 가지고 있으니, 측은지심은 인이고 수오지심은 의이고 공경지심은 예이고 시비지심은 지이다.[55]

여기에서 개(皆)자는 하나도 빠짐없이 전부, 모두의 뜻으로 보편의 의미를 강하게 나타내는 개념이다. 맹자는 이러한 '인개유지'(人皆有之)라는 개념을 사용함으로써 측은, 수오, 공경, 시비의 사단지심은 물론, 나아가 그것들을 단초(端)로 하는 인의예지의 보편성을 특별히 강조한 것이다. 다시

---

54) 『孟子』, 「公孫丑上」 6장, 人皆有不忍人之心.
55) 『孟子』, 「告子上」 6, 惻隱之心, 人皆有之; 羞惡之心, 人皆有之; 恭敬之心, 人皆有之; 是非之心, 人皆有之. 惻隱之心仁也, 羞惡之心義也, 恭敬之心禮也, 是非之心智也.

말하면 맹자에게서 사단지심을 비롯한 인의예지 사덕은 모든 인간이 보편적으로 가진 것이다.

이에 특히 송대의 성리학자들은 인의예지를 인간이 태어날 때 인성으로서 부여받은 천리로 재해석했다. 더욱이 그들은 이러한 천리를 정당화 근거로 인의예지 사덕을 최고의 도덕적 가치로 규정하는 동시에 그것을 인간의 사고와 행위를 조절하며 나아가 도덕적인 삶을 완성하는 데 마땅히 지키고 실천해야 할 하나의 절대적이고 보편적인 도덕적 규범으로 만들었던 것이다.

2) 인의예지의 은유적 구조

이 시점에서 제기할 수 있는 문제는 인간의 선을 향한 도덕적 수양과 실천에는 과연 단일한 절대적이고 보편적인 도덕적 규범이 존재할 수 있는가 하는 점이다. 이 문제에 대해 우선 한때 분석철학이라는 흐름을 주도하다가 현재는 이미 붕괴하고 말았지만 현시대 전반적인 새로운 지적 사조에 일정한 영향을 미쳤던 논리실증주의의 견해를 살펴보자.

맹자는 일찍이 "부자간에는 친함이 있어야 하며, 군신 간에는 의리가 있어야 하며, 부부간에는 분별이 있어야 하며, 어른과 아이 간에는 차례가 있어야 하며, 친구 간에는 믿음이 있어야 한다"[56]고 했다. 논리실증주의의 관점에서 볼 때, 이러한 '오륜'의 도덕규범은 일종의 "나는 부모와 자식 간에는 사랑이 있기를 바란다"거나 "나는 군주와 신하 간에는 의리가 있기를 바란다" 등의 단지 말하는 사람이나 듣는 사람의 정서를 표현하고 있을 따름이지 그 어떤 객관적 사실에도 대응할 수도 없으므로 궁극적으로는 참/거짓을 결정할 수 없다.

---

56) 『孟子』, 「滕文公上」 4, 父子有親, 君臣有義, 夫婦有別, 長幼有序, 朋友有信.

다시 말하면 위와 같이 "~해야 한다", "~않아야 한다"는 식의 도덕적 명제들은 규범성의 의미론적 근거를 확보하지 못한, 즉 경험적 검증이 불가능한 일종의 정서적 표현일 뿐, 결코 절대적이고 보편적인 도덕원리 혹은 도덕규범이 아니다. 그러나 이러한 논리실증주의의 정서주의(emotivism)적 견해는 도덕규범에 대한 학문적 탐구 가능성을 원천적으로 거부하기 때문에 도덕적 허무주의라는 우려를 불러온다.

체험주의는 구체적인 철학적 입장, 관점 등에서는 논리실증주의와 근본적으로 다르지만, 논리실증주의와 마찬가지로 인간의 도덕적 수양과 실천에는 절대적이고 보편적인 도덕적 규범은 없다고 주장한다. 그러면 여기에서 인의예지 도덕성 개념에 대해 간단히 은유적 분석을 해보기로 하자. 맹자는 일찍이 인의예지 등의 도덕적 덕목들에 대해 다음과 같은 은유들을 사용했다.

무릇 인이란 하늘의 높은 벼슬이며, 사람의 편안한 집이다.[57]

어짊이란 활 쏘는 것과 같다.[58]

천하의 넓은 집(仁)에 거처하며, 천하의 바른 자리(禮)에 서며, 천하의 큰 길(義)을 행한다.[59]

인이란 사람의 편안한 집이며, 의란 사람의 바른길이다.[60]

인이란 사람의 마음이며, 의란 사람의 길이다.[61]

---

57) 『孟子』, 「公孫丑上」 7, 夫仁, 天之尊爵也, 人之安宅也.
58) 『孟子』, 「公孫丑上」 7, 仁者如射.
59) 『孟子』, 「滕文公下」 2, 居天下之廣居, 立天下之正位, 行天下之大道.
60) 『孟子』, 「離婁上」 10, 仁, 人之安宅也; 義, 人之正路也.
61) 『孟子』, 「告子上」 11, 仁, 人心也; 義, 人路也.

인이란 사람이며, 합하여 말하면 길이다.[62]

무릇 의는 길이며, 예는 문이다.[63]

지는 비유하면 재주이다.[64]

위에서 볼 수 있듯이 맹자는 '인'을 「하늘의 높은 벼슬」(天之尊爵) 「사람의 편안한 집」(人之安宅) 「활」(射) 「넓은 집」(廣居) 「사람의 마음」(人心) 「사람」(人) 등으로, '의'를 「큰길」(大道) 「사람의 바른길」(人之正路) 「사람의 길」(人路) 「길」(路) 등으로, '예'를 「바른 자리」(正位) 「문」(門) 등으로, '지'를 「재주」(巧) 등으로 구조화하고 있다. 다시 말하면 인의예지를 일련의 무의식적인 일상적 개념들을 사용해서 은유적으로 개념화하고 있다.

체험주의에 의하면 추상적 개념의 은유적 확장은 신체적·물리적 근거를 갖고 있으며, 특히 그 은유적 구조화는 부분적이다. 따라서 필연적으로 파편적이라는 특성을 지닌다. 이는 신체적·물리적 층위의 경험에 근거한 은유적 확장을 통해 구성된 맹자의 인의예지 도덕성 개념이 절대적인 것도 보편적인 것도 아니라는 점을 말해 주며, 그것은 나아가 인의예지 덕목들이 도덕적 규범으로서는 절대적인 보편성에 이를 수 없다는 것을 명시해 준다.

체험주의적 해명의 시각에서 볼 때 공맹의 도덕 이론에서 단지 잠재적으로만 보편적인 경향을 갖고 있던 인의예지 덕목들이 후세의 성리학적인 해석에 의해 일종의 절대적이고 보편적인 도덕적 규범으로 변해버린 것은 사변화된 이론적 열망의 산물이라고 해야 할 것이다.

---

62) 『孟子』, 「盡心下」 16, 仁也者, 人也, 合而言之, 道也.
63) 『孟子』, 「萬章下」 7, 夫義, 路也; 禮, 門也.
64) 『孟子』, 「萬章下」 1, 智譬則巧也.

4. '내성 과욕'의 도덕적 수양

1) 내성 자각의 수양

공맹의 도덕 이론은 도덕적 수양과 관련한 논의가 적지 않으며 후세에
끼친 영향도 매우 크다. 특히 맹자는 천부적 도덕론과 성선설을 토대로
내심의 자각 반성과 몸의 욕구를 줄이는 두 가지 수양 방법을 강조했다.
우선, 마음의 수양에 대해 공자는 다음과 같이 말했다.

> 배우기만 하고 생각하지 않으면 어두워지고, 생각하기만 하고 배우지 않
> 으면 위태로워진다.[65]

> 군자는 아홉 가지를 생각할 바가 있다. 봄에는 밝음을 생각하며, 들음에
> 는 귀 밝음을 생각하며, 얼굴빛은 온화함을 생각하며, 모습은 공손함을 생
> 각하며, 말은 진실함을 생각하며, 섬김은 공경함을 생각하며, 의심스러움은
> 물음을 생각하며, 화날 때는 어려움을 생각하며, 이득을 보면 의를 생각해
> 야 한다."[66]

이 두 구절의 인용문은 공자의 마음에 관한 도덕적 수양 방법을 드러낸
것이다. 공자에 따르면 인간은 마땅히 이로움을 보면 의로움을 생각해야
하며,[67] 또한 어진 이를 보면 그와 같기를 생각하고 어질지 못한 이를 보
면 속으로 스스로 반성해야 한다.[68] 특히 자신의 언행이 도덕적 표준에
들어맞는지를 끊임없이 살피고 스스로 반성하여 부끄러움이 없으면 근심

---

65) 『論語』, 「爲政」 15, 學而不思則罔, 思而不學則殆.
66) 『論語』, 「季氏」 10, 君子有九思 : 視思明, 聽思聰, 色思溫, 貌思恭, 言思忠, 事思敬, 疑思問,
　　忿思難, 見得思義.
67) 『論語』, 「憲問」 13, 見利思義.
68) 『論語』, 「里仁」 17, 見賢思齊焉, 見不賢而內自省也　참조.

할 것도 두려울 것도 없을 뿐만 아니라,[69] 나아가 도덕적인 인간으로 성장할 수 있다.

맹자는 공자의 이런 사(思)의 학풍을 계승 발전했다. 특히 그는 인간의 마음에는 자각 반성의 기능이 있으며, 따라서 인간이 만일 자각 반성을 하면 마음에 똑같이 여기는 선한 이치와 의를 얻을 수 있다고 했다. 윤리학의 시각에서 보면 이는 일종의 내심적 자각 반성의 수양 방법에 해당한다. 이 방면에 대해서 맹자는 또 다음과 같이 말했다.

> 만물이 나에게 모두 갖추어져 있으니 자신을 돌이켜 보아 성실하면 즐거움이 이보다 더 클 수 없다.[70]

> 성이란 천도이며, 성을 생각하는 것은 인도다.[71]

맹자에 의하면 인간은 내심의 자각 반성을 통해 자신의 선한 도덕적 심성 속에 모두 갖추어져 있는 온갖 사물의 이지나 도리를 깨달아야 한다. 더욱이 최종적으로는 천도에 대해서도 깨달아야 한다. 그렇게 해야 만이 진실로 성실해질 수 있으며, 이것이 바로 인도, 즉 사람이 가야 할 길이며 그 즐거움이 또한 한없이 큰 것이다.

여기에서 볼 수 있듯이 공맹, 특히 맹자의 사를 바탕으로 하는 자각 반성의 수양 방법은 인간의 정신적 경지를 제고시키는데 주안점을 두고 있다. 그러나 동시에 일종의 사변색채가 짙은 명상(瞑想)과 비슷한 자기반성과 성찰만을 강조하고 있다고 할 수 있다.

그렇다면 여기에서 문제는 바로 인간이 과연 맹자의 말처럼 도덕적 수양과 실천에서 마음의 순수한 자각 반성, 혹은 성찰을 통해 선한 도덕적

---

69) 『論語』, 「顏淵」 4, 內省不疚, 夫何憂何懼 참조.
70) 『孟子』, 「盡心上」 4, 萬物皆備於我矣, 反身而誠, 樂莫大焉.
71) 『孟子』, 「離婁上」 12, 誠者天之道也, 思誠者人之道也.

본성 속에 모두 갖추어져 있는 온갖 사물들의 이치, 나아가 천도 등에 대해 완전히 깨칠 수 있는가 하는 것이다.

체험주의에 의하면 우리 인간들의 "대부분의 사고는 자동적·무의식적이기 때문에 우리는 대개의 경우 우리가 상황들을 어떻게 개념화하고 그것들에 관해 사유하는지에 관해 통제력을 갖지 않는다."[72] 따라서 "우리의 사고와 추론의 핵심에 자리 잡고 있는 인지적 무의식의 존재는 철학에 관한 모든 선험적 견해는 물론이고 이성을 투명하고 직접적으로 자기 반성적인 것으로 간주하는 모든 견해들의 토대를 침식한다."[73]

즉 우리 인간은 자신의 내면적인 정신적 작용 방식에 대해 근원적으로 접근할 수 없으며, 따라서 우리의 인지적 무의식의 사고에 직접 접근하지 못한다. 이러한 무의식적인 사고는 자기반성으로 이어질 수 있다. 하지만 맹자의 주장처럼 스스로 순수한 자각 반성과 성찰을 통해 선한 도덕적 심성 속에 모두 갖추어져 있는 온갖 사물들의 이치, 나아가 천도 등을 깨친다는 것은 거의 환상에 불과하며 그 실현도 전혀 불가능한 것이다.

2) 과욕의 수양 방법

춘추 시기, 예악이 붕괴하는 당시 현실 속에서 공자는 모든 인간이 모두 자기를 극복하여 예로 돌아갈 것을 주장했으며, 이러한 의미에서 '절욕'(節欲)의 관점을 제기했다. 이 문제에 관해 공자는 다음과 같이 말했다.

군자는 도를 추구하지 먹을 것을 추구하지 않는다.[74]

선비이면서 편안히 지낼 것만을 생각한다면 선비라 할 수 없다.[75]

---

72) 레이코프·존슨, 『몸의 철학』, 802쪽.
73) 같은 책, 780쪽.
74) 『論語』, 「衛靈公」 31, 君子謀道, 不謀食.

공자에 따르면 "군자는 먹을 때 배부름만을 추구하지 않으며, 거처할 때에는 편안함만을 추구하지 않는다",76) 따라서 만약 "선비가 도에 뜻을 두고서도 나쁜 옷과 나쁜 음식을 부끄럽게 여긴다면 그와 함께 도를 의논할 수 없다."77) 즉 도덕적 수양과 실천을 위해서는 몸의 각종 감성적 욕구에 대한 절제가 요청된다는 말이다.

그러나 유의해야 할 것은 공자가 비록 감성적 욕구에 대한 절제를 강조했지만 그렇다고 해서 인간의 욕구를 완전히 부정한 것은 아니라는 점이다. 공자가 밥은 정미한 것은 싫어하지 않았으며, 회는 가는 것을 싫어하지 않았다78)고 했듯이 공자의 '절욕'은 인간의 정당한 생리적 감성적 욕구의 만족을 전제로 하고 있다. 즉 공자는 인간의 감성적 욕구 합리성에 대해 일정한 정도로 긍정한다. 그러나 또한 감성적 욕구의 억제를 요구하는 측면이 없지 않기 때문에 결과적으로 공자의 욕구 절제에 대한 언급은 맹자를 비롯한 후세에 일정한 영향을 미쳤다고 할 수 있다.

잘 알려진 것처럼 맹자는 공자의 이러한 '절욕'의 관점을 답습하고 발전시켜 특히 인간의 도덕적 수양과 실천에서 몸의 욕구를 줄이는 과욕(寡欲)의 수양 방법을 제기하기도 했다. 맹자는 "사람들은 닭이나 개를 잃고서는 찾을 줄을 알지만, 마음을 잃고서는 찾을 줄을 모른다. 학문하는 방법은 다른 것이 없으니, 그 잃어버린 마음을 찾는 것일 뿐"79)이라고 말했다. 여기에서 마음을 잃어버린다는 것은 그 도덕적 본심을 잃어버린다는 뜻이다.

따라서 인간은 반드시 도덕적 수양을 통해 잃어버린 선한 도덕적 본심

---

75) 『論語』, 「憲問」 3, 士而懷居, 不足以爲士矣.
76) 『論語』, 「學而」 14, 君子食無求飽, 居無求安.
77) 『論語』, 「里仁」 9, 志於道, 而恥惡衣惡食者, 未足與議也.
78) 『論語』, 「鄕黨」 8, 食不厭精, 膾不厭細.
79) 『孟子』, 「告子上」 11, 人有鷄犬放, 則知求之; 有放心, 而不知求. 學問之道無他, 求其放心而已矣.

을 되찾아 와야 한다. 이를 위한 한 가지 수양 방법은 바로 마음을 기르는
것인데, "진실로 그 기름을 잘 얻으면 물건 — 도덕적 본심 — 마다 자라지
않음이 없으며, 진실로 그 기름을 잃으면 물건마다 사라지지 않음이 없
다."[80] 그렇다면 이러한 마음을 어떻게 기를 것인가? 맹자는 다음과 같이
말했다.

> 마음을 기르는 데 욕구를 줄이는 것보다 더 좋은 것이 없으니, 그 사람됨
> 이 욕구가 적으면 비록 [본심을] 보존하지 못함이 있더라도 적을 것이며,
> 사람됨이 욕구가 많으면 비록 [본심을] 보존함이 있더라도 적을 것이다.[81]

맹자에 따르면 인간의 본심은 매우 선하지만, 비도덕적인 행위를 하는
까닭은 물질적 향락을 추구하는 몸의 욕구가 그 선한 본심을 가렸기 때문
이다. 그러므로 어질고 의로운 마음을 잘 보존하여 잃지 않으려면 모름지
기 몸의 지나친 욕구를 절제하고 줄여야 한다. 맹자의 과욕은 일정한 도
리가 있다. 그러나 이러한 과욕은 또한 인간의 사적인 욕구를 편파적으로
비도덕적인 것으로 취급하는 경향이 있었다. 그 결과 송명 성리학자들에
이르러서 과욕은 장차 극단으로 유추되어 "천리를 보존하고 인욕을 소멸
한다"[82]로 변형된 것이다.

체험주의에 의하면 서구의 정신주의적 전통 안에서 철학자들은 몸을
인간의 도덕적 사유를 가로막는 장애물로 간주해 왔다.[83] 따라서 도덕적
수양과 실천에서 몸을 철저히 배격했으며, 특히 몸의 역할을 전적으로 무
시했다. 그러나 실제로 몸은 인간의 도덕적 이해와 사유를 가능하게 하는

---

80) 『孟子』, 「告子上」 8, 苟得其養, 無物不長; 苟失其養, 無物不消.
81) 『孟子』, 「盡心下」 35, 養心莫善於寡欲, 其爲人也寡欲, 雖有不存焉者, 寡矣; 其爲人也多欲,
雖有存焉者, 寡矣.
82) 唐凱麟·曹剛, 『重釋傳統 : 儒家思想的現代價値評估』 (上海 : 華東師範大學出版社, 2000),
92쪽 참조.
83) 노양진, 『몸·언어·철학』, 207쪽 참조.

기본적 조건이며, 또한 제약하는 근거로서 도덕적 수양과 실천 과정에서 핵심적이고 중심적인 역할을 한다. 이런 의미에서 인간의 도덕적 행위는 바로 몸, 특히 몸의 욕구에 의해 이루어진다고 말해도 과언은 아니다. 이렇게 볼 때 맹자처럼 단순히 몸의 욕구를 줄이는 방법으로 인간의 도덕적 수양과 실천을 운운하는 것은 단편적인 관점이라고 할 수 있다.

요컨대 체험주의 시각에서 볼 때 후세의 유학자들에 의해 다양하게 해석되었거나 혹은 그 시대 공맹 자신들의 인식 제한성 때문에 정교한 통찰을 결여하고 있는 공맹의 도덕 이론은 대체로 다음과 같은 기본적 구조를 갖고 있다고 할 수 있다.

첫째, '천부 내재'의 도덕적 근거를 제시했다. 공자는 하늘의 권위를 빌어 인간의 도덕적 근원을 강조했으며, 맹자도 하늘의 권위에 의지하여 인간이 모두 선한 도덕적 본성을 선천적으로 타고났다고 주장했다.

둘째, '탈신체화'된 도덕적 주체를 강조했다. 공자는 도덕적 주체를 이루는 인간의 몸을 강조했던 반면, 맹자는 인의예지만 내재하여 있고 신체적 요소가 배제된 탈신체화된 도덕적 본심만 강조했다.

셋째, '절대 보편'의 도덕적 규범을 천명했다. 공자는 '인'을 도덕의 기본원칙으로 간주했으며, 맹자는 인의예지 덕목들의 보편성을 강조했는데, 그 결과 그러한 덕목들은 후세에 의해 절대 보편의 도덕적 규범으로 변형되었다.

넷째, '내성 과욕'의 도덕적 수양을 제시했다. 공자는 사려와 절욕의 도덕적 수양을 제시했으며, 맹자도 역시 내심의 자각 반성과 몸의 욕구를 줄이는 과욕의 도덕적 수양 방법을 강조했다.

이상의 검토를 근거로 공맹의 도덕 이론이 특성상 드러나는 난점들을 다음과 같이 정리할 수 있다.

첫째, 공맹의 도덕 이론은 주관적 사변화의 경향이 있다. 공맹은 모두 경험을 넘어선 하늘에 의지하여 인간의 근본적인 도덕 문제를 다루었다.

이 같은 추상적 사유화는 공맹의 도덕 이론이 후세에 의해 형이상학적 산물로 정형화되는 소지를 제공해 주었다.

둘째, 보편성을 강조하는 성향도 갖고 있다. 맹자는 하늘과 '인개유지'자라는 개념을 사용하여 사단지심, 나아가 그것들을 단초로 하는 인의예지의 보편성을 강조했다. 이것은 공맹의 도덕 이론이 후세에 의해 형이상학적인 초월적 정당화를 확보한 절대적인 도덕 이론으로 변형되는 주된 원인이 되었다.

셋째, 논리적 체계성이 취약한 측면이 있다. 인성에 관한 고자와의 논쟁, 보편적 성선의 논거에서 볼 수 있듯이 공맹의 도덕 이론은 논리적 체계성이 취약한 측면이 뚜렷하다. 그것은 결과적으로 불·도교를 비판, 수용하는 과정에서 송대에 이르러 형이상학적 정교화의 길로 접어들게 하는 계기를 제공했다.

제4장 주희의 도덕 이론에 대한 체험주의적 해명

주희는 공맹의 '도통'을 계승하고 불·도교의 사상적 요소를 비판적으로 수용함으로써 기왕의 유가 윤리 강상(綱常)을 핵심 내용으로 하는, 섬세한 사변을 이론적 토대로 하는 성리학의 학문적 체계를 구축했다. 이러한 그의 성리학은 형이상학적 대상인 리와 기를 핵심적 범주로 하는 이론 체계다. 즉 '리'와 '기'는 그의 성리학의 전반적인 이론적 틀을 구성하는 주축을 이룬다.

특히 리는 경험 세계를 넘어선 우주 만물 변화의 객관 법칙인 동시에 인간사회 윤리 도덕의 보편 원리이기도 하다. 이는 주희의 성리학이 리라는 초월적 개념을 통해 전대적인 도덕 이론으로 정형화, 체계화되었다는 것을 의미한다. 이러한 맥락에서 주희의 도덕 이론을 일종의 초월적 성격을 띤 도덕 이론으로 간주할 수 있다.[1]

신유학을 대표하는 모종삼은 이러한 성리학의 초월적 관점을 받아들인다. 그는 주희를 포함한 송명의 유학자들이 선진 유가의 '성덕지교'(成德之教)를 발전시켜 건립한 '심성지학'(心性之學)은 도덕계와 자연계(존재계)의 합일을 이룸으로써 도덕적 진로로부터 모든 존재와 관련된 형이상학에 접근하는 '도덕적 형이상학'(道德的形而上學)을 충분하게 완성했으며, 따라서

---

[1] 어떤 연구자들에 의하면 유학의 초월은 이 세계 밖의 신(God)으로부터 가치를 파생시키는 기독교의 '외재적 초월'과 다르다. 유가에서 초월과 현실은 전혀 다른 이 두 세계의 대립을 상정하지 않는다. 특히 인의예지와 같은 도덕적 가치가 온갖 사물들에 본성으로 내재한다는 점에서 그것은 '내재적 초월'이라는 개념으로 표현된다. 정용환,『철학적 성찰로서 유교론』(서울 : 철학과현실사, 2011), 24쪽 참조. 그러나 이 부분에서 논의의 초점은 주희의 도덕 이론의 '내재적 초월' 여부를 규명하는 데 있는 것이 아니라 다만 그의 도덕 이론이 초월적인 리에 의해 본성상 초월적 성격을 띤다는 것을 강조하는 데 있다.

사실상 칸트 철학을 넘어서고 또 칸트 철학보다 원숙하다고 평가했다.[2)]

박영도도 신유가, 특히 성리학의 '내재적 초월'의 관점은 인간 개인의 특수한 정체성을 의미하는 내재적 영역의 함의와 보편주의를 상징하는 초월적 영역의 의미를 동시에 공유하고 있으며, 따라서 그것은 동일성을 절대화하는 보편주의적 독단의 위험과 차이를 절대화하는 상대주의의 회의주의적 위험을 모두 넘어설 수 있는 도덕적 사유 모델이라고 주장했다.[3)]

그렇다면 초월적 정당화를 통해 구축된 주희의 도덕 이론에 대한 이 같은 평가는 과연 정당하다고 할 수 있겠는가? 현대 중국 철학가 진래는 "현대인의 입장에 서서 고대 사회에서 그 당시 사회에 통용되던 도덕 원칙을 옹호했던 사람에 대해 비판함에서 아무런 분석도 하지 않는 것은 비역사주의적 관점"[4)]이라고 했다.

이러한 비역사주의 관점의 오류를 범하지 않기 위해 이 글은 특히 체험주의적 시각에서 우리를 넘어선 형이상학적 대상인 천리를 제거[5)]하고서

---

2) 牟宗三, 『心體與性體(上)』, 7-8쪽 참조. 여기에서 밝히고 넘어가야 할 것은 모종삼의 '도덕적 형이상학' 개념은 칸트의 '도덕 형이상학' 개념과 서로 다른 맥락에서 쓰이고 있다는 점이다. 모종삼이 사용하고 있는 '도덕적 형이상학'의 중점은 형이상학에 있으며, 이때 형이상학은 주로 일체 존재에 관련해 말한 것이다. 즉 도덕으로서 모든 존재를 규정하고 증험하는 것이다. 같은 곳 참조. 그러나 칸트에게서 '도덕 형이상학'은 단지 경험적일 수 있으며, 그래서 인간학에 속하는 모든 것에서 온전히 씻겨진 순수한 도덕철학이다. 이러한 도덕철학은 전적으로 그 순수한 부분에 의지하고 있는데, 가능한 순수한 의지 이념과 선험적 도덕원리들을 탐구한다. 임마누엘 칸트, 『윤리형이상학 정초』, 백종현 역 (서울 : 아카넷, 2005), 68-72쪽 참조.
3) 박영도, 「신유가에서 내재적 초월의 구조와 그 의미」, 『한국사회학』, 제37집 (2003), 175쪽 참조.
4) 陳來, 『宋明理學』(上海 : 華東師範大學出版社, 2004), 引言, 3쪽 참조.
5) 여기에서 '제거하다'라는 것은 초월적인 천리가 경험적 검증도 반증도 불가능한 허구적인 존재인 만큼 애당초 모든 담론에서 전적으로 배제해야 한다는 과격한 주장이 아니다. 다만 초월적인 천리가 다른 경험적인 것과는 논리적 본성이 다른, 특히 원천적으로 의미론적 근거를 찾을 수 없는 이론적 존재이므로 그것을 마치 물리적 대상과 같은 존재론적 위상을 갖는 존재로 받아들이지 않아야 한다는 의미이다. 바꾸어 말하면 이러한 형이상학은 우리 인간의 은유적 사유의 산물로서 사적인 영역에서의 담론으로서 여전히 가능하며 필요한 것일 수 있다. 그러나 진리 주장을 전제하는 철학적 담론에서는 초월적 존재

도 유학의 근본적인 도덕적 문제들에 대해 경험적인 해명이 가능하다는 방법론적 가정을 전제로 주희의 도덕 이론에 대한 검토에 접근할 것이다.

체험주의에 따르면 모든 형이상학은 대부분 은유와 통속 이론(Folk Theory)들의 특수한 결합에서 비롯되며,6) 따라서 형이상학적인 이론들 또한 이러한 은유적 구조를 벗어나지 못한다. 그것은 형이상학적 이론이 자임하는 절대성이 근원적으로 불가능한 이론적 가상이라는 것을 말해 준다. 이러한 체험주의의 기본 관점을 받아들인다면 그것은 주희의 도덕 이론에 대한 포괄적이고 내적으로 일관성 있는 새로운 해명이 가능하며, 또 필요하다는 것을 말해 준다.

이 장에서는 주로 주희의 도덕 이론의 핵심적 골격을 이루는 리기론, 심성론, 리욕론 등에 대한 초월적 관점과 체험주의적 관점에서 드러나는 차이, 달리 말하면 형이상학적인 이론 체계를 구성하는 주희의 은유적 사고와 그에 따른 이론적 체계성의 정합성 여부를 검토하는 과정을 통해 그 전반적인 은유적 구조를 드러내고, 나아가 그것이 함축하고 있는 철학적 함의를 밝힐 것이다.

1. 리기론

주희의 도덕 이론은 비록 공맹의 윤리 사상을 토대로 삼고 있지만, 그 이론적 구도의 측면에서는 리와 기를 중심으로 하는 우주 본체론으로부터 시작한다. 여기에서 리는 우주의 근원이자 객관법칙이며 기는 만물의 물질적 구성요소다. 따라서 리와 기의 문제는 사실상 우주관과 본체론의 문제다. 이 부분에서는 주로 체험주의 은유 분석을 통해 형이상학적 개념

를 실체적 존재로 혼동하는 것을 경계해야 한다는 것을 의미한다.
6) 레이코프 · 존슨, 『몸의 철학』, 507쪽 참조.

인 리와 기의 인지적 위상을 밝히고, 나아가 이러한 리기론의 은유적 구
조를 분석할 것이다.

1) 리의 구조

(1) 리의 특성

리는 중국철학사에서 아주 오랜 이전부터 존재했던 철학 개념이다. 『설
문해자』(說文解字)에 의하면 "리란 옥을 다스리는 것이다"[7]라는 의미다. 주
대 고서에는 이미 '리' 글자가 출현했다. 예컨대 『시경』(詩經) 에는 "경계
잡고 다스리어 남북 동서로 이랑이 뻗었네"[8] 등의 시구가 있다. 『주역』(周
易)에도 "옛날에 성인이 『역』을 지을 때 장차 성명의 리를 따른 것이다"[9]
라는 기재가 있다. 전국시대에 이르러 맹자는 "마음이 똑같이 여기는 것
이 무엇인가? 리와 의를 이른다"[10]고 했으며, 순자(荀子)도 "대체로 사람의
본성을 알면 사물의 리를 알 수가 있다"[11] 고 했다. 장자(莊子) 역시 "만물
은 생성의 리를 갖고 있다"[12]고 했다.

진한(秦漢) 시기, 『중용』에는 "군자의 도는 담박하나 싫지 않으며 간략하
나 문채가 있으며 온화하나 조리가 있다"[13]는 내용이 있다. 서한의 동중

---

7) 許慎, 『說文解字』, 理, 治玉也.

8) 『詩經』, 「小雅・信南山」, 我疆我理, 南東其畝. 원전 역문은 『시경』, 김학주 역 (서울 : 명
   문당, 2002) 참조.

9) 『周易』, 「說卦傳」, 昔者聖人之作易也, 將以順性命之理. 이하 원전 역문은 『周易』, 최완식
   역 (파주 : 혜원출판사, 1996) 참조.

10) 『孟子』, 「告子上」7, 心之所同然者何也? 謂理也, 義也.

11) 『荀子』, 「解蔽」, 凡以知, 人之性也, 可以知, 物之理也. 이하 원전 역문은 『순자』, 김학주
    역 (서울 : 을유문화사, 2001) 참조.

12) 『莊子』, 「知北遊」, 萬物有成理. 이하 원전 역문은 『장자』, 이민수 역 (파주 : 혜원출판사,
    1989)을 참조.

13) 『中庸章句』 33, 君子之道 : 淡而不厭, 簡而文, 溫而理. 이하 원전 역문은 『중용』, 김학주
    역 (서울 : 서울대학교출판부, 2009) 참조.

서는 "인간의 덕행은 하늘의 리에 화해서 의로워진다"[14]고 했으며, 동한의 왕충(王充)도 "사무의 리를 이해하여 적절한 수로 배치한다"[15]고 말했다. 현학이 성행하던 위진(魏晉) 남북조 시기, 왕필(王弼)은 "사물은 망연함이 없으니 반드시 그 리를 따른다"[16]라고 했으며, 곽상(郭象)도 "부득이하다는 것은 리의 필연이다"[17]라고 주석(註釋)했다.

유·불·도가 서로 투쟁하고 융합하던 수당(隋唐) 시기, 불교에는 주로 천대종(天臺宗)의 '진공지리'(眞空之理), 삼론종(三論宗)의 '본체지리'(本體之理) 등이 있었고, 도교에는 주로 성현영(成玄英)의 '병생지리'(秉生之理)가 있었다. 유가는 불, 교도의 도전과 영향을 받아 쇠약해졌지만, 그 와중에도 리 사상은 일정한 발전을 보였다. 예컨대 공영달(孔穎達)의 '천하지리'(天下之理), 유종원(柳宗元)의 '대중지리'(大中之理) 등이 있었다.

북송에 이르러 성리학의 비조인 주돈이는 "덕에서 사랑은 인이고, 옳음은 의이고, 이치는 예이고, 통함은 지혜이고, 지킴은 신임이다"[18]라고 했다. 장재도 "천지의 기는 비록 모이고 흩어지고 물리치고 취하는 수백 가지 작용이 있지만 그 리는 순응하여 망령하지 않는다"[19]고 했다. 이정도 "만물은 모두 다만 하나의 천리이다"[20] 등의 중요한 명제를 제기했다. 이

---

14) 蘇興, 『春秋繁露義證』(北京 : 中華書局, 1992), 「爲人者天」, 人之德行, 化天理而義. 318쪽. 이하 원전 역문은 『춘추번로』, 남기현 역 (서울 : 자유문고, 2005) 참조.

15) 王充, 『論衡校注』, 張宗祥 校注 (上海 : 上海古籍出版社, 2010), 「程材篇」, 知道事之理, 曉多少之量. 250쪽. 이하 원전 역문은 『논형』, 이주행 역 (서울 : 소나무, 1996) 참조.

16) 王弼, 『王弼集校釋(下冊)』, 樓宇烈校釋, (北京 : 中華書局, 1980), 「周易略例·明象」, 物無妄然, 必由其理. 591쪽.

17) 郭象, 『莊子注疏』(北京 : 中華書局, 2011), 「人間世」, 不得已者, 理之必然者也. 81쪽.

18) 周敦頤, 『周敦頤集』(北京 : 中華書局, 2009, 第二版), 「通書·誠幾德」, 德 : 愛曰仁, 宜曰義, 理曰禮, 通曰智, 守曰信. 16쪽. 역문은 『통서해』, 권정안 외역 (서울 : 청계, 2000) 참조.

19) 張載, 『張載集』(北京 : 中華書局, 1978), 「正蒙·太和」, 天地之氣, 雖聚散, 攻取百塗, 然其爲理也順而不妄. 7쪽. 역문은 『정몽』, 정해왕 역 (서울 : 명문당, 1991) 참조.

20) 程顥·程頤, 『二程集(上)』(北京 : 中華書局, 2004, 第二版), 「河南程氏遺書」, 卷第2上, 萬物皆只是一個天理. 30쪽.

렇게 되어 리는 유가 철학에서 본체론적 의미가 있는 최고의 철학적 범주로 자리 잡게 되었다.[21] 위에서 볼 수 있듯이 중국 철학적 전통에는 오랜 이전부터 긴 시간을 거치면서 점차 형성된 리의 연원이 존재했다.

우리가 잘 알고 있는 것처럼 리는 주희의 성리학 체계에서 핵심적 범주로서 '태극'(太極) '천리'(天理) 혹은 '도'(道)라고도 칭한다. 이러한 리에 대해 주희는 다음과 같이 말했다.

> 리는 형이상이다.[22]

주희에 따르면 태극으로서 리는 형이상이다. 여기서 '형이상'과 '형이하'라는 개념도 역시 아주 오래된 철학 개념인데, 그것은 중국 유가의 전적(典籍)인 『주역』의 "형이상을 도라고 하며, 형이하를 기라고 한다"[23]라는 구절에서 처음 보인다. 주희는 바로 이러한 중국 철학적 전통 속에 널리 수용되었던 리의 연원, 특히 리 개념과 『주역』에서 나타나는 '형이상'이라는 개념으로 자신만의 독특한 리에 대한 진술을 시작하고 있다.

그렇다면 '리는 형이상이다'라는 은유적 언어 표현[24]은 어떻게 가능한가? 즉 이러한 은유적 언어 표현(metaphorical linguistic expressions)은 어떤 개념적 기초에 근거한 인지적 사유와 추론의 과정을 거쳐 형성된 것인가? 이 물음에 대한 해답은 레이코프와 존슨의 다음과 같은 말에서 그 실마리를 찾을 수 있다.

---

21) 리의 연원과 관련해서는 張立文, 『理』(北京 : 中國人民大學出版社, 1991), 1-5章의 내용을 참조.
22) 『全書(14)』, 「朱子語類」, 卷1, 理形而上者. 115쪽. 이하 원전 인용에서 「朱子語類」는 「語類」로 약하고 책 수와 권수, 그리고 원문과 쪽수를 각주에 표시한다.
23) 『周易』, 「繫辭上傳」, 形而上者謂之道, 形而下者謂之器.
24) 은유적 언어 표현이란 특정한 개념적 은유를 명시화하는 더 구체적인 개념 영역(원천 영역)에 대한 언어나 용어로 이루어진 낱말이나 여타의 표현을 말한다. 커베체쉬, 『은유 : 실용입문서』, 3쪽 참조.

어떤 개념을 다른 개념의 관점에서 구조화하는 것이 아니라, 오히려 상
호 관련 속에서 개념들의 전체 체계를 조직하는 은유적 개념이 있다. 우리
는 이러한 은유를 지향적 은유(orientational metaphors)라고 부를 것이다. 왜냐
하면 이러한 은유의 대부분은 위―아래, 안―밖, 앞―뒤, 접촉―분리,
깊음―얕음, 중심―주변 등의 공간적 지향성과 관련이 있기 때문이다. 이
공간적 지향성은 우리가 현재와 같은 몸을 가졌고, 그 몸이 우리의 물리적
환경에서 현재와 같이 활동한다는 사실로부터 생겨난다.[25]

위의 관점에서 볼 때, 만약 리라는 개념에 공간적 지향성을 부여하지
않고서는 이러한 은유적 언어 표현이 절대 불가능한 것이다. 즉 '리는 형
이상이다'라는 은유적 언어 표현에는 「리는 위」 지향적 은유가 함축되어
있다.

구체적으로 말하면, 우리 인간은 저 높은 곳에 있는 외적 대상, 예컨대
해나 달, 별 등에 대해 직접 인지하거나 지각할 수 없는데, 이러한 일상생
활에서 반복되는 공간 지향성의 기본적 경험은 「지각되지 않는 것은 위」
라는 지향적 은유를 형성한다. 그런데 주희에게서 천리는 바로 우리 인간
이 직접 지각할 수 없는 어떤 존재다. 따라서 「리는 지각되지 않는 것」이
라는 개념적 은유가 형성된다.

여기에서 「리는 지각되지 않는 것」 은유와 「지각되지 않는 것은 위」
은유는 매우 유사한 체험적 근거가 있으므로 그들은 내적 정합성을 갖는
다. 따라서 주희는 이 두 개의 은유를 결합해서 최종적으로 「리는 위」 지
향적 은유를 형성했으며, 나아가 이 은유를 통해 리에 '형이상'이라는 개
념을 부과한 것이다.

이런 이유로 「리는 위」 지향적 은유를 명시하는 '리는 형이상이다'라는
은유적 언어 표현도 충분한 동기를 부여받은 것이다. 따라서 이제 리에
대한 주희의 아래와 같은 진술도 이해가 될 수 있다.

---

25) 레이코프 · 존슨, 『삶으로서의 은유』, 37쪽 참조

태극은 방소도 없고, 형체도 없고, 둘만 한 지위도 없다.[26]

리는 오히려 감정도 없고 생각도 없고 조작도 없다.[27]

단순히 정의(定義)에서 볼 때, '형이상'이란 초경험적인 대상이나 영역을 가리킨다. 따라서 '리는 형이상이다'라는 표현은 다만 리가 형체도, 방소도, 지위도 없는 경험을 넘어선 어떤 존재임을 의미한다. 그뿐만 아니라 감정도, 생각도, 조작도 없다는 것은 이 리가 또 비인격적인 존재임을 의미한다. 즉 이것들은 모두 경험적인 것에 대한 부정으로서 형이상의 리에 대한 명제적이고 논리적인 진술이다. 다시 말하면 이것들은 다만 리가 경험적 속성이 없는 초경험적인 존재라는 사실만을 말해줄 뿐, 리의 본질적 속성이나 특성 같은 것들에 대해서는 그 어떤 것도 말해 주지 않는다.

그런데 리가 형이상이라는 명제에 잇따르는 여러 진술에서 우리가 특별히 유의해야 할 부분이 있다. 그것은 리에 대한 엇갈린 진술들이 나타나고 있기 때문이다.

리는 하늘의 체(體)이다.[28]

리는 사물의 체이다.[29]

'체'의 본래 함의는 형체나 체질, 형질이다. 이러한 체는 시·공간 속의 구체적인 존재다. 앞에서 언급했듯이 형이상이란 '무체지명'(無體之名)이다. 따라서 형이상으로서 리가 형체 없다는 진술은 리에 대한 명제적 진술이며, 이는 자명한 사실이다. 그런데 주희는 이러한 리가 오히려 하늘과 사

---

26) 『全書(17)』, 「語類」, 卷94, 太極無方所, 無形體, 無地位可頓放(3120쪽).
27) 『全書(14)』, 「語類」, 卷1, 理卻無情意, 無計度, 無造作(116쪽).
28) 『全書(14)』, 「語類」, 卷5, 理者, 天之體(215쪽).
29) 『全書(17)』, 「語類」, 卷98, 理者物之體(3300쪽).

물의 체, 즉 우주 천지 만물의 체가 된다고 했다.

이러한 진술은 리가 형체 없다는 명제적 진술과는 서로 모순된다. 즉 리에 대한 이 두 개의 진술은 논리적으로 양립 불가능하다. 얼핏 보면 리에 대한 개념적 사용에서 범주 오류(category mistake)를 범하고 있다.[30] 이러한 체에 대해 주희는 이렇게 말했다.

> 무릇 체라고 말하는 것은 반드시 기본적인 골자가 되는 것이다.[31]

위에서 볼 수 있듯이 주희가 말하는 체란 단순히 형체, 몸체와 같은 시·공간적 존재라는 의미에서의 체가 아니다. 그는 다만 체라는 말을 통해 우주 천지 만물의 주요 골자가 되는 리의 어떤 본질적인 특성을 진술하고 있다. 더 정확히 말하면 주희는 초경험적 영역의 형체가 없는 리를 경험적 영역의 형체의 관점에서 이해하고 있으며, 따라서 리에 대해 위와 같이 진술한 것이다.

이는 도대체 어떤 경우인가? 한 개념영역 A를 또 다른 하나의 개념영역 B의 관점에서 이해한다면 이는 명백히 은유적인 경우다. 따라서 주희가 말하는 리가 우주 천지 만물의 체가 된다는 진술은 명제적인 진술이 아닌 은유적 진술이다.

만일 리가 체가 없는 존재이면서 동시에 우주 천지 만물의 체가 된다는 은유적 관점을 받아들인다면 리는 과연 어떠한 존재인가? 이러한 리는 바로 본연의 형체(本然之體)는 볼 수 없지만, 이것을 보면 형체가 없는 것의 본질을 알 수 있으며,[32] 특히 저절로 그러하게 정해진 바탕이 있어서 사람이 인위적으로 만들어낼 수 없는 그런 존재이다.[33]

---

30) 길버트 라일, 『마음의 개념』, 이한우 역 (서울 : 문예출판사, 1994), 19쪽 참조.
31) 『全書(17)』, 「語類」, 卷98, 凡言體者, 必是做箇基骨也(3300쪽).
32) 『全書(15)』, 「語類」, 卷36, 道之本然之體不可見, 觀此則可見無體之體(1356쪽) 참조.
33) 『全書(22)』, 「晦庵先生朱文公文集」, 卷39, 義理非人所能爲, 乃天理也. 天理自然, 各有定體

그렇다면 이 형이상의 리는 과연 어떤 존재인가? 이에 대한 확인으로 리에 관한 주희의 다음과 같은 진술들을 살펴보기로 하자.

아직 사물이 있지 않았을 때, 이 리는 이미 갖추어져 있다.[34]

주희에 따르면 가령 산과 강, 대지가 모두 뒤집힌다 해도 틀림없이 리는 의연히 여기에 있으며,[35] 따라서 리보다 더 진실한 것이란 있을 수 없다.[36] 만약 이 리가 실로 이와 같은 존재라면 그것은 필연코 우리 인간의 경험 세계를 넘어선 항구적인 실체의 존재일 수밖에 없다. 그렇다면 이 시점에서 바로 리의 실체성 여부가 중요한 문제로 대두한다. 그러면 아래에서 주로 체험주의 관점에 근거해서 리의 실체성 문제를 검토해 보기로 하자. 주희는 다음과 같이 말했다.

리로서 말하면 있다고 할 수 없으나, 사물로서 말하면 없다고 할 수 없다.[37]

앞에서 언급했듯이 리는 형체도, 방소도, 지위도 없는 형이상의 존재다. 따라서 그것은 일차적으로 물리적 대상에만 사용되는 경험적 술어인 '있다'(有)를 직접 사용할 수 없다. 가령 리가 '있다'고 한다면 그 순간 리는 구체적인 사물과 구별이 없어진다. 그러나 이러한 리는 오히려 음양오행의 동정을 통해 만물을 화생함으로 또 없다고도 할 수 없다. 즉 이 형이상의 리는 단지 존재하지만 있지는 않다.[38] 그런데 주희는 "천지가 생기기

(1733쪽) 참조. 이하 원전 인용에서 「晦庵先生朱文公文集」은 「文集」으로 약하고 책 수, 권수, 원문과 쪽수를 각주에 표시한다.
34) 「全書(17)」, 「語類」, 卷95, 未有事物之時, 此理已具(3204쪽).
35) 「全書(14)」, 「語類」, 卷1, 且如萬一山河大地都陷了, 畢竟理卻只在這裏(116쪽) 참조.
36) 「全書(17)」, 「語類」, 卷95, 莫實於理(3204쪽) 참조.
37) 「全書(17)」, 「語類」, 卷94, 以理言之, 則不可謂之有; 以物言之, 則不可謂之無(3116쪽).

이전에 틀림없이 이 리가 먼저 있었다"[39]고 했다. 이는 논리적으로는 도저히 해석할 수 없는 진술들이다.

그렇다면 이러한 진술들을 어떻게 받아들여야 할 것인가? 이 문제에 대해 이향준은 다음과 같은 자신의 관점을 피력했다. "어떤 진술이 우리에게 이해 불가능한 것으로 보일 때 그것을 해소하기 위한 한 가지 방식은 그 진술들을 재규정하거나 변경하는 것이 아니라, 오히려 우리의 이해 방식을 바꾸는 것이다."[40] 이런 의미에서 레이코프와 존슨의 다음과 같은 말을 잘 음미해 볼 필요가 있다.

> 물리적 대상(특히 우리 자신의 몸)에 대한 우리의 경험은 매우 광범위하고 다양한 존재론적 은유(ontological metaphors)—즉 사건, 활동, 정서, 생각 등을 개체 또는 물질로 간주하는 방식인—의 근거를 제공한다.[41]

일반적으로 신체적 경험을 근거로 해서 형성되는 존재론적 은유는 모호하거나 추상적인 목표 대상을 개체나 물질 등의 측면에서 기본적인 지위를 할당함으로써 더 명확하게 윤곽을 잡을 수 있도록 해준다. 즉 추상적인 목표 대상들이 존재론적 은유를 통해 일단 개체의 지위를 얻게 되면, 그렇게 개념화된 대상들은 여타의 은유들에 의해 더 자세히 구조화될 수 있다.

이러한 관점에서 볼 때, 앞에서 언급한 "리가 있다"는 진술은 리를 하나의 물리적인 개체로 간주함으로써 가능한 은유적 진술이다. 이는 주희가 존재론적 은유, 즉 「리는 개체」 은유를 사용하고 있다는 것을 의미한

---

38) 劉述先, 『朱子哲學思想的發展與完成』 (臺北 : 臺灣學生書局, 1995), 270쪽 참조.
39) 『全書(14)』, 「語類」, 卷1, 未有天地之先, 畢竟是先有此理(113쪽).
40) 이향준, 『조선의 유학자들, 켄타우로스를 상상하며 理와 氣를 논하다』 (서울 : 예문서원, 2011), 322쪽.
41) 레이코프 · 존슨, 『삶으로서의 은유』, 59쪽.

다. 이러한 존재론적 은유를 통해 형이상의 리는 인지적으로 존재론적 지
위를 부여받아 경험 세계를 넘어선 초월적 존재로 구조화된 것이다.

여기에서 꼭 짚고 넘어가야 할 것은 리는 「개체」 은유를 통해 다만 초
월적 존재로 구조화되었을 뿐 아직 실체로까지는 구조화되지 못하고 있
다는 점이다. 즉 "리가 있다"라는 것은 「개체」 은유의 경우이지 「실체」
은유의 경우가 아니다. 따라서 이 시점에서 바로 초월적 존재인 리에 대
한 실체화가 필요해진다.

'실체'란 본래는 실제의 물체를 의미하는 것인데, 철학적으로 그 의미
가 확장되어 다른 어떤 것에도 의존하지 않고서도 스스로 존재하는 외적
대상을 뜻한다. 모든 실체는 그 본질을 정의하는 중요한 하나의 일차적
속성이 있다. 그것이 바로 영원불변성이다. 그렇다면 주희는 초월적인 리
에 대해 어떻게 실체화를 하는 것인가? 이 문제에 관해 주희와 그의 제자
증조도(曾祖道)[42]의 한 단락의 대화를 살펴보자.

> 증조도: 기는 맑음과 흐림이 있는데 리가 한결같은 것은 무엇 때문입니까?
> 주희: 진실로 이와 같다. 리는 마치 하나의 보배로운 구슬과 같다.[43]

이 구절에서 주희는 리가 한결같은 것이 마치 보배로운 구슬과 같다고
했다. 이 은유적 언어 표현들을 구체화하는 은유는 바로 「리는 구슬」 은
유, 즉 「구슬」 은유다. 리를 구슬의 관점에서 이해한다는 것은 구슬과 리
사이에 어떤 체계적 대응관계가 있다는 것을 의미하며, 그것은 두 영역
사이의 은유적 사상을 통해 체현된다.[44]

그렇다면 구슬의 어떤 특성이 리에 은유적으로 사상된 것인가? 구슬에

---

42) 증조도는 자(字)는 택지(擇之)이고 녕도(寧都) 사람으로서 주희의 제자다.
43) 『全書(14)』, 「語類」, 卷17, 問: 氣則有淸濁, 而理則一同, 如何? 曰: 固是如此. 理者, 如一寶珠
(575쪽).
44) 커베체쉬, 『은유 : 실용입문서』, 8쪽 참조.

는 여러 가지 특성이 있다. 예를 들어 아름다운 광택이 나고, 빛깔이 오래
도록 변하지 않으며, 진귀하고 값이 비싸다. 여기에서는 구슬의 여러 가지
특성 중에서도 오래도록 변치 않는 그러한 특성이 리에 은유적으로 사상
됨으로써 맑고 흐림의 변화가 있는 기와는 달리 리는 한결같이 처음부터
끝까지 변함없는 그런 불변적 특성의 존재임이 구조화된 것이다.[45) 리에
대한 이러한 은유적 구조화는 주희의 다음과 같은 진술을 낳는다.

> 리는 생기지도 없어지지도 않는다.[46)

현상 세계의 모든 사물에는 필연적으로 생성과 소멸이 있다. 그러나 초
월적 존재로서 리는 예나 지금이나 넘겨져도 파괴되지 않는다.[47) 널리 유
행해도 이지러지거나 부족함이 없다.[48) 특히 이러한 리는 이 세상에 단
하나일 뿐 그것과 짝 되는 것이란 없다.[49) 여기에서 초월적 리의 실체성
을 더욱 두드러지게 드러난다.

그렇다면 주희가 왜 리 개념에 대해 초월적인 실체화를 한 것인가? 앞
으로 보게 되겠지만, 그것은 리의 객관성, 규범성, 확실성 등을 확보하며,
이로써 유학의 기본적인 도덕적 문제에서 단일한 절대 보편의 정당화 근
거로 사용하기 위해서이다.

지금까지의 검토에서 보면, 리는 주희의 도덕 이론에서 엄연히 초월적
실체다. 그렇다면 여기에서 제기되는 중요한 문제는 바로 초월적 실체로서

---

45) 이 외 주희는 또 「물」(水) 은유를 사용해서 리의 불변적 특성을 구조화했다. 그 은유적
　　 언어 표현은 『全書(15)』, 「語類」, 卷27, 若說“精粗”二字, 便壞了一貫之理. 譬之水在大江中,
　　 固是此水; 流爲池沼, 亦只是此水; 流爲溝壑, 亦只是此水. 若曰池沼溝壑別是水之粗, 而大江中
　　 乃是水之精者, 其可哉(986-87쪽)에서 보인다.
46) 『全書(18)』, 「語類」, 卷126, 理爲不生不滅(3934쪽).
47) 『全書(21)』, 「文集」, 卷36, 所謂太極, 乃天地万物本然之理, 亘古亘今, 攧撲不破者也(1574쪽)
　　 참조
48) 『全書(15)』, 「語類」, 卷40, 蓋道理流行, 無虧無欠(1435쪽) 참조.
49) 『全書(17)』, 「語類」, 卷100, 太極只是箇一而無對者(3348쪽).

리가 과연 어떤 본질적 특성이 있는가 하는 것이다. 리가 형체도 방소도 지위도 없다는 것은 그것이 초시·공간적인 존재임을 의미한다. 리가 동정도 조작도 없다는 것은 그것이 힘이 개입되지 않은 존재임을 함축한다. 리가 생기지도 없어지지도 않는다는 것은 그것이 불변의 존재임을 뜻한다. 리가 단지 하나일 뿐 짝이 없다는 것은 그것이 절대자임을 시사한다.

요컨대, 리는 「위」, 「개체」, 「구슬」 등의 은유들에 의해 최종적으로 우리 인간의 경험 세계를 넘어선, 동시에 힘과 단절된, 절대 불변한 특성이 있는 초월적 실체로 구조화된 것이다.

(2) 리의 역할

일반적으로 철학에서 형이상학의 문제는 존재의 본성에 관한 문제다. 주희는 일찍이 리는 고요하여 움직임이 없으나 그 가운데는 찬란한 것이 존재하고 모든 일이 있으며,[50] 텅 비고 조용하여 조짐이 없으나 온갖 형상이 이미 빽빽이 들어차 있다고 했다.[51] 이는 무슨 뜻인가? 이는 리가 결코 하나님이거나 신령처럼 의지가 있고 목적이 있으며 특히 객관세계와 천지 만물을 직접 창조하는 창세주가 아니라,[52] 우주 만사만물의 존재와 발전을 결정하고 나아가 그것들이 중화를 이루고 큰 근본을 세워 공통된 도를 행하게 하는 주재자임을 의미하는 것이다.[53] 즉 이 리가 우주 천지 만물의 존재 근거, 즉 본체, 본원이라는 말이다. 그렇다면 본체, 본원으로서 리의 역할은 주희의 어떤 은유적 사고를 바탕으로 구체적으로 드러나고 있는가?

---

50) 『全書(18)』, 「語類」, 卷124, 吾道雖有"寂然不動", 然其中粲然者存, 事事有(3884쪽) 참조.
51) 『全書(17)』, 「語類」, 卷95, 是這一箇事, 便只是這一箇道理. …… 卻不知道'沖漠無朕, 萬象森然已具'(3204쪽) 참조.
52) 沈善洪·王鳳賢, 『中國倫理思想史(中)』(北京 : 人民出版社, 2005), 397쪽 참조. 두유명도 창조 신화가 없는 것은 유교적 상징체계의 두드러진 특징일 뿐만 아니라 중국 우주론의 결정적 특성이라고 주장했다. 뚜웨이밍, 『뚜웨이밍의 유학 강의』, 329쪽 참조.
53) 『全書(23)』, 「文集」, 卷67, 所以致中和, 立大本, 而行達道者也, 天理之主宰也(3274쪽) 참조.

태극이라는 것은 천지 만물의 뿌리를 가리킨다.[54]

주희에 따르면 이 리가 있어야 비로소 온갖 사물들이 있게 된다. 이는 마치 초목이 뿌리가 있어야 비로소 생겨나는 것과 같다.[55] 여기에서 바로 「리는 뿌리」 은유, 즉 리에 대한 「뿌리」 은유가 등장한다.

중국철학사에서 '뿌리' 은유는 아주 오래전부터 존재했다. 노자(老子)는 "현빈의 문은 하늘과 땅의 뿌리이니",[56] "만물은 무성하지만 결국 제각기 그 뿌리로 되돌아간다"[57]고 했다. 하늘과 땅이라는 존재론적 바탕과 결합하고 있는 이 뿌리 낱말에는 이미 발생적 기원이라는 의미가 결속되어 있다.[58] 장자도 "도란 …… 스스로 뿌리가 되어 하늘과 땅이 아직 생기기 전의 옛날부터 본래 존재했다"[59]고 했다. 즉 노장은 모두 「뿌리」 은유를 사용하여 도가 만물의 근원임을 강조했다.

은어(隱語)로서 '뿌리' 개념은 대체로 세 가지 의미를 포함하고 있었다. 첫째는 시작의 의미(始義), 둘째는 궁극적 의거의 의미(究竟所待義), 셋째는 통섭의 의미(統攝義)다.[60] 요컨대 '뿌리'는 우주 중에서 가장 궁극적인 것을 일컬었다.

주희도 노장이 뿌리로서 도를 논했듯이 뿌리로서 리를 논했다. 즉 주희는 리가 나무 체계에서 뿌리가 하는 역할을 이 우주, 이 세계에서 하고 있다고 생각했으며, 이러한 은유적 사고로부터 출발해서 리의 본원 문제를 다루었다. 그러면 나무 체계에서 뿌리의 역할을 살펴보기로 하자.

---

54) 『全書(22)』, 「文集」, 卷45, 太極者, 所以指夫天地萬物之根也(2071쪽).
55) 『全書(14)』, 「語類」, 卷13, 有是理, 方有這物事. 如草木有箇種子, 方生出草木(403쪽) 참조.
56) 『老子』, 6章, 玄牝門, 天地根. 이하 원전 역문은 『노자』, 이민수 역 (파주 : 혜원출판사, 2000) 참조.
57) 『老子』, 16章, 夫物芸芸, 各復歸其根.
58) 정석도, 『하늘의 길과 사람의 길』 (서울 : 아카넷, 2009), 130쪽 참조.
59) 『莊子』, 「大宗師」, 夫道, …… 自本自根, 未有天地, 自古以固存.
60) 張岱年, 『中國哲學大綱』(北京 : 中國社會科學出版社, 1982), 8쪽 참조.

나무 체계에서 뿌리는 주로 나무줄기를 지탱하며, 땅속으로부터 물과 각종 영양분을 흡수하며, 대사산물과 에너지를 저장하는 등 중요한 역할을 한다. 나무가 자라려면 반드시 뿌리가 있어야 한다. 뿌리가 없는 나무는 있을 수 없으며, 뿌리가 없으면 나무는 한 치도 자라지 못한다. 그만큼 뿌리는 나무의 생장발육에서 가장 기본적인 원천이다. 주희는 나무 체계에서 뿌리의 이와 같은 원천 역할을 주요한 은유적 함의로 리의 본원, 본체의 역할을 구조화했다. 리에 대한 이러한 은유적 구조화는 주희의 다음과 같은 진술을 정당화한다.

> 우주 사이에는 하나의 리가 있을 뿐이다. 하늘은 이것을 얻어서 하늘이 되었고, 땅은 이것을 얻어서 땅이 되었다.[61]

주희에 따르면 하늘땅이 있기 이전에 결국 다만 이 리가 있었을 뿐인데, 이 리가 있으면 하늘땅이 있게 되고, 이 리가 없었다면 역시 하늘땅도 없었을 것이며 사람과 사물도 없었을 것이니, 모두 실을 것이 전혀 없었을 것이다.[62] 즉 이 리가 명실상부한 우주 천지 만물의 본체와 본원이라는 말이다.

여기에서 한 가지 중요한 점은 은유적 사상은 전체적이 아닌 부분적이며, 따라서 은유는 반드시 부각과 은폐의 특성이 있다는 것이다. 이와 관련해 레이코프와 존슨은 다음과 같이 말한다.

> 우리에게 어떤 개념의 한 측면을 다른 개념의 관점에서 이해하도록 해주는 [은유적] 체계성은 필연적으로 그 개념의 한 측면을 부각하는 동시에 다른 측면들을 은폐할 것이다. 은유적 개념은 우리에게 어떤 개념의 한 측면

---

61) 『全書(23)』, 「文集」, 卷70, 宇宙之間, 一理而已. 天得之而爲天, 地得之而爲地(3376쪽).
62) 『全書(14)』, 「語類」, 卷1, 未有天地之先, 畢竟也只是理. 有此理, 便有此天地; 若無此理, 便亦無天地, 無人無物, 都無該載了(114쪽).

에 초점을 맞추도록 함으로써 그 은유와 일치하지 않는 그 개념의 다른 측
면에 초점을 맞추는 것을 방해한다."[63]

예를 들어 사랑에 대한 「영양소」 은유에서 원천 영역은 우리가 영양소
에 대한 욕구와 영양소가 섭취된 후의 효과 등 몇몇 측면들에만 초점을
맞추고 활용하는 반면에, 우리가 시장에 나가서 영양소를 사야 하거나 영
양소가 변질하지 않기 위해서는 냉장고에 넣어 보관해야 한다는 등 측면
들에 대해서는 활성화하지 않거나 적게 활용한다. 따라서 이 「영양소」
은유는 "나는 애정에 굶주려 있다", "그는 사랑으로 잘 자란다" 등의 언
어적 표현들에서 단적으로 나타나고 있듯이 주로 표적 영역의 사랑에 대
한 욕구와 효과 등 측면들은 크게 부각하지만 다른 측면들은 도리어 은
폐한다. 이러한 은유의 부각과 은폐는 언제나 함께 나타나며 동시에 서로
를 전제로 한다.

이러한 관점에서 볼 때, 만약 「뿌리」 은유에서 주희가 뿌리라는 원천
영역을 통해 표적 영역인 리가 우주 천지 만물의 본체, 본원이라는 점을
특별히 부각하려고 했다면 이와 동시에 그가 가장 은폐하려고 시도했던
점은 바로 리가 뿌리가 아니라는 점, 즉 리가 우주 천지 만물의 본체, 본
원이 아니라는 점이다.

그렇다면 이 시점에서 우리는 그가 사용했던 「뿌리」 은유에 대해 다음
과 같은 질문을 던질 수 있다. 즉 한 그루의 나무에서 그 나무의 생장발육
에 대해 중요한 원천 역할을 하는 뿌리는 과연 그 어떤 외적 조건의 보장
이 없이도 독립적으로 생존할 수 있는가? 대답은 자명하다. 가령 토양이
없다면 뿌리는 안착할 곳이 없게 되며, 따라서 그 뿌리는 물론 그 나무 자
체도 메말라 죽게 될 것이다.

여기에서 알 수 있듯이 단 나무 체계에만 국한해서 본다면 뿌리는 당연

---

63) 레이코프 · 존슨, 『삶으로서의 은유』, 31쪽 참조.

히 그 나무의 생장발육에 없어서는 안 될 중요한 원천이다. 그러나 일단 나무 체계를 넘어서는 순간, 그 뿌리에도 그 자신의 생사존망을 좌우지하고 결정하는 토양이라는 직접적인 원천이 있다. 이러한 은유적 논리를 따른다면 뿌리에 대해 다음과 같은 의미 있는 귀결을 추론할 수 있다. 즉 뿌리는 나무의 원천이지만 유일한 원천이 아니다.

우리가 만약 이러한 은유적 추론을 리에까지 확장해 나간다면 또 다음과 같은 해석들을 끌어 낼 수 있다. 즉 이 리는 비록 우주 천지 만물의 존재와 발전을 결정하는 본체, 근원이지만, 그럼에도 이 리에게도 그 존재를 규정해주는 직접적 혹은 간접적 원천이 있을 수 있다.

그렇다면 주희의 성리학에서 천지 만물에 앞서, 그 위에 존재하며 또한 천지 만물의 존재 근거가 되는 이 리에게 과연 그 원천 혹은 근원이 있는가, 없는가? 이 문제에 관해 주희는 다음과 같은 견해를 밝혔다.

> 위부터 아래까지 관통하는 것은 하나의 리일 뿐이다. 때문에, 다만 이러한 리라고 말한 것이다. …… 어찌 이 리 위에 다시 하나의 리가 있다고 말할 수 있겠는가?[64]

주희에 따르면 이 리는 지고지상하기 때문에 그 위에 그것을 발생하고 규정하는 더 지극한 것이란 있을 수 없다. 즉 만화(萬化)의 총 근원인 이 리는 모든 존재의 절대적 정점에 있으며, 그 자체로는 다른 직접적인 근원을 갖지 않는다. 여기에서 볼 수 있듯이 리의 근원 문제에서 주희의 은유적 사고와 논리적 진술 사이에는 충돌이 발생하며 괴리가 존재한다.

여기에서 또 별도로 꼭 짚고 넘어가야 할 것은 주희는 이러한 모든 존재의 궁극적 근원인 초월적 실체 리에 대해 존재론적 논증을 시도한다는

---

64) 『全書(6)』, 「四書或問 · 論語或問」, 卷5, 徹上徹下一理而已. 故曰只是這箇理 …… 豈曰此理之上復有一理而不可言哉!(701쪽). 이하 원전 인용에서 「四書或問」과 사서 각각의 혹문 권수와 원문, 쪽수를 각주에 표시한다.

점이다. 서양철학사를 살펴보면 초월적 존재에 대해 일반적으로 초월적이고 사변적인 논증 방법을 사용한다. 그 전제 조건은 두 가지 방면이 있다. 첫째, 인과관계를 전제로 한다. 둘째, 인과적 근원이 어디선가 멈추는 끝이 있다는 것을 전제로 한다. 이런 인과적 근원 관계를 전제로 사변적인 역 추론을 거쳐 초월적 존재를 논증한다.

그 전형적인 예로 플라톤(plato)의 '선의 이데아'(idea)를 들 수 있다. 플라톤의 철학 체계에는 '선의 이데아'가 존재하며, 그것은 존재하는 모든 것, 그리고 모든 일상적인 본질들의 인과적 근원이다. 플라톤은 인과적 근원 관계를 이용하여 그 존재하는 대상들의 본질들을 구성하는 상승적 계층 구조의 위를 한 층 한 층 거꾸로 타고 올라가는 방법으로 그 인과적 연쇄의 절대적 정점에 있는, 모든 존재하는 인과적 근원들의 궁극적인 인과적 근원인 '선의 이데아'의 존재를 논증했다.

그렇다면 동양철학적 전통에 있는 주희는 어떠한 방법으로 그 성격이 「선의 이데아」와 비슷한 초월적 실체 리의 현실적 존재성을 논증하고 있는 것인가?

> 대체로 이 리에 대해 징험할 수 있는 것은 바로 여전히 그것이 발한 곳에 나아가서 징험할 수 있다. 무릇 모든 사물은 반드시 근원이 있기 마련이다. 성의 리는 비록 형체가 없지만, 단서가 발한 것으로부터 가장 잘 징험할 수 있다. 따라서 그 측은한 것 때문에 반드시 인이 있음을 아는 것이고, 수오하는 것 때문에 반드시 의가 있음을 아는 것이며, 공경하는 것 때문에 예가 있음을 아는 것이고, 시비를 분별하는 것 때문에 지가 있음을 아는 것이다. 만약 본래 그런 리가 안에 없다면 어떻게 이 단서가 외부에 있겠는가? 밖에 이런 단서가 있으므로 반드시 그 안에 부정할 수 없는 리가 있음을 아는 것이다.[65]

---

65) 『全書(23)』, 「文集」, 卷58, 蓋是理之可驗, 乃依然就他發處驗得. 凡物必有本根, 性之理雖無形, 而端的之發最可驗. 故由其惻隱所以必知其有仁, 由其羞惡所以必知其有義, 由其恭敬所以必知其有禮, 由其是非所以必知其有智. 使其本無是理於內, 則何以有是端於外? 由其有是端於外,

뒤에서 언급하겠지만 주희의 성리학, 특히 도덕 이론에서 정은 성의 표현 형식이며 성은 정의 내적 근거이다. 그리고 성은 리이다. 주희에 따르면 우리는 인간의 밖으로 드러나는 측은해하고, 부끄러워하며, 공경하고, 옳고 그름을 가리는 사단(四端)의 정감 활동으로부터 거꾸로 인간의 선한 도덕성, 나아가 형이상학적 본체인 리의 존재를 입증할 수 있다. 이는 마치 흐르는 물의 맑음을 보고 그 근원도 반드시 맑음을 알 수 있게 되고, 또한 그림자를 보고 그 형체의 뜻을 알 수 있는 것과 같다.[66] 몽배원은 초월적 실체 리에 대한 이러한 존재론적 논증 방법을 일종의 형이상학적 역추법(逆推法)이라고 했다.[67]

체험주의에 따르면 초월적 존재에 대한 사변적이고 초월적인 논증은 출발 전제가 무의미하므로 그 논증이 아무리 논리적 타당성과 정합성이 있다 하더라도 결론은 무의미한 것이다. 즉 그러한 초월적 존재에 대한 경험적인 입증은 적어도 현 단계에서는 불가능한 것이다. 이 때문에 초월적 존재에 대한 초월적 논증은 성공적이라고 볼 수 없다. 주희가 비록 형이상학적 '역추법'을 사용해서 우주 본체, 근원인 리의 존재를 논증하고 있지만, 그것을 뒷받침해줄 그 어떤 사실적 근거도 없다.

우리는 계속해서 주희의 「뿌리」 은유에 대해 다음과 같은 흥미 있는 질문들을 제기할 수 있다. 즉 리가 만약 나무뿌리라고 한다면 그 뿌리 위의 나뭇가지, 잎사귀, 꽃들은 도대체 무엇을 의미하고 있는가? 마른 나뭇가지와 시든 잎은 또 무엇을 의미하며, 거기에는 리가 깃들어 있는가?

우주 발생론적 측면에서 볼 때, 리가 만약 뿌리라고 한다면 그 뿌리를 타고 뻗어 자라난 무성한 나뭇가지, 잎사귀, 꽃들은 바로 리라고 하는 본

所以必知有是理於內而不可諱也(2779쪽).

66) 『全書(14)』, 「語類」, 卷5, 只看他惻隱·辭遜四端之善則可以見其性之善, 如見水流之淸, 則知源頭必淸矣. 四端, 情也, 性則理也. 發者, 情也, 其本則性也, 如見影知形之意(224쪽) 참조.

67) 蒙培元, 『理學範疇系統』, 257쪽 참조.

원, 근원으로부터 파생된 천지 만물이라고 할 수 있다. 여기에는 당연히 인간도 포함되어 있다. 이 때문에 명대(明代)의 주자학파에 속하는 학자인 라흠순(羅欽順)은 이렇게 말했다. "한 그루의 나무에 비유하면 사람과 사물은 그 꽃과 잎이며, 천지는 그 뿌리줄기다. 꽃이 지고 잎이 마르면 떨어져서 흩날리지만, 그 뿌리줄기의 생의(生意)는 본래 변함없다."[68]

한편, 리 그 자체의 측면에서 통체일리(統體一理)가 만일 뿌리라고 한다면 그 뿌리 위의 나뭇가지, 잎사귀, 꽃들은 만물지리(萬物之理)에 해당할 것이다. 이쯤에 이르면 일리(一理)와 천지 만물, 일리와 만물지리의 상관관계가 어떠한가 하는 질문이 이어질 수 있다. 일리와 천지 만물, 일리와 만물지리 등의 상관관계를 다루고 있는 것이 주희의 '리일분수'(理一分殊) 명제다.

여기에서 볼 수 있듯이 「뿌리」 은유는 또 '리일분수'의 최초의 모델이기도 하다. 즉 '리일분수'는 「뿌리」 등의 은유들에 의해 섬세하게 정교화된 산물이다. 주희는 이러한 '리일분수'의 설명으로 또 다양한 은유들을 사용하고 있는데, '리일분수'에 대해서는 뒤에서 상세하게 논의할 것이다.

이 외에도 마른 나뭇가지와 시든 잎은 원래 모두 생명 있는 나무 체계의 한 부분이다. 그런데 혹은 외부 충격 혹은 계절변화 등의 다양한 원인으로 해서 그 뿌리로부터 물을 포함한 각종 영양분을 제대로 공급받지 못해서 메말라 죽어버린 상태다. 주희는 일찍이 생기는 이미 끊어졌지만, 형질과 냄새, 맛을 가진 것을 말라죽은 것(枯槁)이라고 했다.[69] 예를 들면 대황(大黃), 부자(附子) 등이 그것이다.

이렇게 볼 때, 리가 만약 뿌리라고 한다면 그 뿌리 위의 마른 나뭇가지나 시든 잎들은 현실세계에서 대황, 부자와 같이 말라죽은 초목들을 의미한다고 할 수 있다. 그 의미의 폭을 조금 더 넓게 확장한다면 당연히 원래

---

68) 羅欽順, 『困知記全譯』, 閻韜 譯注 (成都 : 巴蜀書社, 2000), 「困知記」, 卷下, 譬之一樹, 人物乃其花葉, 天地其根幹也. 花謝葉枯, 則脫落而飄零矣, 其根幹之生意固自若也. 268쪽.
69) 『全書(23)』, 「文集」, 卷59, 有生氣已絶而但有形質臭味者, 枯槁是也(2854쪽) 참조.

부터 생명 없는 사물들도 포함될 것이다.

그렇다면 대황, 부자 등과 같이 말라버린 초목에도 리가 존재하는가? 한 그루의 나무에서 마른 나뭇가지든 시든 잎이든 그것들이 비록 지금에 는 이미 메말라 죽어버렸다 할지라도 최초에는 모두 그 나무뿌리가 직접 생장 발육해서 형성된 것이다. 가령 나무뿌리가 없었다면 마른 나뭇가지, 시든 잎은 고사하고 마르고 시들기 이전의 생기 있는 나뭇가지도 잎도 없 었을 것이다. 따라서 모종의 의미에서 마른 나뭇가지와 시든 잎들은 모두 원천으로서 그 뿌리의 속성이 있다고 말할 수 있다.

만일 이러한 은유적 사고를 따른다면 그 수반되는 결론은 다음과 같다. 즉 대황, 부자와 같이 말라버린 초목들도 우주 만물의 근원인 리로부터 비롯되었기 때문에 그 속에는 당연히 리가 포함되어 있다. 결과적으로 마 른 초목 같은 것들은 생명이 없다고 한다면 괜찮지만, 생리(生理)가 없다고 한다면 안 되는 것이다.[70] 마른 초목들을 막론하고 그것들에게는 본래부 터 모두 도리가 있는 것이다.[71]

요약하면, 초월적 실체인 리는 또 「뿌리」 은유에 의해 우주 천지 만물 의 본체, 본원으로서 역할이 있는 존재로 구조화되었으며, 따라서 또한 리 로부터 파생된 우주 천지 만물에는 모두 리가 깃들어 있다고 할 수 있다.

(3) 리의 규범

앞에서 우리는 초월적 실체인 리가 「뿌리」 은유에 의해 모든 존재의 궁 극적인 근원으로 구조화되었음을 살펴보았다. 그렇다면 주희는 왜 리를 모든 존재의 근원으로 구조화한 것인가? 그 목적과 이유는 무엇인가? 이 문제에 대해 주희는 다음과 같이 말했다.

---

70) 『全書(14)』, 「語類」, 卷4, 枯槁之物, 謂之無生意, 則可; 謂之無生理, 則不可(189쪽) 참조.
71) 『全書(17)』, 「語類」, 卷97, 不論枯槁, 它本來都有道理(3266쪽) 참조.

'예의가 삼백 가지고, 위의가 삼천 가지로다. 넉넉하고도 크도다'라는 것
은 모두 천도가 유행하고 발현하여 쓰임이 되는 곳이다.[72]

여기에서 볼 수 있듯이 주회는 만유(萬有)의 근원인 초월적 실체 리로서
윤리 도덕에 본체론적 근거를 제공하며, 이로써 윤리도덕도 최종적으로는
리에서 비롯되며, 특히 그것은 인간사회에 앞서 이미 존재하고 있음을 강
조한 것이다. 다시 말하면 리로서 윤리도덕의 실재성, 필연성, 절대성 등
을 정당화한 것이다.

그렇다면 초월적 실체로서 천지 만물의 궁극적 근원인 리의 구체적 내
용은 어떠하며, 특히 그것은 윤리도덕과 어떠한 내재적 관계가 있는 것인
가? 이 문제에 관해 주회는 이렇게 말했다.

리는 인의예지이다.[73]

그 본연의 리는 순수 지선할 따름이다.[74]

이 리는 우주 공간에 혼연하게 존재하고 있지만, 그 구체적인 내용을
보면 인의예지다. 따라서 천지간에 있을 때 단지 선할 뿐 불선함이란 티
끌만큼도 없다.[75] 즉 이 리는 선 자체일 뿐만 아니라 모든 선의 근원적인
선이기도 하다.[76] 여기에서 만물의 존재 근거인 리는 당연히 존재의 범주
에 속한다. 따라서 "존재는 선하다"가 된다. 그런데 선은 또 도덕적 가치
로서 윤리 도덕의 내재적 속성이다. 이는 리가 또 도덕적인 것과 특정한

---

72) 『全書(16)』, 「語類」, 卷64, "禮儀三百, 威儀三千, 優優大哉!" 皆是天道流行, 發見爲用處
(2132쪽).
73) 『全書(14)』, 「語類」, 卷3, 理便是仁義禮智(159쪽).
74) 『全書(6)』, 「四書或問·論語或問」, 卷17, 其本然之理, 則純粹至善而已(875쪽).
75) 『全書(14)』, 「語類」, 卷5, 這箇理在天地間時, 只是善, 無有不善者(216쪽) 참조.
76) 이강대, 『주자학의 인간학적 이해』(서울 : 예문서원, 2000), 36쪽 참조.

상관관계를 맺고 있음을 의미한다. 요컨대 리는 존재와 도덕의 합일을 의미한다. 결과적으로 존재는 바로 도덕적인 것이다.

「존재는 도덕」 이것은 주희의 도덕 이론, 특히 그의 성리학 체계의 기저에 깔린 암묵적이지만 중요한 철학적 가정이다. 그렇다면 그러한 철학적 가정의 근거는 무엇인가? 한마디로 없다. 그것은 다만 주희가 인간의 존재를 도덕으로 규정하며, 특히 존재에 대해 가치론적 해석을 시도하는, 즉 성선설에 기반을 둔 공맹 유학의 일반적 성격을 충실히 계승하고 따른 결과에서 비롯된 것이다.

잘 알려진 것처럼 인의예지는 맹자가 처음 제기한 인륜 일용 지덕으로서 인간이 타고나는 가장 기본적인 덕목이다. 이러한 인의예지가 바로 천리이며, 따라서 순수지선하다. 여기에서 이를 '지'(至)는 제일, 가장, 최고의 뜻으로 '극'(極) '최'(最)에 상당하다. 즉 인의예지는 이 '순수 지선'의 리에 의해 최고의 도덕적 가치로 정당화된 것이다.

그렇다면 그것은 어떤 중요한 함축을 갖는 것인가? 그것은 예컨대 효, 제, 충과 같은 여타의 도덕적 덕목들이 모두 인의예지 사덕에 의해 수렴되며, 특히 그것들이 모두 인의예지보다 낮은 도덕적 가치들이라는 것을 의미한다. 이는 도덕적 가치가 「위—아래」의 위계성을 갖고 있음을 강하게 시사한다.

그렇다면 이 시점에서 또 새로운 질문이 제기된다. 즉 가치는 진정 위계성이 있을 수 있는가? 가치의 위계성 문제는 주희의 어떠한 은유적 사고를 바탕으로 해서 형성된 것인가? 그러면 아래에서 주희의 이러한 은유적 사고의 궤적을 집중적으로 추적해보기로 하자.

> 물음: 도와 리는 어떻게 구분이 됩니까?
> 대답: 도는 길이며, 리는 그 무늿결이다.
> 질문: 나뭇결과 비슷합니까?

대답: 그렇다.[77]

이 구절은 주희와 그의 제자 호영(胡泳)[78] 사이에 나눈 대화 기록이다. 그들의 대화 속에는 명백히 「리는 나뭇결」 은유가 들어 있다. 우리는 우선 매우 흥미로운 점들을 발견할 수 있다. 앞에서 살펴보았듯이 주희는 리에 대해 「뿌리」 은유를 사용했으며, 주로 뿌리의 역할, 기능으로서 리를 특징지었다. 여기에서도 그는 또 나뭇결의 특정한 요소로서 리의 또 다른 한 특성을 구조화하고 있다.

이 두 은유에서 원천 영역은 모두 같은 나무 체계다. 다만 같은 나무 체계의 서로 다른 부분, 즉 뿌리와 나뭇결이 제각기 원천 영역으로 활용되어 하나의 주어진 표적 영역 리의 다양한 측면들을 분별적으로 특징짓고 있다. 여기에서 우리는 다시 한 번 은유적 구조화의 부분적 본질, 즉 원천 영역의 은유적 활용도 부분적이고 표적 영역의 은유적 부각도 부분적이라는 사실을 획증할 수 있다.

그렇다면 이 은유에서 원천 영역 나뭇결의 어떠한 측면이 표적 영역 리에 적용되고 있는 것인가? 나뭇결이란 주로 나이테 때문에 생기는, 세로로 켠 나무의 면에 나타나는 평행선, 혹은 물결무늬의 조직 상태를 이르는 말이다. 이러한 나뭇결과 비슷한 예로 주희는 특별히 "포정(庖丁)이 소를 잡다"는 단락을 논한다.

이 고사는 일찍이 『장자』에 나온다. 간략하게 말하면 포정이라는 백정이 소 잡이에 그 솜씨가 아주 능란하다. 그의 손이 닿는 곳이나 어깨가 기대는 곳이나 발로 밟는 곳이나 무릎으로 누르는 곳을 막론하고 소의 살이 푸덕푸덕 뼈에서 떨어져 나간다. 그의 소 잡이 기술이 그런 경지에 도달한 것은 소를 잡을 때 주로 소의 자연스러운 결을 따라 큰 틈을 쪼개고

---

77) 『全書(14)』, 「語類」, 卷6, 道便是路, 理是那文理. 問: 如木理相似? 曰: 是(236쪽).
78) 호영은 자는 백량(伯量)이고 남강(南康) 사람으로서 주희의 제자다.

큰 구멍에 칼을 찔러 소의 본래 그러한 구조를 따라 칼을 쓰기 때문이다. 그래서 아무리 칼을 써도 힘줄이나 질긴 근육에 부닥뜨리는 일은 종래로 없다.[79]

특히 주희는 그 논의가 "칼을 뼈마디 사이의 빈틈에 넣어도 널찍하여 칼날을 놀리는 데 언제나 여유가 있다"는 부분에 이르러 리의 이름은 여기에서 얻어진 것이라 말했다.[80] 이는 주희가 소의 자연스러운 결과 리 사이에 어떤 특정한 상관관계가 있음을 암시하는 중요한 대목이다.

사실상 소의 자연스러운 결도 나뭇결과 아주 흡사한 측면이 있다고 말할 수 있다. 즉 소의 근육과 힘줄들은 모두 제각기 그 기본적인 섬유구조에 따라 생장하여 상응한 조직 형태를 이루며, 특히 피차간에 서로 일정한 방향으로 교차 연결되면서 뼈에 부착되어 종국적으로는 하나의 소 몸체를 이루고 있다.

여기에서 볼 수 있듯이 나뭇결이든 소의 결이든 '결'이라고 한다면 모두 아래와 같은 공통된 특징이 있다. 즉 결은 일반적으로 항상 제각기 일정하게 켜를 지으며, 특히 켜들 사이에는 종래로 중첩을 초래하지 않는다. 이 「나뭇결」 은유에서 주희는 바로 원천 영역 나뭇결의 이러한 특징을 표적 영역 리에 은유적으로 사상함으로써 리에 조리, 질서 등의 특성을 부과한 것이다.

리의 조리, 질서 등 특성에 대한 은유적 구조화는 또 아래와 같은 언어적 표현에서도 선명하게 잘 드러나고 있다.

리는 한 뭉치의 실과 같이 조리가 있으니 마치 이 대바구니와 비슷하다. 그 대바구니의 위쪽으로 엮어져 있는 대오리를 가리키며 말했다. "한 갈래

---

79) 『莊子』, 「養生主」, 庖丁爲文惠君解牛,…… 依乎天理, 批大郤, 導大窾, 因其固然. 技經肯綮之未嘗. 참조.
80) 『全書(18)』, 「語類」, 卷125, 因論"庖丁解牛"一段, 至"恢恢乎其有餘刃", 曰 : 理之得名以此 (3915쪽) 참조.

는 이렇게 간다." 또 다른 한 대오리를 가리키며 말했다. "한 갈래는 저렇게
간다."[81]

이 구절에는 「리는 한 뭉치 실」, 「리는 대바구니」 등 두 개의 개념적
은유가 포함되어 있다. 우선 「리는 한 뭉치 실」 은유에서 원천 영역의 이
한 뭉치의 실은 겉보기에는 얼키설키 복잡하게 꼬이고 엉켜 있는 것 같지
만, 그 실상은 원체 쉽게 풀어쓸 수 있도록 일정한 순서, 방향으로 사리어
뭉쳐 놓거나 감아 놓은 타래 상태의 실이다. 그런 것만큼 만일 그 실마리
만 제대로 찾아낸다면 실을 어렵지 않게 처음부터 마지막까지 풀어 쓸 수
있는 것이다. 주희는 원천 영역의 이러한 실타래 특성을 표적 영역 리에
적용하고 있다.

그 다음 「리는 대바구니」 은유를 보자. 흔히 바구니라고 한다면 제일
먼저 떠오르는 것이 바로 물건을 담을 수 있는 도구라는 것이다. 그러나
이 은유에서 바구니 이러한 물건을 담을 수 있는 가장 기본적인 기능 혹
은 역할은 이미 은유의 주요한 의미 초점밖에 벗어나 있다. 즉 원전 넝억
에서 그것은 활용되지 않고 있다.

그렇다면 대바구니의 어떤 측면이 구체적으로 활용되고 있는 것인
가? 전형적으로 대바구니는 대나무 껍질을 얇게 쪼개고 결어 속이 깊숙하
게 만든 그릇이다. 구조상 이러한 대바구니의 특징은 바구니가 풀어지거
나 자빠지지 않도록 대오리들이 서로 어긋매끼게 끼거나 걸치면서 잘 짜
인 것이다. 즉 대오리들은 가로 세로 제 곬에 따라 한 치의 오차도 흐트러
짐도 없이 정교하게 맞추어 엮어진 것이다. 주희는 대바구니의 이러한 짜
임새 특징을 원천 영역의 특정한 요소로 활용해서 표적 영역 리의 상술한
특성을 더욱 더 선명하게 밝혀주고 있다. 요컨대 리는 「나뭇결」 「한 뭉치

---

81) 『全書(14)』, 「語類」, 卷6, 理如一把線相似.有條理, 如這竹籃子相似. 指其上行篾曰 : 一條子恁
地去. 又別指一條曰 : 一條恁地去(237-38쪽).

실」「대바구니」등 다양한 종류의 은유들에 의해 최종적으로 조리, 질서 등의 특성이 있는 존재로 구조화된 것이다.

리에 대한 이러한 은유적 사고를 바탕으로 주희는 "리라는 것이 조리가 있으니 인의예지도 모두 조리가 있는 것이다"[82]고 말했다. 이렇게 볼 때 조리, 질서의 특성이 있는 리에 의해 도덕적 가치의 위계성이 정당화되는 것은 그리 놀랄 만한 일이 아니다.

유가의 전통 윤리 사상 중에는 인, 의, 예, 지, 신, 효, 제, 충, 성, 서, 용, 화 등 매우 많은 도덕적 덕목들이 있다. 만일 주희의 주장처럼 도덕적 가치가 위계성이 있다면, 그래서 인의예지가 최고의 도덕적 가치라고 한다면 효, 제, 충과 같은 기타의 덕목들은 인의예지 밑에 있는 낮은 도덕적 가치가 되고 만다.

그렇다면 왜 이런 덕목들이 인의예지보다 더 낮은 도덕적 가치란 말인가? 그리고 더욱 중요한 문제는 주희는 그의 도덕 이론에서 도덕적 가치에 대해 금자탑식의 구조를 만들고 있는데, 이러한 그의 관점은 정확한가? 달리 말하면 우리가 살아가는 현실 사회에는 과연 최고의 도덕적 가치가 있을 수 있는가?

그러면 우리의 현실적인 삶에서 언제 어디서나 관심의 화제가 되는 효라는 덕목 하나만을 간단하게 검토해 보기로 하자.『효경』(孝經)에는 "효라는 것은 덕의 근본이다"[83]라는 기재가 있다.『좌전』(左傳)에서도 "효는 예의 시작이다"[84]라고 했다. 즉 효는 모든 덕행의 출발점이라는 의미다. 공자는 "효와 제는 그 인을 행하는 근본이다"[85]라고 했다. 맹자도 "인의 실

---

82) 『全書(14)』,「語類」, 卷6, 理者有條理, 仁義禮智皆有之(237쪽).
83) 『孝經』,「開宗明義章」, 夫孝德之本也. 원전 역문은『효경』, 김학주 역 (서울 : 명문당, 2006) 참조.
84) 『春秋左氏傳』, 孝, 禮之始也. 원전 역문은『춘추좌씨전(개정판)』, 문선규 역 (서울 : 명문당, 2009) 참조.
85) 『論語』,「學而」2, 孝弟也者, 其爲仁之本與.

질적인 것은 어버이를 섬기는 것이고 의의 실질적인 것은 형님을 따르는 것이다"86)라고 했다.

주희는 비록 인의예지를 특별히 강조했지만 동시에 "또 효로서 말하면 효는 명덕이며",87) "명덕이라는 것은 내가 하늘에서 얻어서 마음 가운데에서 빛나고 밝은 일이다"88)라고 했다. 이러한 "효제는 진실로 인에 갖추어져 있다. 그것이 먼저 발하기 때문에 인을 행하는 근본이 되는 것이다."89) 따라서 "인을 행하려고 한다면 마땅히 효제로부터 시작해야 한다."90)

요컨대 효라는 덕목도 천리에서 비롯된 것으로서 그것은 인의예지 덕목들과 서로 관통되어 있으며, 인의예지 덕목들은 모두 효의 확장과 발양에 지나지 않는다.91) 만약 효라는 일이 없다면 최종적으로 인의예지는 이루어질 수 없다.

이상에서 볼 수 있듯이 효가 어찌 인의예지보다 낮은 도덕적 가치라고 말할 수 있겠는가? 특히 현실적인 삶에서 보더라도 효는 자신의 생명의 뿌리인 부모님에 대한 공경과 사랑, 보은에서 출발하여 이웃, 사회로의 확장을 통해 자신에게는 자아의 성찰을 통한 정체성의 확립으로, 타인에게는 사랑을 통한 이타주의로 발전해 가는, 다시 말해 가족, 사회 공동체성 실현의 출발이자 완성의 의미를 담고 있다.92) 따라서 효와 같은 다른 덕목들도 실천 윤리적 측면에서는 인의예지와 마찬가지로 모두 우열의 구별을 가릴 수 없는 중요한 도덕적 가치라고 할 수 있다.

그리고 한 가지 중요한 문제는 인의예지가 초월적 실체인 리에 의해 최종적으로 최고의 도덕적 가치로 정당화되었는데, 사실적이거나 경험적인

---

86) 『孟子』, 「離婁上」 27, 仁之實事親是也. 義之實從兄是也.
87) 『全書(14)』, 「語類」, 卷14, 且以孝言之, 孝是明德(445쪽).
88) 『全書(14)』, 「語類」, 卷14, 明德, 是我得之於天, 而方寸中光明底物事(445쪽).
89) 『全書(14)』, 「語類」, 卷20, 孝弟固具於仁. 以其先發, 故是行仁之本(686쪽).
90) 『全書(14)』, 「語類」, 卷20, 行仁, 則當自孝弟始(689쪽).
91) 張定宇, 『中國道德思想精義』 (臺北 : 中正書局, 1983), 118쪽 참조.
92) 최성철, 「효사상의 현대적 재조명」, 『범한철학』, 제56집 (2010 봄), 66쪽 참조.

논증을 벗어난 이러한 초월적 정당화는 의미론적 근거가 없으며, 따라서 그것은 도덕적 가치의 본성을 해명하는 데 도움을 주기보다는 오히려 도덕적 가치의 본성을 왜곡하고 혼동에 빠뜨린다. 특히 인지적 차원에서 놓고 보더라도 인간의 그러한 최선의 도덕적 가치 선택과 추구는 거의 불가능한 것이다. 그것은 다음과 같은 경험적 사실들에서 잘 드러난다.

> 우리의 무의식적인 개념체계는, 특히 무엇이 옳으며, 무엇이 좋으며, 또 무엇이 추구되어야 하는지에 관한 은유의 영역에서는 다중적(multiple) 은유와 원형들을 사용한다. 따라서 대부분의 경우에 '좋은 것' 또는 '최선의 결과'라는 일의적이고 자기 정합적인 개념은 존재하지 않는다.[93]

결국, 인간은 인지적 무의식의 개념체계의 본성 때문에 상당히 긴 시간 내에 명확하고 보편적이며 일의적이고 일관성 있는 최선의 가치라는 개념을 가질 수 없다. 즉 우리 인간에게는 순수하고 고립된 정신적 가치란 있을 수 없다.

여기에서 볼 수 있듯이 주희는 리가 조리, 질서의 특성이 있다는 은유적 사고에서 출발해서 가치의 위계성 문제, 나아가 최고의 도덕적 가치 문제를 다루고 있었는데, 이러한 은유적 사고가 은유적 구조화의 부분적 본질 그 한계 이상으로 확장해버리자 곧바로 인간의 인지적 기제와 모순을 초래하고 만 것이다. 주희의 은유적 사고와 인간의 인지적 기제가 모순을 발생하는 그 지점이 바로 조리, 질서의 특성이 있는 리에 의해 가치의 위계성이 정당화되는 부분이다.

그렇다면 주희는 왜 리에 조리, 질서의 특성을 부과한 것일까? 그것은 그가 리를 바탕으로 인간을 포함한 만사만물이 모두 그렇게 되어야만 하며, 또한 마땅히 그렇게 해야만 하는, 즉 존재원리와 도덕원리가 통일된

---

93) 레이코프 · 존슨, 『몸의 철학』, 806쪽.

성리학 체계를 구축하려고 했기 때문이다. 그것은 주희의 다음과 같은 말에서 잘 드러난다.

> 천하의 사물에 이르면 반드시 제각기 소이연지고와 소당연지칙이 있으니, 이른바 리다.[94)
> 천하 만물의 당연지칙이 리다. 소이연이 바로 근원처다.[95)

여기에서 '소이연지고'와 '소당연지칙'은 모두 원리, 법칙의 함의가 있다.[96) 그 중 '소이연지고'는 반드시 그렇게 되는 까닭, 즉 존재론적인 필연적 근거를 의미하며, '소당연지칙'은 마땅히 그래야만 하는 준칙, 즉 가치론적인 당위적 규범을 의미한다.[97) 위에서 볼 수 있듯이 이러한 '소이연지고'와 '소당연지칙'은 바로 조리, 질서의 특성이 있는 리에 의해 통일된다. 따라서 이 리 또한 자연스럽게 '소이연지고'로서 필연적인 존재원리로 규정되는 동시에 '소당연지칙'으로서 당위적인 도덕원리로도 규정되는 것이다.

특히 주희는 '소이연지고'로서 존재원리가 바로 '소당연지칙'으로서 도덕원리의 궁극적인 근원임을 밝힘으로써 인간의 도덕적 행위가 결코 맹목적인 것이 아니라 존재론적 근거를 확보한 필연적인 도덕적 규범을 따

---

94) 『全書(6)』, 「四書或問·大學或問上」, 至於天下之物, 則必各有所以然之故, 與其所當然之則, 所謂理也(512쪽).
95) 『全書(18)』, 「語類」, 卷117, 天下萬物當然之則, 便是理; 所以然底, 便是原頭處(3698쪽).
96) 현재 학계에서 '소당연지칙'에 대해 도덕원리, 윤리원칙 등으로 해석함에 별다른 이의가 없다. 그러나 '소이연지고'에 대해서는 대체로 두 가지 해석이 있다. 먼저 본질, 원리, 법칙으로 해석하는 대표적인 학자들로는 진래, 주이청(朱貽庭) 등을 들 수 있다. 陳來, 『宋明理學』, 141쪽; 朱貽庭, 『中國傳統倫理思想史(第四版)』(上海 : 華東師範大學出版社, 2009), 292쪽 참조. 한편, 원인으로 해석하는 대표적인 학자로는 장립문이다. 張立文, 『朱熹思想研究』, 211쪽 참조. 필자의 소견으로는 주희의 성리학에서 리는 원리나 법칙이라는 의미도 강하지만 원인의 의미도 있다. 다만, 이 부분에서는 리의 질서 특성에 초점을 맞추고 있기 때문에 '소이연지고'를 원리의 측면으로 해석한다.
97) 한국사상사연구회 편, 『조선유학의 개념들』(서울 : 예문서원, 2002), 62쪽 참조.

르고 있음을 강조했다. 이 문제에 관해 주희는 다음과 같이 말했다.

> 몸에 접하는 것에 이르러서는 군신, 부자, 부부, 장유, 붕우의 오상이 있다. 이들은 모두 반드시 당연한 법칙이 있어서 스스로 그만둘 수 없으니 이른바 리이다. 밖으로 다른 사람들에게도 이르러도 다른 사람의 리 역시 자기와 다르지 않다.[98]

주희에 따르면 인간에게서 온갖 행실은 모두 인의예지에서 나온다.[99] 특히 인의예지는 한 몸의 중추와 같아서 다른 것들은 더 마땅한 것은 없다.[100] 이는 인의예지가 사람들이 도덕적 수양과 실천에서 마땅히 준수해야 할 도덕규범이라는 것을 의미한다. 이러한 인의예지는 질서의 특성이 있는 리에 의해 최고의 도덕적 가치로 정당화되었을 뿐만 아니라 모든 인간에게 차별 없이 동등하게 적용되는 절대적인 도덕규범으로 정당화된 것이다.

요약하면, 초월적 실체인 리는 「나뭇결」 은유 등에 의해 조리, 질서의 속성이 있는 존재로 구조화되었을 뿐만 아니라, 이로 인해 나아가 최고의 도덕적 가치와 절대적인 도덕규범의 정당화 근거가 된 것이다.

지금까지의 리에 대한 검토를 종합하면, 리는 리의 연원, 특히 리 개념을 토대로 우리 인간의 일상적인 체험적 근거를 가진, 예컨대 「위」, 「개체」, 「구슬」, 「뿌리」, 「나뭇결」 등의 은유들에 의해 체계적으로 정교화된 은유적 구조물이다.

체험주의에 따르면 은유의 발생은 대상 그 자체의 본유적인 속성에 근거하는 것이 아니라 인간과 대상의 상호작용적 속성에 근거하며, 그 은유

---

98) 『全書(20)』, 「文集」, 卷15, 及於身之所接, 則有君臣·父子·夫婦·長幼·朋友之常. 是皆必有當然之則而自不容已, 所謂理也. 外而至於人, 則人之理不異於己也(708쪽).

99) 『全書(14)』, 「語類」, 卷6, 百行皆仁義禮智中出(246쪽).

100) 『全書(15)』, 「語類」, 卷53, 人只有箇仁義禮智四者, 是此身綱紐, 其他更無當(1771쪽) 참조.

적 구조화는 전체적이 아니라 부분적이다. 따라서 이렇게 만들어진 은유적 구조물은 이 세상에서 객관적으로 독립해서 존재하는 사물일 수 없다. 이는 중요한 철학적 함축을 지닌다. 즉 은유적 구조물은 실재하나 실체성 또는 절대성이 있을 수 없다.

이렇게 볼 때, 리가 은유적으로 구조화되었다는 것은 리가 실제로는 실체성도 절대성도 없는 일종의 추상적인 원리적 개념이라는 것을 말해 준다. 그것은 나아가 리가 결코 주희의 주장처럼 우주의 본체와 도덕의 보편원리, 특히 최고의 도덕적 가치와 절대적인 도덕규범의 정당화 근거가 될 수 없다는 것을 의미한다.

2) '리일분수'의 구조

주희의 성리학 또는 도덕 이론 체계에서 초월적 실체인 리가 일단 확립된 후 핵심 문제는 그것이 어떤 현실적이고 실질적인 내용을 획득하는가 하는 것이다. 이는 리가 어떻게 현실 세계에 개입하고 관여하는가 하는 중요한 문제로 이어지는데, 그것은 또 리와 현상계 천지 만물 사이의 상관관계 문제로 체현된다. 이 문제를 잘 설명하고 있는 것이 바로 주희의 '리일분수'설이다.

주희의 '리일분수'설은 넓게는 당대 불교 화엄종(華嚴宗)의 '사리무애 · 사사무애'(事理無礙 · 事事無礙)의 논리, 가깝게는 현각(玄覺)의 "하나의 성이 일체의 성에 원만하게 통하고 하나의 법이 일체의 법을 두루 포함한다"는 관점과 매우 유사하다.[101] 그러나 그의 '리일분수'설은 결과적으로는 장재의 『서명』(西銘)사상과 정이(程頤)의 '리일분수'설을 총화, 흡수하는 과정에서 이러한 화엄종과 선종(禪宗)의 사상을 받아들여 최종적으로 형성한

---

101) 아라키 겐고, 『불교와 유교』, 심경호 역 (서울 : 예문서원, 1999), 379쪽 참조.

것이라고 할 수 있다.[102]

그렇다면 '리일분수'란 도대체 어떤 의미인가? 이에 관해 주희는 이렇게 말했다. "'하나의 실재가 만 가지로 나뉘고, 만 가지와 하나가 각각 바르다'는 것이 바로 '리일분수'처다."[103] '리일분수'는 문자 그대로 해석하면 "리는 하나지만 나뉘어 달라진다"는 말이다. 그 의미를 좀 더 섬세하게 풀이하면 바로 우주의 근원적인 하나의 리가 현상계 천지 만물의 개별적인 리로 다양하게 분화된다는 뜻이다.[104]

이러한 '리일분수'는 일종의 형체 없는 초월적 실체인 리를 하나의 나눌 수 있는 물리적 개체로 간주함으로써 가능한 은유적 진술의 경우다.[105] 그뿐만 아니라 오직 '리일분수'를 은유적 진술의 경우로 보아야만 비로소 의미 있는 것으로 받아들여질 수 있으며, 나아가 구체적인 상황과 맥락에 따라 다양한 의미로 해석할 수 있다. 이러한 의미에서 '리일분수'도 역시 존재론적 은유를 기반으로 해서 형성된 철학적 은유라고 할 수 있다.

철학적 은유로서 '리일분수'는 서로 다른 범주들의 조합이다. 즉 '리일분수'는 서로 다른 가르기의 산물로서 서로 다른 층위에 속하는 '리일'과 '분수'라는 두 개의 명제가 한 자리에서 결합하여 만들어진 복합적 명제다.[106] 이러한 '리일분수'는 핵심적으로 우주 본체인 태극지리(太極之理)와

---

102) 이 글에서 주희의 '리일분수'설에 관한 검토는 주로 그 은유적 구조를 밝히고 나아가 철학적 함축을 드러내는 데 있다. 따라서 주희의 '리일분수'설이 특히 장재의 「서명」, 정이의 '리일분수'설, 그리고 불교의 화엄종과 리사설(理事說) 등의 영향 아래에서 최종적으로 정립되었다는 것을 언명해 두는 것으로 그에 대한 상세한 고찰을 대신하겠다.

103) 『全書(17)』, 「語類」, 卷94, '一實萬分, 萬一各正', 便是'理一分殊'處(3167쪽).

104) 이상익, 『주자학의 길』(서울 : 심산, 2007), 92쪽 참조.

105) 체험주의적 시각에 의존한 것은 아니지만 이석주도 자신의 글에서 '리일분수'는 사실의 문제가 아니라 존재론적 비유의 문제이며, 이러한 보편의 리가 분리된다는 것은 불가능하다고 주장했다. 이석주, 「'같음'과 '다름'의 이중주 : 주자의 리일분수를 중심으로」, 『동서철학연구』, 제46호 (2007), 263쪽 참조.

106) 이향준, 『조선의 유학자들, 켄타우로스를 상상하며 理와 氣를 논하다』(서울 : 예문서

만물지리, 만사만물의 관계들을 설명한다. 그리고 격물궁리(格物窮理) 인식론과 수양론의 이론적 근거와 방법론적 내원으로도 활용되며, 윤리도덕에서 보편원리와 구체규범 사이의 관계를 설명하는 데에도 적용된다.

흥미로운 것은 '리일분수'가 이러한 상관관계를 설명함에서 또 일련의 은유들을 사용하고 있다는 점이다. 따라서 경험적 해명의 차원에서 '리일분수'에 대한 은유적 분석이 불가피해진다. 이 부분에서는 주로 체험주의 시각에서 '리일분수'의 은유적 구조, 즉 '리일분수'가 어떤 일련의 하위 은유들로 구성된 복합 은유(complex metaphor)이며, 그것은 나아가 어떤 철학적 함축을 지니고 있는가를 드러내 보이겠다.

(1) 일리와 만리의 관계

일리란 우주 본체인 태극지리를 말하며, 만리(萬理)란 천지 만물의 각구지리(各具之理)를 말한다. 위에서 언급했듯이 '리일분수'는 '일리'와 '분수'라는 시로 다른 두 차원의 언급이다. 따라서 일리와 만물지리 간의 상관관계도 마땅히 주희의 '리일분수'의 은유적 사고의 궤적을 따라 우주 본체와 만물의 품부라고 하는 두 측면으로 나누어 검토해야 할 것이다.

우선, 우주 본체, 본원의 측면에서 '리일'를 보자. 만약 '리일분수'라고 한다면 머릿속에 가장 먼저 떠오르는 것은 아마도 '월영만천'(月映萬川)일 것이다. 그것은 '리일분수'에 관한 비교적 대표적인 은유적 설명 중의 하나라고 할 수 있다.

> 본래는 단지 하나의 태극인데 만물이 제각기 품수 받아 또한 스스로 제 각기 하나의 태극을 완전히 갖추고 있을 따름이다. 예컨대 달은 하늘에 단 지 하나뿐인데 강과 호수에 흩어져서는 어디서든지 볼 수 있으니 달이 이 미 쪼개졌다고 말할 수 없다.[107]

원, 2011), 78쪽 참조.

이 구절에는 「일리는 달, 만물의 성리(性理)는 달의 영상」 은유가 포함되어 있다. 아래서부터는 간편하게 「달」 은유라고 부르겠다.[108] 그러면 주희는 이 「달」 은유에서 무엇을 말하려고 한 것인가?

밤이 되어 하늘 위의 달이 뜨면 온갖 하천에 모두 달의 그림자가 비친다. 이 은유에서 주희는 주로 하늘 위의 달과 온갖 하천에 비친 수많은 달의 영상, 이 양자의 관계를 태극지리와 만물지리의 관계에 사상함으로써 하나의 태극지리의 유행 때문에 모든 사물이 부여받은 성리는 모자람과 남음이 없이 이 태극지리와 완전히 똑같음을 강조한 것이다.

이러한 은유적 사고를 바탕으로 주희는 "만물은 모두 이 리가 있고, 이 리는 모두 똑같이 하나의 근원에서 나오니",[109] "대개 종합해서 말하면 만물 전체는 하나의 태극이고, 나누어 말하면 하나의 사물에 제각기 하나의 태극을 갖추고 있다"[110]고 말했다. 여기에서 볼 수 있듯이 이 「달」 은유는 주로 우주 본체인 태극지리와 천지 만물에 부여된 성리의 동일성을 강조하고 있다. 바꾸어 말하면 본체, 본원의 측면에서 태극지리의 보편성을 특별히 부각하고 있다.

현재 일부 연구자들은 '월영만천'을 '리일'의 보편성뿐만 아니라 '분수'의 차별성까지 설명하는 은유로 간주한다. 예컨대 주의록(朱義祿)은 "주희가 늘 사용하는 '리일분수'의 비유는 불교에서 나온 것이다. 하늘에는 오직 하나의 달(리일)만 있다. 강, 호수, 하천에 또 제각기 하나의 달(분수)이 비쳐 있다. 모든 강, 호수, 하천 중의 달은 모두 하늘의 저 달이 비친 것이다. …… 강, 호수, 하천에 비친 달은 천차만별(분수)하지만 하늘의 달이 쪼

---

107) 『全書(17)』, 「語類」, 卷94, 本只是一太極, 而萬物各有稟受, 又自各全具一太極爾. 如月在天, 只一而已; 及散在江湖, 則隨處而見, 不可謂月已分也(3167-68쪽).
108) 이 은유를 비롯해서 아래서 나오는 은유들은 주로 그 은유들을 명시하는 은유적 언어 표현들에서 가장 핵심적인 단어를 뽑아 은유의 명칭으로 사용할 것이다.
109) 『全書(14)』, 「語類」, 卷18, 萬物皆有此理, 理皆同出一原(606쪽).
110) 周敦頤, 『周敦頤集』, 「太極圖說解」, 蓋合而言之, 萬物統體一太極也; 分而言之, 一物各具一太極也. 6쪽. 원전 역문은 『태극해의』, 곽신환 외 역 (서울 : 소명출판, 2009), 204쪽 참조

개진 것은 아니다. 강, 호수, 하천 가운데 천차만별한 달은 모두 하늘의 달을 향유한다"111)고 말했다.

체험주의에 따르면 하나의 개념적 은유에서 원천 영역 A와 표적 영역 B 사이의 은유적 사상은 단지 부분적이며, 부분적일 수만 있다. 즉 은유적 사상은 전체적이 아닌 부분적 본질을 갖고 있다.112) 이러한 관점에서 이 「달」 은유를 다시 한 번 살펴볼 필요가 있다.

이 「달」 은유는 천지 만물의 각구지리가 우주 태극지리와 똑같은 것은 마치 하늘 위의 달이 쪼개지지 않고 온갖 하천에 비친 것과 같다고 했다. 원문 내용이 우리에게 제공하는 정보는 다만 이것뿐이다. 즉 이 「달」 은유에는 다만 하늘 위의 달이 온갖 하천에 비친다는 '리일'의 내용만 들어 있을 뿐, 온갖 하천에 비친 달그림자가 천차만별하다는 '분수'의 내용은 언급되어 있지 않다. 그것은 이 「달」 은유에 대한 일종의 은유적 추론의 결과라고 할 수 있다. 은유적 사상의 부분적 본질에 근거해 볼 때, 이 「달」 은유는 '분수'의 차별성이 아닌 '리일'의 보편성만을 설명하는 은유라고 할 수 있다. 뒤에서 보게 되겠지만 주희는 '분수'에 대해서도 별도로 또 은유적 설명을 하고 있다.

이러한 「달」 은유에 대해 우리가 주목해야 할 점이 있다. 그것은 이 「달」 은유가 본체, 본원의 측면에서 태극지리와 만물지리의 관계를 설명함에서 아래와 같은 두 가지 방면의 이론 난점을 안고 있기 때문이다.

첫째, 이 「달」 은유에서 하늘 위의 달과 온갖 하천에 비친 수많은 달의 관계는 실재와 그 영상들의 관계이다. 그런데 이러한 달과 달 영상의 관계와 체계적 대응을 이루는 일리와 만물지리의 관계는 오히려 실재와 영상의 관계가 아닌 실리(實理)와 실리의 관계다. 이렇게 볼 때 이 부분에서 주희의 은유적 사고와 그의 이론적 진술사이에는 일정한 괴리가 존재한다.

---

111) 朱義祿, 『『朱子語類』選評』(上海 : 上海古籍出版社, 2006), 38쪽.
112) 커베체쉬, 『은유 : 실용입문서』, 137쪽 참조.

둘째, 이 「달」 은유에서 온갖 하천의 물은 이상적인 상태에서는 마치 한 장의 거울처럼 하늘 위의 달을 있는 모습 그대로 비칠 수 있다.[113] 따라서 단 글귀로만 보아서는 하늘 위의 달과 온갖 하천에 비친 달이 모두 같은 속성의 달이라는 점에서 이 양자의 질적인 동일성만 강조한 것인지, 아니면 그 모양, 형태가 같다는 점에서 양적인 동일성까지 강조한 것인지 분명치 않다.

이러한 「달」 은유는 일찍이 위와 같은 여러 면에서 논란 혹은 오해를 유발하기도 했는데, 그것은 진기도(陳幾道)[114]의 「존성재명」(存誠齋銘)[115]에 관한 주희의 언급에서 엿볼 수 있다.

　　진기도의 「존성재명」을 내가 처음 얻었을 때, 그것이 모두 좋은 의리를 쌓아 놓은 것으로 여겨 다시 보아 판별하지 않았다. 훗날 자세히 읽어보니 도리어 그것은 모두 이것저것 모아 놓은 것으로서 성현의 말씀과 전혀 같지 않음을 알 수 있었다. 그 글은 이르기를 "또 마치 달그림자와도 같이 모든 강물에 흩어져 내려 정해진 상은 나누어지지 않고 곳곳마다 모두 둥글다"고 했는데, 이것은 이와 같은 것이 아니다.[116]

위에서 볼 수 있듯이 주희는 이 「달」 은유에 대한 진기도의 이해가 '리일분수'에 대한 설명에서, 특히 태극지리와 만물지리의 관계 설명에서 분명히 문제점이 있음을 지적하고 있다. 만약 은유적 구조화의 부분적 본질

---

113) 그러나 현실적으로는 하천의 물은 내적, 외적 조건의 영향으로 인해 달을 있는 모습 그대로 비추지 못한다.

114) 진기도는 송나라의 진연(陳淵)을 가리키는데, 자(字)는 知默(지묵) 혹은 기수(幾叟)라고 하며, 양시(楊時)의 제자다.

115) 「존성재명」은 그의 저서인『묵당집(默堂集)』 권20에 수록되어 있는 글이다.

116)『全書(18)』,「語類」, 卷139, 陳幾道存誠齋銘, 某初得之, 見其都是好義理堆積, 更看不辨. 後子細誦之, 卻見都是湊合, 與聖賢說底全不相似. 其云 : "又如月影, 散落萬川, 定相不分, 處處皆圓." 這物事不是如此. 若是如此, 孔孟卻隱藏著不以布施, 是何心哉! 乃知此物事不當恁地說(4310쪽).

에 근거해서 이 「달」 은유를 '분수'의 차별성이 아닌 다만 '리일'의 보편
성만을 설명하는 은유라고 한정해서 본다면, 주희는 과연 진기도의 어떤
점을 문제 삼고 있으며, 그것은 '리일분수'의 전반적인 설명에 어떤 다른
미묘한 결과를 불러오는 것인가?

이 의문을 푸는 실마리, 단초는 주희가 직접 언급한 「달」 은유의 원문
에서 찾아야 하며, 그렇게 해서 얻어진 결론이어야만 설득력을 얻을 수
있을 것이다. 『주자어류』(朱子語類)에서 이 「달」 은유가 등장한 부분은 모
두 합쳐 두 곳이 있다. 이 두 곳의 원문에서 특히 주목해야 할 용어는 바
로 나누다, 쪼개다는 의미에서 '분'(分)과 '할'(割)이다. 주희는 이 「달」 은
유에서 누차 달이 나뉘어 쪼개지거나 조각이 난 것이 아니라고 강조해서
말했다. 그렇다면 주희가 사람들에게 전달하고자 하는 메시지는 과연 무
엇인가?

통상적으로 한 물리적인 개체가 부분적으로 쪼개지거나 분할된다면 다
음과 같은 결과가 뒤를 따른다. 즉 외형상 형태가 반드시 변하며, 더 중요
한 것은 그 개체의 고유한 본질적 속성, 혹은 특성이 필연코 파괴되고 만
다. 이 '달' 은유에서 주희는 누차 달이 쪼개져 온갖 하천에 비친 것이 아
니라고 강조했는데, 그것은 진정 하늘 위의 달과 온갖 하천에 비친 달이
형태상에서 서로 다르지 않다는 점을 강조하기 위해서였을까?

앞에서 언급했듯이 이상적인 상황에서 하천의 물은 거울처럼 하늘 위
의 달을 있는 모습 그대로 비출 수 있다. 따라서 주희는 굳이 하늘 위의
달이 쪼개져서 온갖 하천에 비친 것이 아니라고까지 하면서 그 형태의 동
일성을 강조할 필요가 없다. 이렇게 볼 때 주희가 하늘의 달이 쪼개진 것
이 아니라고 말한 것은 결코 이 양자의 형태상 동일성을 강조하려고 한
것이 아니다. 그렇다면 주희가 이를 통해 강조하려고 했던 진실한 의도는
과연 무엇인가?

주희의 성리학에서 초월적 실체인 리는 우주 만물의 본체, 본원으로서

순수하고 절대적이며 또한 항구 불변한 특성이 있다. 이러한 특성의 리가 만일 '리일분수' 하여 만물에 부여될 때 부분적으로 쪼개지거나 분할된다면 그 결과는 어떠하겠는가? 그 특성이 필연코 파괴되고 말 것이다. 그러면 이 리는 최종적으로 우주 만물의 본체, 본원으로서의 완전성과 통일성의 의의를 잃어버리고 말 것이다. 이는 결코 주희의 바라는 바가 아니다. 따라서 주희는 이 「달」 은유에서 특별히 하늘의 달이 쪼개져서 온갖 하천에 비끼는 것이 아니라는 점을 강조함으로써 우주 본체인 태극지리도 만물에 부여될 때 그 고유한 본질적 특성이 파괴되지 않음을 암묵적으로 강조했던 것이다.

즉 이 「달」 은유는 본체, 본원의 측면에서 천지 만물에 부여된 성리가 질적으로 하나의 태극지리와 완전히 똑같음을 설명한 것이다. 진래도 '월영만천'의 비유에서 주희는 주로 질적으로, 즉 내용상에서 '통체 태극' '일'과 '각구 태극' '만'이 서로 같음을 강조한 것이지, 매 하나의 호수 중에 비친 달이 하늘의 달과 기타 강과 호수에 비친 달과 형태상에서 서로 똑같음을 말한 것은 아니라고 주장했다.[117]

여기에서 볼 수 있듯이 주희는 달의 질적인 동일성에만 초점을 맞추고 있는 자신과는 달리 진기도가 오히려 달의 형태 즉 양적인 동일성에 초점을 맞추고 있는 것에 대해 문제로 삼고 있었던 것이다. 주희가 비록 직접 언급하지는 않았지만, 설사 하늘의 달이 진짜로 쟁반같이 둥근 보름달이라고 하더라도 온갖 하천에 비친 달은 진기도가 말한 것처럼 곳곳마다 반드시 둥글다고는 말할 수 없다. 그것은 현실적으로 고요하고 잔잔한 호숫물 위, 세차게 흐르는 강물 위, 파도치며 출렁이는 바닷물 위, 그리고 밝은 물과 흐린 물 위, 나아가서 진흙 물 위에 비치는 달의 모습은 천차만별일 수밖에 없기 때문이다.

---

117) 진래, 『주희의 철학』, 90쪽 참조

그런데도 만일 온갖 하천에 비친 달그림자가 둥글다고만 한다면 그것
은 나아가 표적 영역에서 만물지리와 태극지리가 질적일 뿐만 아니라 양
적으로까지 같다는 의미가 된다. 후술하겠지만 천지 만물은 또 기품(氣稟)
의 차이에 따라 리품(理稟)이 양적으로 차이가 난다. 따라서 만일 진기도와
같은 주장을 고집한다면 이 「달」 은유는 '리일분수'의 설명에서 주희의
애초 의도와는 달리 '리일'의 통일성, 보편성을 강조하던 데로부터 결과적
으로는 '분수'의 차별성, 특수성을 말살하는 이상한 결과에 이르게 될 것
이다.

여하튼 이 「달」 은유는 본체, 본원의 특면에서 태극지리와 만물지리의
관계를 설명함에서 여러 가지 문제점과 오해의 소지가 있다. 따라서 주희
는 '리일'에 관한 설명에서 또 다음과 같은 여러 은유를 사용했다.

> 혹자: 만물은 제각기 하나의 리를 갖추었으며, 모든 리는 똑같이 하나의
> 근원에서 나옵니까?
> 주희: 하나의 일반적인 도리는 단지 하나의 노리일 뿐이다. 마치 하늘에
> 서 비가 내리는 것과 같다. 큰 웅덩이 굴에는 큰 웅덩이 굴의 물이 있고 작
> 은 웅덩이 굴에는 작은 웅덩이 굴의 물이 있으며, 나무 위에는 나무 위의
> 물이 있고, 풀 위에는 풀 위의 물이 있다. 곳곳에 따라 제각기 다르지만, 단
> 지 같은 물 일 뿐이다.118)

위 인용문에 들어 있는 은유는 「굴」 은유다.119) 여기에서 '굴'이란 자
연적으로 땅이나 바위가 안으로 깊숙이 패어 들어간 곳을 말한다. 이러한

---

118) 『全書(14)』, 「語類」, 卷18, 或問: 萬物各具一理, 萬理同出一原. 曰: 一箇一般道理, 只是一箇
道理. 恰如天上下雨: 大窩窟便有大窩窟水, 小窩窟便有小窩窟水, 木上便有木上水, 草上便有
草上水. 隨處各別, 只是一般水(607쪽).
119) 이 외에도 주희는 또 「굴」 은유와 유사한 은유적 함의를 갖고 있는 「주발」 은유를 사
용했다. 그 은유적 언어 표현은 (『全書(14)』, 「語類」, 卷18, 然雖各自有一箇理, 又卻同出
於一箇理爾. 如排數器水相似; 這盂也是這樣水, 那盂也是這樣水, 各各滿足, 不待求假於外.
然打破放裏, 卻也只是箇水(606쪽)에서 보인다.

굴들은 모두 공통적으로 「안—밖」 지향성을 경계 짓는 분명한 표면들을 갖고 있다. 따라서 비록 그 형태, 모양이 천차만별이라고 하더라도 그 자체는 하나의 그릇으로 간주할 수 있다. 이런 의미에서 이 은유는 본질적으로 「그릇」 은유라고 할 수 있다. 풀어쓰면 「일리는 물, 만물의 성리는 그릇 안의 물」 은유다.

'리일'과 '만물지리'의 상관관계 설명에서 사용된 이 「그릇」 은유에 대해 손영식은 다음과 같은 견해를 밝혔다. 즉 태극지리와 각구지리의 관계는 「원본—복사본」이라는 도식으로 보아야 하며, 이로써 태극지리가 개체 사물에 쪼개지는 것이 아니라 전체가 그대로 부여됨을 설명해야 한다. 그런데 이 「그릇」 은유는 물의 형태나 분량보다는 오히려 같은 물이라는 한 가지 점만을 중요시한다. 나아가 빗물이 크고 작은 웅덩이에 나뉘어 고인다고 한다. 그것은 자칫하면 태극지리가 그런 식으로 분할되어 만물에 부여되는 것으로 오해할 수 있다. 따라서 '리일분수'의 설명에서 이 「그릇」 은유의 사용은 적절치 못하다.[120]

그러나 이 「그릇」 은유에 대한 손영식의 해석은 수용하기 어렵다. 그것은 우주 본체, 본원의 측면에서 일리와 만물지리의 관계를 설명함에서 이 「그릇」 은유가 오히려 「달」 은유가 안고 있는 여러 문제점과 오해의 소지를 극복해주거나 해소해줄 수 있기 때문이다. 예컨대 이 「굴」 은유의 주요한 의미 초점은 하늘에서 내리는 것도 빗물이고 크고 작은 웅덩이 굴에 고인 것도 빗물이라는, 변함없는 물의 본질적 속성에 맞춰져 있다. 이 은유는 이러한 은유적 함의로서 태극지리와 만물지리의 상관관계를 구조화하고 있다.

따라서 그것은 태극지리와 만물지리의 관계가 「달」 은유에서 주요한 문제점으로 떠올랐던 것처럼 그러한 「달(실재) — 달그림자(영상)」의 관계,

---

120) 손영식, 『성리학의 형이상학 시론』 (울산 : 울산대학교 출판부, 2007), 36-37쪽.

혹은 손영식이 말하는 「원본 — 복사본」의 관계가 아니라 「빗물 — 빗물」, 즉 「실리 — 실리」의 관계임을 말해 주는 것이다. 동시에 그것은 또 '리일'의 불변한 동질성과 보편적인 특성도 특별히 부각하는 것이다.

주희는 또 이 「굴」 은유에서 같은 빗물이지만 곳곳에 따라 그 고인 빗물 양은 서로 다르다고 말했다. 여기에서 볼 수 있듯이 이 「굴」 은유는 또 「달」 은유보다 더 분명하게 본체, 본원의 측면에서 만물의 성리가 태극지리와 같다고 하는 것은 단지 질적으로 완전히 같다는 것이지 결코 양적으로 태극지리와 완전히 같다는 것이 아님을 적시해 준다.

요컨대 주희는 「달」「그릇」 등의 은유를 통해 우주 본체, 본원의 측면에서 태극지리와 만물의 성리가 질적으로 완전히 똑같음을 구조화했으며, 이로써 '리일'의 통일성, 보편성을 강조한 것이다. 이러한 태극지리와 만물의 성리 관계 속에서 '리일분수'는 실제로 '리일분다'(理一分多)의 의미를 나타내며, 이 '다'(多) 사이는 무차별적이다.

다음, 만물의 品부 측면에서 '분수'를 보자. 앞에서 살펴보았듯이 만물에 부여되기 시작할 때 하나의 태극지리의 유행 때문에 만물에 부여되는 성리는 태극지리와 질적으로 완전히 서로 같다. 그렇다면 만물이 이미 얻은 후의 것을 가지고 말한다면 만물의 분리(分理)는 어떠하겠는가? 이것이 바로 '분수'의 문제다. 이 문제에 관해서도 주희는 예외 없이 은유적 설명을 했다.

사람과 사물이 생겨날 때 하늘이 이 리를 부여함에 일찍이 같지 않음이 없지만, 사람과 사물이 품부받은 것은 당연히 다름이 있을 따름이다. 이를 테면 한 강물을 당신이 장차 국자로 취한다면 다만 한 국자만큼 얻을 뿐이고, 장차 사발로 취한다면 다만 한 사발만큼 얻을 뿐이다. 한 통, 한 항아리에 이르러서는 제각기 그릇에 따라 그 [취하는 강물의] 양이 다르다. 따라서 리 또한 그에 따라서 다르다.[121]

여기에서 국자, 사발, 통, 항아리 등을 모두 물건을 담을 수 있는 그릇으로 간주할 수 있다. 따라서 이 은유도 앞서 '리일'의 설명에서 나왔던 은유와 똑같은 「그릇」 은유다. 다시 말하면 「일리는 물, 만물의 분리는 그릇 안의 물」 은유다. 그렇다면 '분수'를 설명하는 이 「그릇」 은유와 '리일'의 설명에서 나왔던 「그릇」 은유 사이에는 어떤 구별 점이 있으며, 특히 이 「그릇」 은유는 어떤 중요한 은유적 함의를 지니고 있는가?

앞에서 언급했듯이 '리일'의 설명에서 사용되었던 「굴」과 같은 「그릇」 은유는 주로 하늘에서 내리는 것도 빗물이고 큰 웅덩이와 작은 웅덩이 굴에 고인 것도 빗물이라는, 다시 말해 그릇 안 물의 동질성에 그 은유의 주요한 의미 초점을 맞추고 있다. 반면에 '분수'의 설명에 사용된 이 「그릇」 은유는 주희가 한 강물이라도 해도 국자, 사발, 통, 항아리 등 뜨는 그릇의 크기에 따라 담기는 물의 양은 다르다고 말했듯이 주로 그릇의 크기에 따라 수시로 변하는 물의 양, 즉 그릇 안 물의 변량성(變量性)에 그 주요한 의미 초점을 맞추고 있다. 주희는 이 「그릇」 은유의 이러한 은유적 함의로써 태극지리로부터 부여받은 만물의 분리가 서로 같지 않음을 구조화한 것이다.

이러한 은유적 사고를 바탕으로 주희는 꽃병에는 꽃병의 도리가 있고 등잔불에는 등잔불의 도리가 있으며,[122] 마찬가지로 섬돌에도 섬돌의 리가 있고 대나무 의지에도 대나무 의자의 리가 있다고 지적했다.[123] 그는 또 대황과 부자 같은 것도 모두 역시 마른 것들이지만 그것들에 내재한 리는 서로 다르므로 대황은 부자가 될 수 없으며 부자도 대황이 될 수 없다고 말했다.[124] 위와 같은 진술들은 태극지리의 보편성도 강조하지만, 특

---

121) 『全書(14)』, 「語類」, 卷4, 人物之生, 天賦之以此理, 未嘗不同, 但人物之稟受自有異耳. 如一江水, 你將杓去取, 只得一杓; 將碗去取, 只得一碗; 至於一桶一缸, 各自隨器量不同, 故理亦隨以異(185쪽).
122) 『全書(17)』, 「語類」, 卷97, 花瓶便有花瓶底道理, 書燈便有書燈底道理(3266쪽) 참조
123) 『全書(14)』, 「語類」, 卷4, 云 : "階磚便有磚之理." 因坐, 云: "竹椅便有竹椅之理(189쪽) 참조

히 개개 사물들에 내재한 분리의 상호 차별성, 즉 분리의 특수성을 더욱 강조한다.

여기에서 볼 수 있듯이 '리일'과 '분수'의 설명에 동원된 이 두 은유는 비록 모두 같은 「그릇」 은유이지만 그것들이 원천 영역에서 드러내는 은유적 함의는 완전히 다르며, 따라서 또한 표적 영역에 대한 특징적 구조화도 크게 차이가 난다. 하나는 '리일'의 통일성, 보편성을 구조화하고 다른 하나는 '분수'의 차별성, 특수성을 구조화한다. 이는 또 한 번의 은유적 사상의 부분적 본질, 나아가 은유적 구조화의 파편적 특성을 재확인해 주는 성공적인 사례다.

요컨대 주희는 이 「그릇」 은유를 통해 만물의 품부 측면에서 태극지리와 만물의 분리가 서로 같지 않음을 구조화했으며, 이로써 '분수'의 차별성을 강조했다. 여기에서 만물의 분리들도 일종 '다'의 의미를 나타내는데, 이때 '다'는 상호 간의 차별적인 '다'이다.

이 시점에서 한 가지 의미 있는 질문이 던저질 수 있다. 그것은 바로 이렇듯 퍼 담기는 강물의 양에게 영향을 주는 이 국자, 사발, 통, 항아리 등과 같은 그릇들, 이것들이 제각기 서로 다른 분리를 내재하고 있는 개개의 사물에 놓고 말한다면 과연 무엇에 해당하는가 하는 것이다. 그것은 이제 앞으로 보게 되겠지만 바로 사물을 구성하는 물질적 재료인 기, 혹은 기질에 해당한다.

지금까지의 논의를 종합하면, 주희는 '리일분수'에서 「달」 「그릇(두 가지로 다른 은유적 함의를 지닌 「그릇」)」 등의 은유들을 사용해서 우주 본체와 만물의 품부 두 측면에서 일리과 만리 간의 보편성과 특수성, 통일성과 차별성의 관계를 설명했다. 이러한 '리일분수'에서 '리'는 태극지리를 의미하며, '일'은 같음을 의미하며, '분'은 품수를 의미하며, '수'는 무차별적인

---

124) 『全書(14)』, 「語類」, 卷4, 如大黃附子, 亦是枯槁. 然大黃不可爲附子, 附子不可爲大黃(188쪽) 참조.

'다' 혹은 차별적인 '다'를 의미한다.

이렇게 볼 때 몽배원이 주장한 '리일분수'설은 "단지 일리와 만리의 관계에서 말하면 전체와 부분의 관계로 표현된다"[125]는 관점은 정확하다고 할 수 없으며, 반면에 진래가 제기한 우주의 보편법칙(일리)을 모든 구체적 법칙(만리)의 총합이라고 인식하는 것은 '리일분수'설과 서로 모순된다[126]는 주장은 정확하다고 할 수 있다.

(2) 일리와 만물의 관계

앞에서 보았듯이 주희는 '리일분수'에서 일련의 다양한 은유들을 통해 일리와 만리의 보편성과 특수성의 상관관계를 다루고 있었다. 더욱이 그는 또 본원과 파생의 측면에서 리일과 만물 간의 상관관계도 설명했다. 그것은 다음과 같은 은유적 언어 표현에서 잘 드러난다.

> 모든 다른 것들이 하나의 근본을 이루고, 하나의 근본이 모든 다른 것을 이룬다. 이는 마치 하나의 발원지에서 나온 물이 흘러나와 온갖 지류가 되고, 한 뿌리의 나무가 자라서 수많은 가지와 잎사귀가 되는 것과 같다.[127]

모든 다른 것, 즉 만수(萬殊)란 각종의 다른 사물을 가리킨다. 하나의 근본, 즉 일본(一本)이란 태극지리를 가리킨다. 두말할 것도 없이 이 구절에는 「일리는 수원, 만물은 온갖 지류」 은유와 「일리는 뿌리, 만물은 수관[128]」 은유, 즉 간단히 말해서 「수원」 은유와 「뿌리」 은유가 동시에 포함되어 있다. 「수원」 은유와 「뿌리」 은유가 모두 유사한 은유적 함의를 갖고 있기

---

125) 蒙培元, 『理學範疇系統』, 85쪽 참조.
126) 진래, 『주희의 철학』, 91쪽 참조.
127) 『全書(15)』, 「語類」, 卷27, 萬殊之所以一本, 一本之所以萬殊. 如一源之水, 流出爲萬派; 一根之木, 生爲許多枝葉(974쪽).
128) 수관은 주로 나뭇가지나 잎사귀들이 무성히 달려 있는 반달 모양을 이룬 나무줄기의 윗부분을 가리킨다.

때문에 여기에서는 다만 「뿌리」 은유만 살펴보기로 하겠다.

앞에서 우리는 이미 리에 대한 「뿌리」 은유를 살펴보았으며, 그것이 '리일분수'의 최초의 모델이라는 점도 알고 있다. 여기에서 우리가 유의해야 할 점은 리와 '리일분수'에서 사용되는 이 「뿌리」 은유의 주요한 은유적 함의를 명확히 분별하는 것이다.

리에 대한 「뿌리」 은유는 주로 나무의 생장발육에서 뿌리의 원천 역할, 기능에 초점을 맞추어 리의 본원, 근원의 역할을 구조화했다. 반면에 '리일분수'에서 이 「뿌리」 은유는 주로 나무뿌리와 그 뿌리로부터 자라난 무성한 가지, 잎사귀, 꽃들을 포함한 수관의 관계를 일리와 만물의 관계에 적용하여 우주의 궁극적 본원인 일리와 그것으로부터 파생된 천지 만물 사이의 '본'(本)과 '말'(末), '일'과 '다' 관계를 구조화한 것이다.

주희 리기론의 전반적인 논리적 구조를 고려할 때, 태극지리가 천지 만물을 파생한다는 것은 결코 태극지리 자체가 스스로 직접 천지 만물을 생성한다는 의미가 아니다. 그 과정에는 반드시 리와 만물의 생성을 연결해 주는 중간 고리, 즉 매개가 필요하다. 그것이 바로 앞에서 언급한 기라고 할 수 있다.

그렇다면 일리와 만물의 관계에서 이 '다'는 어떤가? 뿌리 위의 수많은 나뭇가지, 잎사귀, 꽃들은 서로 간에 본래부터 천차만별하다. 설사 같은 나뭇가지, 잎사귀, 꽃들이라고 해도 그것들은 형태, 크기, 색깔에 이르기까지 반드시 똑같다고 할 수는 없다. 이렇게 볼 때 리일과 만물의 '일'과 '다' 관계에서 이 '다'는 오직 차별적인 '다'인 것이다.

요컨대 주희는 또 「뿌리」 등의 은유들을 사용해서 우주 발생론적 측면에서 일리와 만물 간의 '본'과 '말'의 관계, 특히 '일'과 '다'의 관계를 설명했다. 여기에서 '리'는 우주의 본체, 근원인 태극지리를 의미하며, '일'은 하나를 의미하며, '분'은 파생을 의미하며, '수'는 차별적인 '다'를 의미한다.

(3) 격물과 궁리의 관계

주희의 '리일분수'설은 '격물궁리' 도덕적 수양과 실천에서도 구현된다. '리일분수'설에 따르면 보편적이고 통일된 하나의 리는 모든 구체적인 사물들의 리에 포함되어 있으며, 모든 구체적인 사물들의 리 또한 모두 공통되고 보편적인 하나의 리를 체현하고 있다. 이는 '리일분수'가 역으로 '격물궁리' 인식론과 수양론의 이론적 근거로도 활용될 수 있음을 의미한다. 이 문제에 대해서도 주희는 다음과 같은 은유적 설명을 했다.

> 오늘날 사람들은 다만 많은 이름만을 알고 있을 뿐 그 실상은 깨닫지 못한다. 예를 들어 효·제·충·신에 대해 다만 이 껍질만 알고 있을 뿐 그 내용은 깨닫지 못하니 다만 하나의 텅 빈 물건이다. 모름지기 한 건 한 건 자세하게 이해해야 한다. 마치 하나의 통과 같으니, 모름지기 먼저 나무로 조각을 만들고, 하나의 테로 둘레를 둘러야 하는 것과 같다. 만일 조각이 없으면 하나의 테로 둘러도 전혀 물을 담을 수가 없다.[129]

위의 은유적 언어 표현에는 「사물의 리는 목편, 일리는 목통」 은유, 즉 간단하게 말하면 「목통」 은유가 들어 있다.[130] 그러면 아래에서 이 은유를 자세히 살펴보자.

일반적으로 목통은 일정한 수량의 나뭇조각, 즉 목편을 하나하나 긴밀하게 맞물려 짜 맞추고 그 둘레에 얇고 가는 쇠로 된 테를 둘러서 단단하게 고정해서 만든다. 그렇게 볼 때 우리는 자칫하면 단순하게 목편과 목

---

129) 『全書(15)』, 「語類」, 卷27, 今人只得許多名字, 其實不曉. 如孝弟忠信, 只知得這殼子, 其實不曉, 也只是一箇空底物事. 須是逐件零碎理會. 如一箇桶, 須是先將木來做成片子, 卻將一箇箍來箍斂. 若無片子, 便把一箇箍去箍斂, 全然盛水不得(970쪽).

130) 이 외에도 '리일분수'로서 격물과 궁리의 관계 설명에서 주희는 또 「사물의 리는 흩어진 동전(散錢), 일리는 새끼줄(索)」 은유, 즉 간략하게 말해서 「새끼줄」 은유를 사용했다. 그 은유적 언어 표현은 『全書(15)』, 「語類」, 卷27, 嘗譬之, 一便如一條索, 那貫底物事, 便如許多散錢. 須是積得這許多散錢了, 卻將那一條索來一串穿, 這便是一貫(982쪽)에서 보인다.

통의 관계가 사물의 리와 일리의 관계에 적용된 것이 아닌가 하는 착각에 빠질 수 있다. 만일 사물의 리와 일리가 그러한 관계라면 이 양자의 관계는 특수와 보편, 개별과 일반의 관계가 아닌 부분과 전체, 개체와 총체의 관계가 되고 만다. 그것은 주희의 의도를 벗어난 생각이라고 할 수 있다.

주희가 말했듯이 만일 하나의 목편이라도 빠진다면 설령 테로 그 테두리를 둘러도 목통을 만들 수 없으며, 따라서 그러한 목통은 결과적으로 물을 담을 수 없다. 개개의 목편에는 모두 공통으로 목통을 구성하여 물을 담을 수 있는 기능 요소가 들어 있다. 그러나 그러한 목편들이 개개의 상태로 존재할 때는 그런 기능 요소들이 발현되지 못한다. 오직 일정한 수량의 목편들이 모여서 목통을 구성해야만 비로소 물통으로서 물을 담을 수 있는 기능을 발휘할 수 있다.

이 「목통」 은유에서 주희는 주로 개개의 목편들이 잠재적으로 갖춘 물을 담을 수 있는 기능 요소와 그러한 목편들로 구성된 목통의 물을 담을 수 있는 기능, 이 양자의 관계를 사물의 리와 일리의 관계에 적용함으로써 구체적인 개개 사물들에 대한 지속적이고 반복적인 궁리를 하여 점차 누적하고 나아가 활연관통하면 최종적으로 그러한 사물들에 내재한 하나의 공통된 보편지리를 파악할 수 있음을 강조한 것이다.

이러한 의미에서 주희는 "성인은 일찍이 리일에 대해 말한 적이 없고, 대부분 다만 분수에 대해 말했을 뿐이다. 대개 분수 가운데 사사물물 세세한 항목들에서 그 당연함을 이해한 다음에야 비로소 리가 본래 하나로 꿰뚫어져 있음을 알 수 있다. 온갖 차이가 나는 사물들에 각각 일리가 있음을 알지 못하면서 헛되이 리일을 말하기만 한다면 리일이 어느 곳에 있는지를 알 수 없다. 성인께서 천 마디 만 마디의 말로 사람을 가르치고, 배우는 이들이 죽는 날까지 종사해야 할 것은 다만 이것을 이해하는 것이다"[131]고 말했다.

요컨대 주희는 「목통」 은유를 통해 '리일분수'가 격물궁리 인식론과 수

양론에 방법론적 토대를 제공하며, 특히 '분수'는 누적의 필요성을 '리일'
은 관통의 가능성을 결정하며, 따라서 분수를 이해하는 것은 리일을 관통
하는 토대와 전제이고 리일을 관통하는 것은 분수를 이해하는 목적과 결
과임을 밝힌 것이다.[132]

(4) 도덕원리와 행위규범의 관계

앞에서 살펴보았듯이 태극지리는 '소이연지고'의 존재원리인 동시에 특
히 '소당연지칙'의 도덕원리다. 주희는 주로 「달」 은유를 통해 이러한 태
극지리의 보편성을 강조했다. 이 「달」 은유로부터 부각되는 태극지리의
보편성으로부터 우리는 존재원리에 의해 본체론적 근거를 확보한 도덕원
리의 보편성과 그러한 보편원리가 단일하다는 의미를 최종적인 결론으로
도출할 수 있다. 이택후(李澤厚)도 주희의 '리일분수'의 실질은 도덕 행위가
법칙과도 같은 보편성을 갖추고 있다는 것을 설명하기 위해서인데, 특히
본체론과 우주론의 차원에서 윤리 도덕의 보편 입법을 논증하기 위해서
였다고 말했다.[133]

주희는 '리일분수'를 통해 이러한 보편적인 도덕원리와 구체적인 행위
규범 간의 상관관계도 설명했다. 그러한 설명 또한 은유적으로 이루어지
고 있으며, 그것은 다음과 같은 대화에서 잘 드러난다.

> 감절(甘節)[134]: 작년에 선생님께서 "다만 하나의 도리이지만 그 분은 같
> 지 않다"고 하신 말씀을 들었습니다. 이른바 '분'이라는 것은 리는 하나지
> 만 그 쓰임이 같지 않다는 것이 아닙니까? 예를 들어 임금의 어짊, 신하의

---

131) 『全書(15)』, 「語類」, 卷27, 聖人未嘗言理一, 多只言分殊. 蓋能於分殊中事事物物, 頭頭項項,
理會得其當然, 然後方知理本一貫. 不知萬殊各有一理, 而徒言理一, 不知理一在何處. 聖人千
言萬語教人, 學者終身從事, 只是理會這箇(975쪽).

132) 진래, 『주희의 철학』, 97쪽 참조.

133) 李澤厚, 『中國古代思想史論(宋明理學片論)』(北京 : 人民出版社, 1986), 235쪽 참조.

134) 감절은 자는 길부(吉父)이고 임천(臨川) 사람으로 주희의 제자다.

공경, 자식의 효도, 부모의 자애로움, 백성과 사귈 때의 믿음 같은 종류들이
이것입니다.

　　주희: 그 체는 이미 조금 같지 않으니 임금과 신하, 부모와 자식, 백성은
체이며, 어짊, 공경, 자애, 효도, 믿음은 작용이다.[135]

　　이는 '리일분수'가 '체일용수'(體一用殊)로 변형된 상태다. 감절은 주희에
게 도리는 단지 하나인데 직분에 따라 쓰임이 다르지 않은가 하는, 즉 도
덕의 보편원리는 단일한데, 사람들의 직분에 따라 서로 다른 행위규범으
로 나타나는 것이 아닌가 하는 질문을 한 것이다. 여기에는 「통체이용」(統
體異用) 은유, 즉 「보편적인 도덕원리는 체, 구체적인 행위규범은 용」 은유
가 들어 있다.

　　「통체이용」 은유에서 이 체와 용은 주희의 "예컨대 이 몸은 체이면, 눈
으로 보고, 귀로 들으며 손과 발로 운동하는 것은 작용이며, 예컨대 이 손
이 체라면 손가락이 움직이고 물건을 끌거나 집는 것은 작용이다"[136]라는
말과 같은 맥락에서 한 말이다. 즉 김절은 체의 용외 일( )과 수(殊)의 관
계로써 도덕원리와 행위규범의 보편성과 특수성, 통일성과 차별성의 관계
를 강조한 것이다. 나아가 그는 그러한 자신 주장의 정확성 여부를 스승
인 주희의 답변을 통해 확인하려 한 것이다.

　　그러나 주희의 대답은 매우 흥미롭다. 어떻게 보면 동문서답하는 듯하
다. 감절이 체(도덕원리)는 하나지만 용(행위규범)은 서로 다르지 않은가 하고
질문했다면 주희는 체(도덕주체)가 다르면 용(행위규범)도 다르다고 답했다.

　　주희에 따르면 임금과 신하, 부모와 자식, 백성은 서로 다른 도덕적 주
체이며, 어짊, 공경, 자애, 효도, 믿음 등은 서로 다른 도덕적 주체들에게

---

135) 『全書(14)』, 「語類」, 卷6, 問: 去歲聞先生曰: '只是一箇道理, 其分不同.' 所謂分者, 莫只是理
　　一而其用不同? 如君之仁, 臣之敬, 子之孝, 父之慈, 與國人交之信之類是也. 曰: 其體已略不
　　同. 君臣・父子・國人是體; 仁敬慈孝與信是用(240쪽).
136) 『全書(14)』, 「語類」, 卷6, 如這身是體; 目視, 耳聽, 手足運動處, 便是用. 如這手是體; 指之運
　　動提捉處便是用(239쪽).

서 구현되는 구체적인 행위규범이다. 주희의 답변에는 「이체이용」(異體異用) 은유, 즉 「구체적인 도덕적 주체는 체, 구체적인 행위규범은 용」 은유가 들어 있다. 주희의 이 답변은 도덕의 단일한 보편 원리가 서로 다른 행위 규범으로 표현된다는 감절의 「통체이용」 관점이 정확하지 않다는 것이 아니라, 이 문제를 또 다른 한 측면에서, 즉 서로 다른 도덕적 주체에 따르는 구체적인 행위규범들도 역시 같지 않다는 「이체이용」의 관점에서도 이해할 수 있다는 점을 강조한 것이다.

여기에서 우리가 유의해야 할 것은 감절과 주희의 이 대화록에 들어 있는 은유는 얼핏 보기에는 꼭 마치 하나의 같은 은유인 듯하지만, 실상은 그렇지 않다는 점이다. 우리를 헷갈리게 하는 주요 원인은 감절과 주희가 모두 공통으로 '체'와 '용'이라는 같은 원천 영역을 사용하고 있기 때문이다. 그러나 이러한 체와 용이라는 같은 원천 영역이 은유적으로 사상할 때 서로 다른 표적 영역을 구조화함으로써 결과적으로 서로 다른 두 개의 은유를 형성한 것이다. 이렇게 볼 때 이 두 사람이 사용하는 은유는 겉보기에는 서로 같아 보이지만 실제로는 서로 다른 은유이며, 따라서 이 두 사람이 천명하는 견해 또한 서로 다른 것이다.

그렇다면 감절이 제기했던 이 질문에 대한 주희의 근본적인 입장, 태도는 어떠한가? 그것은 주희의 다음과 같은 말에서 잘 드러난다.

> 만물은 모두 이 리가 있고 리는 모두 똑같이 하나의 근원에서 나온다. 다만, 그 처하는 위치가 다르다면 그 리의 쓰임도 한결같지 않다. 예컨대 군주가 되어서는 마땅히 어질어야 하며, 신하가 되어서는 마땅히 공경해야 하고, 자식이 되어서는 마땅히 효도해야 하고, 부모가 되어서는 마땅히 자애로워야 한다. 사물마다 각기 이 리를 갖추고 있지만, 사물마다 각기 그 쓰임이 다르다. 그러나 하나의 리의 유행이 아님이 없다.[137]

---

137) 『全書(14)』, 「語類」, 卷18, 萬物皆有此理, 理皆同出一原. 但所居之位不同, 則其理之用不一. 如爲君須仁, 爲臣須敬, 爲子須孝, 爲父須慈. 物物各具此理, 而物物各異其用, 然莫非一理之

이 인용문은 주희가 제자인 곽우인(郭友仁)138)의 "만물은 각기 하나의 리를 갖추고 있으며, 모든 리는 똑같이 하나의 근원에서 나오는가"라는 질문에 대한 답변이다. 비록 답변의 대상은 다르지만 어떤 의미에서 보면 오히려 감절의 질문에 대한 가장 명확한 답변이라고도 할 수 있다.

주희의 이 말에는 감절의 질문에서와 똑같은 「통체이용」 은유가 들어 있다. 그는 이러한 은유적 사고를 바탕으로 보편적인 도덕원리는 서로 다른 구체적인 행위규범으로 표현되며, 동시에 구체적인 행위규범 속에도 보편적인 도덕원리가 포함되고 관통한다는 자신의 견해를 천명한 것이다. 김홍경이 "도덕적 당위들도 상호 개별적이다. 그러나 그것들은 단일한 도덕의 원리를 내재하고 있다는 점에서는 상호 연관되어 있다. 즉 개별적인 도덕적 당위들은 모두 단일한 도덕의 원리를 내재하고 있다는 점을 매개로 하여 통일되어 있다"139)고 한 것도 이러한 맥락에서 말한 것이라고 할 수 있다.

요컨대 주희는 「통체이용」, 「이체이용」 은유를 통해 '리일분수'를 윤리학적 측면에 적용함으로써 도덕원리와 행위규범의 보편성과 특수성, 통일성과 차별성의 관계를 설명한 것이다. 여기에서 '리'는 도덕원리를 의미하며, '일'은 같음을 의미하며, '분'은 직분을 의미하며, '수'는 차이를 의미한다.

지금까지 필자는 주희의 '리일분수'에 대한 체험주의 은유 분석을 해보았다. 분석에서 드러난 것처럼 '리일분수'는 「달」, 「그릇(두 가지 서로 다른 유적 함의를 내포한 「그릇」)」, 「뿌리」, 「목통」, 「통체이용」, 「이체이용」 등의 다양한 하위 은유들로 구조화된 복합 은유다.

이러한 「리일분수」 복합 은유는 일리와 만리의 보편과 특수의 관계, 일

流行也(606쪽).
138) 곽우인은 자(字)는 덕원(德元)이고 산양(山陽) 사람으로 주희의 제자다.
139) 김홍경, 「주희 리일분수의 두 가지 이론적 원천」, 『동양철학연구』, 제10집 (1989), 208-209쪽.

리과 만물의 일과 다의 관계를 설명할 뿐만 아니라 격물궁리 인식론과 수양론의 이론적·방법론적 근거, 나아가 윤리도덕에서 도덕원리와 행위규범의 보편과 특수, 동일과 개별의 관계도 제시하고 있다. 특히 '리일분수'는 최종적으로 초월적 실체인 리와 현상계 천지 만물간의 상관관계를 규정하고 있으며, 이로써 리의 현상계 천지 만물에 대한 실질적이고 직접적인 관여와 주재를 논증하고 강조한 것이다.

체험주의에 따르면 은유적 구조화는 부분적 본질을 갖고 있으며, 따라서 이러한 은유는 파편적 특성을 지닌다. 이는 은유들에 의해 구조화된 은유적 구조물은 실체성 또는 확실성이 없다는 것을 의미한다. 앞에서 보았듯이 주희는 여러 다양한 은유들을 동원해 '리일분수'의 작동에 대해 설득력 있는 설명을 가하고 있지만 실제로 그 내막은 '리일분수'에 대한 경험적 논증은 결핍한 채 이미 '리일분수' 작동을 전제로 하고 있다. 체험주의적 시각에서 보면 그것은 은유를 사용해서 '리일분수'의 작동을 설명하고 있는 것이 아니라, 이와 정반대로 은유를 동원해서 '리일분수'의 작동을 논증하고 있는 것이다.

이러한 관점에서 볼 때, '리일분수'에 대해 은유적 설명을 했다는 것은, 바꾸어 말하면 '리일분수'가 일련의 다양한 은유들에 의해 정교화된 은유적 구조물이라는 것은 '리일분수'가 일종의 객관성도 확실성도 없는 추상적인 개념임을 의미한다. 그것은 '리일분수'의 작동이 실제로 존재하지 않음과 동시에 물리적으로 그 입증이 불가능함을 의미한다. 그것은 특히 '리일분수' 작동을 통한 리의 현상계에 대한 관여와 주재의 작용도 실제로 존재하지 않음을 적시한다. 거기에는 다만 리가 우주 천지 만물의 생성에 관여하고 결정하는 주재자가 되었으면 하는 주희 개인의 '철학적 열망'이 깊숙이 개입되어 있을 뿐이다.

요컨대 주희의 '리일분수'는 「달」 「그릇」 「뿌리」 「몸통」 「통체이용」 「이체이용」 등의 다양한 하위 은유들로 구성된 복합적인 은유적 구조물로서 그것은 주희의 성리학의 논리적 체계의 구축을 위해 요청된 이론적 장치라고 할 수 있다.

3) 기의 구조

(1) 기의 특성

기는 중국철학사에서 아주 오래된 개념이다. 이러한 기 개념의 기원을 보면 리보다 더 이른 시기에 출현했으며 줄곧 중국철학의 주요 개념이 되었다. 『설문해자』에 따르면 "기란 운기(雲氣)이다." 유가 고서 중 『좌전』에서는 이미 '육기'(六氣)를 언급했으며, 『국어』(國語)에서도 '천지지기'(天地之氣)를 언급했다. 이러한 서적들은 모두 기로서 하늘과 땅, 사람을 포함한 자연과 인간사회의 생성, 변화 발전을 해석했다.

선진 유가에서 공자는 일찍이 '혈기'(血氣) 관념을 제기했다. 맹자도 "나는 내 호연지기(浩然之氣)를 잘 기른다"[140]고 했다. 순자도 "기를 다스리고 마음을 기르는 데 예를 따르는 것보다 더 빠른 것이 없으며, 스승을 얻는 것보다 더 중요한 것이 없으며, 좋아하는 것을 한결같이 하는 것보다 더 신통한 것은 없다"[141]고 했다. 선진 도가에서 노자도 일찍이 "만물은 음을 지고 양을 품으며 충기(沖氣)로 조화를 이룬다"[142]고 했으며, 장자도 "음양이란 기의 큰 것이다"[143]고 했다.

진한 시기, 동중서는 '천인감응'(天人感應)으로부터 출발해서 "왕이 바르면 원기(元氣)가 화순해진다"[144]고 했으며, 왕충도 선진 이래 '자연지기'(自然之氣) 사상을 이어받아 "원기는 천지간의 정미한 것이다"[145]고 했다. 위

---

140) 『孟子』, 「公孫丑上」 2, 我善養吾浩然之氣.
141) 『荀子』, 「修身」, 凡治氣養心之術, 莫徑由禮, 莫要得師, 莫神一好.
142) 『老子』, 万物負陰而抱陽, 沖氣以爲和.
143) 『莊子』, 「則陽」, 陰陽者, 氣之大者也.
144) 蘇輿, 『春秋繁露義證』, 「王道」, 王正則元氣和順. 101쪽.

진 남북조 시기 왕필은 "머물면 기가 거두어 모여지고 움직이면 펼쳐 열려 만물이 태어난다"146)고 했으며, 곽상도 '현명독화'(玄冥獨化)에 입각해서 "수기(殊氣)는 스스로 있으므로 항상 있다"147)고 주석했다.

수당 시기, 유·불·도의 기에 관한 사상은 서로 교류하면서 각기 다른 특색을 드러내 보였다. 불교에서는 주로 식(識)이 변해 드러난 경지로 기를 해석했거나 혹은 선(禪)으로 기를 해석했으며, 도교에서는 성현영의 도인 신기(導引新氣)가 기에 대한 가장 대표적인 논술이다. 유가에서는 왕통(王通), 유종원 등이 도가의 원기 사상을 계승한 동시에 특히 기 범주를 윤리 도덕적 영역으로 끌어들임으로써 기 범주 변화 발전의 한 특색을 반영했다.

북송 시기, 기일원론 철학의 집대성자인 장재는 기를 우주 본체로 하는 철학을 내놓았다. 그는 선후하여 "태허는 기의 본체이며, 기는 음양이 있다",148) "기는 유와 무를 통일할 수 있다"149)고 했다. 여기에서 특히 그의 '태허는 곧 기'라는 사상은 중국철학의 기 범주 발전사에서 중요한 이정표다. 이정은 장재의 기본체론 사상을 반대하는 토대 위에서 리본기화(理本氣化) 사상을 제기했는데, "만물의 시작은 모두 기화에서 비롯된다",150) "사물이 생기나면 기가 모이고 죽으면 흩어져 다 사라져 버린다"151)고 했다. 이정의 리본기화 사상은 중국철학의 기 범주 발전사에서 중요한 이론적 의의가 있다.152)

주희는 중국 고대로부터 오랜 시간을 거쳐 내려오면서 점차 형성된 이

---

145) 王充,『論衡校注』,「四諱」, 元氣, 天地之精微也. 467쪽.
146) 王弼,『王弼集校釋(下冊)』,「附 : 繫辭上」, 止則翕斂其氣, 動則辟開以生物也. 544쪽.
147) 郭象,『莊子注疏』,「則陽注」, 殊氣自有, 故能常有. 475쪽.
148) 張載,『張載集』,「正蒙·乾稱」, 太虛者, 氣之體, 氣有陰陽. 66쪽.
149) 張載,『張載集』,「衡渠易說·繫辭上」, 蓋爲氣能一有無. 207쪽.
150) 程顥·程頤,『二程集(上)』,「河南程氏遺書」, 卷第5, 萬物之始, 皆氣化. 79쪽.
151) 程顥·程頤,『二程集(上)』,「河南程氏遺書」, 卷第2下, 物生則氣聚, 死則散而歸盡. 56쪽.
152) 기의 연원과 관련해서는 張立文,『氣』(北京 : 中國人民大學出版社, 1990), 1-5章의 내용을 참조.

러한 기의 연원, 특히 '기' 개념을 받아들이고, 거기에 은유적 구조화를 함으로써 최종적으로 기라고 하는 자신만의 독특한 성리학의 또 다른 핵심 범주를 만들었던 것이다.

앞에서 언급했듯이 주희는 주로 인간의 일상생활에서 높은 곳에 처해 있는 대상은 직접 지각할 수 없다는 공간 지향성의 기본적 경험에서 형성된 「지각되지 않는 것은 위」라는 은유와 리는 인간이 직접 지각할 수 없는 어떤 존재라는 의미에서 형성된 「리는 지각되지 않는 것」 은유를 결합하여 「리는 위」 지향적 은유를 형성한 것이다.

주희의 성리학에서 리와 기는 한 쌍의 짝을 이룬 개념이다. 그렇다면 리에 대한 주희의 이러한 은유적 사고를 바탕으로 기에 대한 그의 어떤 은유적 사고의 궤적을 추적하고 도출할 수 있는 것인가?

주희의 위와 같은 은유적 사고의 논리를 따른다면, 인간의 일상생활에서 낮은 곳에 있는 대상물에 대해 직접 인지, 지각할 수 있는 공간 지향성의 체험적 근거는 「지각되는 것은 아래」라는 은유를 형성한다. 그리고 존재론적 측면에서 기는 리와 마찬가지로 추상적인 존재로서 물질 개념이지만,[153] 그것은 오히려 지각할 수 있는 유형의 존재나 경험적 현상을 통해 파악하고 설명할 수 있다는 맥락에서 또 「기는 지각되는 것」 은유가 형성된다. 주희는 이 「지각되는 것은 아래」 은유와 「기는 지각되는 것」 은유를 그 내적 정합성을 바탕으로 서로 결합함으로써 또 「기는 아래」 지향적 은유를 형성한 것이다.

「리―기」를 포함해서 「위―아래」, 「형이상―형이하」 이것들은 모두 제각기 서로 짝 되는, 특히 대립 통일을 이루는 한 쌍의 개념들이다. 앞에서

---

153) 풍우란은 주희의 기는 장재 철학에서의 기보다 훨씬 더 추상적이라고 말하며, 장립문도 주희의 체계에서 기는 물질 개념이지만 많은 곳에서는 추상적인 물질 개념으로 사용된다고 말했다. 풍우란, 『중국철학사』, 정인재 역 (서울 : 형설출판사, 1989), 351쪽 참조; 張立文, 『朱熹思想硏究』, 249쪽 참조

보았듯이 주희는 「리는 위」 지향적 은유에 의해 리에 '형이상'이라는 개념을 부과했다. 그러면 여기에서도 마땅히 「기는 아래」라는 지향적 은유에 근거해 기에 '형이하'라는 개념을 부여해야만 한다. 오직 그래야만 그 은유적 사고의 구도에 부합할 수 있으며, 특히 그에 따른 논리적 진술과의 충돌도 피할 수 있다. 그렇다면 주희는 기에 대해 과연 어떤 진술을 하고 있는가?

> 기는 형이하다.[154]

이 글의 기본 가정처럼 주희는 「기는 아래」 지향적 은유에 근거해서 기에 '형이하'라는 개념적 요소를 할당하고 있다. 그렇다면 '형이하'란 도대체 무엇인가? '형이하'란 형체를 갖추어 나타나 있는 물질의 영역을 이르는 말이다. 여기에서 볼 수 있듯이 기는 비록 무형이지만 형체를 가질 가능성이 있다는 의미에서 최종적으로는 '형이하'라는 개념으로 구조화된 것이다.

특히 주희는 '기는 형이하다'라는 명제적 진술에서 출발해서 기의 본질적 속성에 대해 다음과 같이 규정했다.

> 기는 오히려 자취가 있다.[155]
> 대체로 기는 응결하고 조작할 수 있다.[156]

> "음과 양으로 나뉘어 양의가 세워진다"는 것은 자리가 정해진 것으로, 하늘땅, 위아래, 사방이 이것이다.[157]

---

154) 『全書(14)』, 「語類」, 卷1, 氣形而下者(115쪽).
155) 『全書(14)』, 「語類」, 卷5, 氣卻有跡(218쪽).
156) 『全書(14)』, 「語類」, 卷1, 蓋氣則能凝結造作(116쪽).
157) 『全書(16)』, 「語類」, 卷65, "分陰分陽, 兩儀立焉", 便是定位底, 天地上下四方是也(2157쪽).

주희에 따르면 하늘과 땅 사이에는 단지 하나의 기일 뿐이다.158) 이러한 기가 모이면 형체를 이룬다.159) 특히 기는 두루 흐르고 통하여 조금도 끊어짐이 없으며 단지 만물을 생성할 따름이다.160) 더욱이 천지 사방을 비롯한 모든 사물의 자리를 정할 수 있다. 즉 기는 형체도 방소도 지위도 조작도 있다.

앞에서 살펴보았듯이 만일 형체도 방소도 조작도 없다는 것이 일종 경험적 것에 대한 부정으로서 그것이 결코 '형이상'인 리의 특성이 될 수 없다고 했다면, 여기에서 형체도 방소도 지위도 조작도 있다는 것은 경험적인 것에 대한 긍정으로서 그것은 오히려 우주에 충만하며 끊임없이 운동 변화하는 '형이하'의 물질적 존재인 기의 가장 본질적인 물리적 속성이라고 할 수 있다.

이러한 기는 주희의 성리학 체계의 논리적 구조에서 특수한 지위와 역할이 있다. 즉 기는 리가 안돈하고 부착된 곳이다. 기가 없으면 리가 허공에 떠 실리라고 할 수 없디. 기는 또한 리와 만물을 연결되는 중요한 매개 고리다. 기가 없으면 리가 막혀 유행 발육하지 못한다. 요컨대 기는 「아래」 지향적 은유에 의해 무형이지만 특히 형체도 방소도 지위도 조작도 있는 특성의 형이하 존재로 개념화되었다.

(2) 기의 역할

지금까지 우리는 주희의 성리학 체계에서의 기본 범주로서 기 개념이 우주 본체론적 측면에서 가진 본질적 특성을 살펴보았다. 여기에서 우리가 주목해야 할 것은 이러한 기는 또 우주 생성론적 측면에서 우주 천지 만물의 생성, 구성과도 깊이 연관되어 있다는 점이다. 이 문제에 대해 주

---

158) 『全書(16)』, 「語類」, 卷65, 天地間只是一箇氣(2157쪽) 참조.
159) 『全書(14)』, 「語類」, 卷5, 氣聚成形(218쪽) 참조.
160) 『全書(14)』, 「語類」, 卷1, 一元之氣, 運轉流通, 略無停間, 只是生出許多萬物而已(117쪽) 참조.

희는 다음과 같이 말했다.

> 천지 사이에 사람과 사물, 초목과 짐승 등 그것들이 생겨날 때는 종자가
> 있지 않음이 없다. 종자가 없는 맨땅에서는 결코 어떤 것도 생겨날 수 없으
> 니, 이것은 모두 기이다.[161]

이 구절에는 기에 대한 「종자」 은유, 즉 「기는 종자」 은유가 들어 있다.
종자나 뿌리나 그 의미를 놓고 말하면 별다른 차이가 없다. 왜냐하면, 한
식물 체계에서 결과적으로 종자가 발아하고 생장하여 뿌리가 되고 그것이
나아가 뿌리의 역할을 하기 때문이다. 앞에서 우리는 리와 '리일분수'에
대한 「뿌리」 은유를 분별적으로 검토해 보았으며, 특히 그 은유들의 은유
적 함의의 차이도 확인해 보았다. 그렇다면 여기에서 주희는 「종자」 은유
를 통해 과연 기의 어떠한 측면을 특징짓고 구조화하고 있는가?

주희가 강조했듯이 종자 없는 맨땅에서는 아무것도 생겨날 수 없다. 사
람을 포함해서 만물이 생겨날 수 있는 것도 그것들이 생겨날 수 있는 '종
자'가 있기 때문이다. 이를테면 우리 인간도 예외 없이 정자와 난자가 결
합해서 이루어진 수정란이라고 하는 '종자'가 있어야만 그것이 장차 모체
(母體) 자궁에서 생장 발육하여 나중에는 인간으로서 이 세상에 태어날 수
있다. 이러한 '종자'가 없이 우리 인간이 생겨날 수 있다는 것은 그야말로
마치 그림자를 없애려는 것과 같은 무망한 일이라고 할 수 있다.

이 「종자」 은유에서 주희는 주로 종자가 자연적인 존재를 형태 지워주
는 가장 기본적인 물질적 토대라는 점에 초점을 맞추고 있다. 나아가 그
러한 종자의 특성으로 기에 만물의 형질을 구성하는 물질적 기초라는 새
로운 의미를 더해주며, 이로써 물질적 구성요소로서 특징을 부각하고 있

---

161) 『全書(14)』, 「語類」, 卷1, 天地間人物草木禽獸, 其生也, 莫不有種, 定不曾無種子白地生出一
箇物事, 這箇都是氣(116쪽) 참조.

다. 따라서 "이러한 기가 있으면 바로 이러한 형체가 있으니, 실재하지 않음이 없다."[162]

우주 생성론의 측면에서 볼 때, 기 개념에는 우주 만물을 구성하는 물질적 질료(Matter)[163] 혹은 재료라는 의미가 기본 성격을 이루고 있다. 이러한 의미에서 이동희도 주희의 기는 "정신적인 것, 물질적인 것 모두를 구성하는 최종적인 구성 단위체, 즉 기본 존재이면서 우주의 유기체적 생성 변화의 가장 현실적이고 근본적인 '현실적 계기'라고 할 수 있다"[164]고 주장했다.

여기에서 강조해야 할 것은 주희의 기가 일체 사물의 구성 재료라는 관점이 인간과 사물의 차이, 그리고 인성의 형성 등 철학적 문제에 대한 해석에서 상당히 중요한 의의가 있다는 점이다.[165] 왜냐하면, 주희는 이러한 기에 대해 또 맑고 탁함(淸濁), 치우치고 온전함(偏全), 순수하고 섞여 있음(純駁), 어둡고 밝음(昏明), 두텁고 얇음(厚薄), 얕고 깊음(淺深), 정밀하고 거침(精粗), 막히고 통함(塞通), 도립고 도답지 않음(醇不醇) 등의 다양한 존재 상태로 세세히 구별했는데, 기의 존재 상태에 대한 이러한 구별은 사실 인간과 나무와 풀, 날짐승 또는 사물과의 차이, 나아가 현명하고 어리석음, 선하고 악함 등 인간의 자질과 성품의 차이를 설명하기 위해서였기 때문이다.[166]

요컨대 기는 또 「종자」 은유에 의해 만물을 구성하는 물질적 요소로서

---

162) 『全書(16)』, 「語類」, 卷63, 有是氣, 便有是形, 無非實者(2085쪽) 참조.
163) 노사광에 따르면 주희의 기는 시·공간 중의 존재가 갖추고 있는 질료를 뜻하지만, 자세히 분석해보면 결코 아리스토텔레스의 질료의 뜻과 완전히 같은 의미가 아니다. 왜냐하면, 기는 그 자체가 이미 청탁과 같은 어떤 속성이 있지만, 절대적 의미의 질료는 그 자체가 아무런 속성도 없기 때문이다. 노사광, 『중국철학사(송명편)』, 정인재 역 (서울 : 탐구당, 1993), 322, 341쪽 참조.
164) 이동희, 『주자』, 170쪽.
165) 周天令, 『朱子道德哲學硏究』 (臺北 : 文津出版社, 1999), 19쪽 참조.
166) 야마다 케이지(山田慶兒), 『주자의 자연학』, 김석근 역 (서울 : 통나무, 1991), 112-13쪽 참조.

역할이 있는 존재로 더한층 섬세하게 구조화되었다.

그렇다면 만물 존재의 물질적 구성요소로서 기는 도대체 어디에서 비롯되는가? 즉 기의 근원은 무엇인가? 이 문제에 대해 주희는 다음과 같이 말했다.

> 태극은 음양을 낳고 리는 기를 낳는다.[167]

> [리와 기는] 만약 그 생을 논한다면 함께 생긴다. …… 그 근본을 추적해 보면 태극이 음양을 낳는 것이다.[168]

기의 근원 문제에서 장립문은 주로 주희의 '리생기'(理生氣) 관점에 근거해서 물질성의 기는 정신성의 리에 의해 파생된다고 주장했다. 그러나 리가 어떻게 기를 파생하는가 하는 문제에 대해서 주희는 이론상으로 상세하게 논술하지도 않았으며 또한 논술할 수도 없었다고 말했다.[169] 후외려(候外廬)도 주희의 '리'와 '기'는 병렬하지 않으며 '리'는 제일성(第一性)이고 '기'는 리에 의해 파생된다고 주장했다.[170] 이에 대비해 몽배원은 이 '생'(生)은 단지 논리상으로 리와 기 중 어느 것이 본원인가 하는 것을 말한 것이지 결코 태극지리가 정말로 음양지기를 낳는 것이 아니라고 말했다.[171] 진영첩(陳榮捷)도 '리생기'는 단지 억탁지사(臆度之詞)이며 결국엔 리와 기는 모두 천에 의해 생긴 것이지 리가 기를 낳는 것이 아니라고 주장했다.[172] 채인후도 '리생기'란 리에서 기가 생

---

167) 『太極圖說解』, 太极生陰陽, 理生氣也. 湖南省濂溪學研究會, 『元公周先生濂溪集(卷之二)』 (長沙 : 岳麓書社, 2006), 22쪽.
168) 『全書(16)』, 「語類」, 卷75, 若論其生則俱生, …… 推其本, 則太極生陰陽(2564-65쪽).
169) 張立文, 『宋明理學研究』(北京 : 中國人民大學出版社, 1985), 405쪽 참조.
170) 候外廬, 『中國思想通史(第四卷下)』(北京 : 人民出版社, 1960), 605쪽 참조.
171) 蒙培元, 『理學範疇系統』, 61쪽 참조.
172) 陳榮捷, 『朱子新探索』(上海 : 華東師範大學出版社, 2007), 164쪽 참조.

긴다는 의미가 아니라 단지 리에 의지해야만 비로소 기가 적절하게 생화(生化)할 수 있음을 말한 것이라고 주장했다.[173] 특히 유술선은 리와 기는 시간상에서 동시에 함께 존재하지만, 리가 또 기를 통해야만 발현되고 구체적으로 현실화되기 때문에 '리생기'라고 했는바, 이 '생' 자는 차유자(借字)이고 허설(虛說)이라고 주장했다.[174]

앞에서 "리가 있다", "리가 나뉜다" 등 명제에 대한 검토에서 보았듯이 여기에서 "리가 기를 낳는다"는 것도 실은 몽배원이나 유술선 등 학자들이 주장한 것처럼 명제적 진술의 경우가 아니다. 그것은 바로 리를 아이나 새끼를 배고 낳을 수 있는 어미, 즉 모체의 관점에서 이해함으로써 가능한 은유적 진술의 경우다. 그렇다면 "리가 기를 낳는다"는 은유적 진술에 함축된 철학적 함의는 무엇인가?

진래에 따르면 주희의 '리생기' 사상은 복잡한 변화 발전의 과정을 거쳤는데, 예컨대 앞의 두 인용문 중에서 양여립(楊與立)[175]이 기록한 첫 구절은 주희가 63세 좌우기 되던 소희(紹熙) 연간에 제기했던 관점으로서 그 당시에는 확실히 리가 기를 파생한다는 의미로 해석한 것이다. 그러나 임학리(林學履)[176]가 기록한 두 번째 구절은 주희가 70세 되던 때의 만년 정론(晚年定論)으로서 그것은 단순히 리가 기를 파생한다는 그러한 의미가 아니라 오히려 리와 기 양자가 현실적으로는 선후 관계가 없이 동시에 함께 생기지만 논리적으로 리가 있은 다음 기가 있다는 것을 강조한 것이다.[177]

위에서 볼 수 있듯이 생성론적 측면에서 볼 때 결과적으로 기는 리에 의해 파생되는 것이 아니다. 즉 만물의 물질적 구성요소인 기의 직접적인 근원은 없다. 이를 뒤집어 말하면 기도 이 우주 천지 만물의 본체, 근원이

---

173) 蔡仁厚, 『宋明理學·南宋篇』(長春 : 吉林出版集團有限責任公司, 2009), 132쪽 참조.
174) 劉述先, 『朱子哲學思想的發展與完成』, 348쪽 참조.
175) 양여립은 자는 자권(子權)이고 포성(浦城) 사람으로 주희의 제자다.
176) 임학리는 자는 안경(安卿)이고 영복(永福) 사람으로 주희의 제자다.
177) 진래, 『주희의 철학』, 52, 61쪽 참조.

라는 의미가 된다. 따라서 어떤 의미에서 주희의 성리학이 리일원론과 리기이원론[178]의 깊숙한 딜레마에 빠지게 되는 것도, 그리고 그 때문에 후세 연구자들의 열띤 논쟁의 맥이 끊어지지 않는 것도 그리 놀라운 일이 아니다.[179]

지금까지의 기에 대한 검토를 종합하면, 기도 전형적으로 기의 연원, 특히 기 개념을 바탕으로 거기에 인간의 다양한 신체적 경험에 토대를 두고 있는, 예컨대 「아래」, 「종자」 등의 은유들에 의해 정교화된 은유적 구조물이다. 이는 기도 일종의 원리적 개념으로서 그것은 결코 응결, 조작하는 우주 천지 만물의 물질적 구성요소가 될 수 없다는 것을 말해준다.

4) 리와 기의 관계

(1) 리기의 의존관계

앞에서 보았듯이 이론적·논리적 측면에서 말하면 리가 먼저 있고 난 다음 기가 있다. 그러나 시간적·사실적 측면에서 말하면 오히려 리와 기는 동시에 함께 존재한다. 그렇다면 주희의 성리학 체계에서 리와 기는 도대체 어떤 관계인가? 이 문제에 관해 주희는 다음과 같이 말했다.

이 기가 있으면 도리는 따라서 그 안에 있고, 이 기가 없으면 도리는 안

---

178) 예컨대 주여동(周予同)은 주희의 본체론을 리기이원론의 계승이라고 주장했다. 周予同, 『朱熹』(上海 : 商務印書館, 1929), 19쪽 참조.

179) 몽배원에 따르면 주희의 리기론은 '형이상'의 관점에서 보면 '리재선, 기재후(理在先, 氣在後)'이지만 '형이하'의 관점에서 보면 '리불선, 기불후(理不先, 氣不後)'이다. 주희는 사변적인 철학가로서 본질적으로는 형이상의 관념론자다. 그러나 그러한 그가 형이하, 즉 사실적인 측면에서 문제를 바라볼 때 또 물질이 기본적인 존재이며 리는 물질 속에 갖추어져 있다는 점은 인정하지 않을 수 없었다. 그래서 또 기 본체 사상, 나아가 기화(氣化) 학설을 제기하게 되었는데, 그 때문에 그의 형이상적 리 본체론과 첨예한 모순을 초래하게 된 것이다. 蒙培元, 『理學的演變──從朱熹到王夫之戴震』(福建 : 福建人民出版社, 1984), 24쪽 참조.

착할 곳이 없다. 마치 물 가운데 달과 같으니, 모름지기 이 물이 있어야 비
로소 저 하늘의 달을 비출 수 있다. 만약 이 물이 없다면 결국은 이 달도
[비출 수] 없다.180)

주희의 이 말에는 대체로 두 개의 은유가 들어 있다. 하나는 주희가
"이 기가 있으면 도리가 그 안에 있다"고 말했듯이, 특히 '안'이라는 언표
는 명백히 기를 하나의 그릇으로 간주함으로써 가능한 진술이다. 따라서
이 구절에는 「기는 그릇, 리는 그릇 안의 내용물」 은유, 즉 줄여 말해서 「그
릇」 은유가 들어 있다. 다른 하나는 그 뒤를 잇따르는 언표에서 쉽게 포
착할 수 있듯이 「리는 달, 기는 물, 리기 결합물은 물 가운데 달」 은유, 즉
간략하게 말해서 「수중월」 은유가 들어 있다.

우선 「그릇」 은유에서 주희는 그릇과 그릇 안 내용물의 관계를 리와 기
의 관계에 사상함으로써 리가 기 가운데 존재하며 기가 없으면 리가 머무
르거나 붙어 있을 곳이 없음을 강조한 것이다. 그러나 이 「그릇」 은유는
리와 기의 관계를 여기까지밖에 설명하지 못한다. 따라서 주희는 또 「수
중월」 은유를 도입하여 리와 기의 관계를 더 상세히 설명하고 있다.

구체적으로 말하면 주희는 「수중월」 은유에서 물과 그 물 위에 비친 달
영상의 서로 떨어질 수 없는 관계와 또한 서로 섞여 있지 않은 관계를 주
요한 은유적 함의로 리와 기의 관계에 적용한다. 그리하여 리와 기의 상
호 의존하여 분리될 수 없는 관계, 즉 현실적으로는 리가 기속에 있는 불
리(不離)의 관계이지만 논리적으로는 형이상과 형이하라는 불잡(不雜)의 관
계임을 강조한 것이다. 이러한 맥락에서 주희는 "기와 리는 본래 서로 의
존한다",181) 즉 "태극은 비록 음양과 떨어지지 않지만, 또한 음양과 섞이
지도 않는다"182)고 말한 것이다.

---

180) 『全書(16)』, 「語類」, 卷60, 有這氣, 道理便隨在裏面, 無此氣, 則道理無安頓處. 如水中月, 須
是有此水, 方映得那天上月; 若無此水, 終無此月也(1942쪽).
181) 『全書(16)』, 「語類」, 卷59, 氣與理本相依(1902쪽).

(2) 리기의 동정관계

위에서 언급한 것처럼 리와 기는 상호 의존관계가 있을 뿐만 아니라 특히 동정의 관계도 있다. 현재 리와 기의 동정 관계에 대한 학계의 견해는 대체로 두 가지로 나누어진다. 한 가지는 기의 운동, 응결 등이 리의 통제, 주재를 받는다는 관점이고, 다른 한 가지는 기의 동정 운동이 리와 무관한 기의 속성이라는 관점이다.

예컨대 장립문에 따르면 주희는 '기'가 동정이 있다고 여기지만 그러한 '기'의 동정은 그 자체 모순성에 의한 것이 아니라 외부의 힘에 의한 것이라고 보고 있다. 따라서 주희는 기 동정의 '제일추진력'(第一推動力)으로서 리를 찾았던 것이다. 이렇게 되어 그 자체는 움직이지 않지만 동시에 동정의 근원을 내포한 '리'가 '기' 운동을 추진하는 근원으로 변한 것이다.[183] 진래도 음양의 기는 동정의 주체이며 태극의 리는 기 동정의 근거인데, 이러한 리는 기 동정의 내재적 동인(動因)으로서 동정의 기미를 이미 내포하고 있다고 주장했다.[184]

반면에 풍우란에 따르면 감정도 생각도 조작도 없는 리는 기와 사물의 '식인'(式因)인 동시에 '종인'(終因)이지만, 반대로 감정도 생각도 조작도 있는 기는 사물의 생장, 존재의 '질인'(質因)이며 또한 '력인'(力因)이다.[185] 이 동희도 주희가 말하는 기의 속성은 자체 운동에 의해 끊임없이 움직이는 것으로서 운동인을 그 자체에 본질적으로 갖고 있다고 주장했다.[186]

그렇다면 주희에게서 리와 기의 동정관계는 과연 어떠한가? 이 문제에 관해 주희는 다음과 같은 은유적 진술을 했다.

---

182) 『全書(16)』, 「語類」, 卷62, 太極雖不離乎陰陽, 而亦不雜乎陰陽(2016쪽).
183) 張立文, 『朱熹思想硏究』, 298쪽 참조.
184) 진래, 『주희의 철학』, 74쪽 참조.
185) 馮友蘭, 『中國哲學史新編(下)』(北京 : 人民出版社, 2007, 第二版), 158쪽 참조.
186) 이동희, 『주자』, 146, 170쪽 참조.

태극은 리이고 동정은 기이다. 기가 행해지면 리도 또한 행해지니, 양자
는 언제나 서로 의존하여 일찍이 서로 떨어지지 않는다. 태극은 사람과 같
고 동정은 말과 같다. 말은 사람을 태우는 것이고 사람은 말에 타는 것이다.
말이 한 번 나가도 한 번 들어가면 사람 또한 더불어 한 번 나가고 한 번
들어간다.[187]

이 구절에는 「리는 사람, 기는 말, 리기 결합은 사람이 말을 타는 것」
은유, 즉 「인승마」 은유가 포함되어 있다. 통상적으로 말 위의 사람은 말
을 통제하고 조종하여 원하는 방향대로 달릴 수 있으며, 말도 역시 말 위
사람의 지시, 통제를 따라 움직인다. 이때 비록 말 위의 사람과 말은 동시
에 함께 움직이지만 말 위의 사람은 다만 말의 움직임에 따라 움직일 뿐
그 자체로는 움직이지 않는다.

물론 좀 더 세부적으로 따진다면 말을 탄 사람도 말고삐를 조종하면서
양팔, 어깨, 두 다리 등을 모두 움직이지만 이러한 몸의 국부적인 움직임
을 잠시 떠나서 총체적인 차원에서 말을 참소물로 심았을 때 말 위의 사
람은 상대적으로 정지된 상태에 처해 있다고 할 수 있다. 이것이 일반적
인 상황에서 말 위의 사람과 말의 상관관계다.

이러한 「인승마」 은유는 선대의 적지 않은 학자, 연구자들이 지적하
고 있듯이 리와 기의 관계를 설명함에서 적지 않은 문제점을 안고 있
다. 예컨대 명대 성리학자 조단(曹端)이 주장한 것처럼 말 위에 있는 사
람이 죽은 사람일 경우 만물의 영장이 되기에는 충분하지 못하며, 리
또한 죽은 리가 되니 만화(萬化)의 근원이 되기에는 충분하지 못한 것이
다.[188] 그뿐만 아니라 현대 철학가 장립문이 제기한 것처럼 사람이 어
떻게 말 위에 올라탈 수 있는가 하는 것이다. 바꾸어 말하면 원래 그 자

---

187) 『全書(17)』, 「語類」, 卷94, 太極理也, 動靜氣也. 氣行則理亦行, 二者常相依而未嘗相離也. 太
　　極猶人, 動靜猶馬; 馬所以載人, 人所以乘馬. 馬之一出一入, 人亦與之一出一入(3128-29쪽).
188) 曹端, 『曹端集』(北京 : 中華書局, 2003), 23-24쪽 참조.

체로 동정이 없는 리가 어떻게 음양의 기에 올라탈 수 있는가 하는 문제다.[189] 「인승마」 은유에서의 이와 같은 문제점들은 확실히 주희를 곤경에 빠뜨리게 한다.

그러나 설령 그렇다고 하더라도 만약 은유적 구조화의 부분적 본질을 참작한다면 주희가 도입한 이 「인승마」 은유의 주요한 의미 초점은 바로 말 위의 사람이 말에 대한 통제, 그에 따르는 말의 절대적인 움직임과 그 위의 사람의 상대적인 정지에 있다고 해야 할 것이다. 주희는 이 은유의 이러한 은유적 함의로써 태극의 리가 비록 동정이 없지만, 동정의 근거를 포함하고 있으므로 기 동정의 근원이 되며, 따라서 리의 동정은 실은 기에 따른 동정이며, 최종적으로 리는 기의 운동변화 원인이며 잠재적인 동력임을 구조화한 것이다.

주희는 일찍이 "예로부터 지금까지 이렇게 굴러가는 것은 단지 음양일 뿐이다. 무엇이 이것을 그렇게 한 것인가? 바로 도(道)이다"[190]고 했다. 여기에서 볼 수 있듯이 주희는 리와 기의 동정관계를 통해 리와 기의 소이연(所以然)과 기연(其然)의 관계, 특히 기에 대한 리의 주재 작용을 강조한 것이다.[191]

(3) '역설적인 초월'의 리

지금까지 우리는 리와 기의 상호 의존관계와 동정관계를 살펴보았다.

---

189) 張立文, 『朱熹思想硏究』, 285쪽 참조.
190) 『全書(16)』, 「語類」, 卷74, 從古至今, 恁地滾將去, 只是箇陰陽, 是孰使之然哉? 乃道也(2523쪽).
191) 필자에 따르면 본체계에서 기의 운동, 응결, 조작 등은 모두 리에 의해 통제되고 주재된다. 이것이 '리강기약'(理强氣弱)의 경우다. 그러나 현상계에서 이미 유형의 사물이 생겨난 후 기질 속의 리는 도리어 기질에 의해 제약된다. 이것이 '기강리약'(氣强理弱)인 경우다. '리강기약'과 '기강리약'의 모순은 주희 철학의 이론적 난점이라고 할 수 있다. 그러나 노사광에 따르면 주희의 이 '기강리약' 논점의 제기는 비록 그 체계의 완정성과 일치성을 파괴하는 것처럼 보이지만 주희는 이 논점을 남겨 두지 않을 수 없다. 그것은 대체로 가치론, 즉 덕을 이루는 공부라는 측면에서 모름지기 이와 같은 '미정항'(未定項)을 잘 세워 놓아야 비로소 이론상 어떤 근거를 세울 수 있기 때문이다. 노사광, 『중국철학사(송명편)』, 341쪽 참조.

그렇다면 이 시점에서 리와 기의 관계문제에 대해 다음과 같은 중요한 질문을 던질 수 있다. 즉 리와 기의 의존, 동정관계의 은유적 설명이 지니고 있는 철학적 함축은 무엇이며, 그것이 주희의 리기론에 어떠한 결과를 가져오는가?

앞에서 보았듯이 「수중월」 은유는 리와 기의 상호 의존하여 분리될 수 없는 관계를 구조화했다. 주희의 성리학에서 리는 현상계를 넘어선 초월적 실체이고 기는 무형이지만 현상계의 유형의 사물이 될 수 있는 존재다. 그런데 리가 기와 연관하지 않고는 존재하지 않으며, 특히 리가 기에 내재한다는 것은 초월적 실체인 리가 현상계와 단절될 수 없는 관계가 있다는 것을 의미한다.

그리고 금방 기술한 「인승마」 은유는 리와 기의 동정관계를 구조화했는데, 여기에서 사람과 말의 결합, 나아가 그에 대응하는 리와 기의 결합은 전형적인 「위―아래」 공간 지향성의 결합이다. 레이코프와 존슨에 의하면 이러한 「위―아래」 공간적 지향성은 일반적으로 통제나 힘과 깊은 연관이 있으며, 따라서 「통제를 하거나 힘을 갖는 것은 위, 통제나 힘에 복종하는 것은 아래」라는 은유적 구도를 형성한다.[192] 그들의 이러한 견해는 비록 단정적인 것은 아니지만 아주 신빙성 있는 제안이라고 할 수 있다.

만일 레이코프와 존슨의 이와 같은 주장이 옳다고 가정한다면 그것은 주희의 「인승마」 은유에도 반드시 '힘'의 요소가 개입되어 있음을 의미한다.[193] 즉 「인승마」 은유는 힘이 있는 사람이 말을 조종하고 통제하듯이 리도 기를 통제하고 주재하고 있음을 강조한 것인데, 그것은 리가 힘이

---

192) 레이코프 · 존슨, 『삶으로서의 은유』, 41-42쪽 참조.
193) 이러한 맥락에서 이향준도 다양한 「말타기」 은유들에 대한 검토를 통해 이 은유들에서 공통적으로 드러나는 일반화된 양상은 기수와 말로 은유화되는 두 개념 사이에 힘에 기반을 둔 상관관계가 설정된 것이라고 주장했다. 이향준, 『조선의 유학자들, 켄타우로스를 상상하며 理와 氣를 논하다』 (서울 : 예문서원, 2011), 216쪽 참조.

있는 존재라는 은유적 이해를 자동으로 산출한다. 따라서 이 경우 자연스럽게 리는 내재적 동인으로서 통제의 힘을 가진 존재로, 기는 그러한 리의 힘 때문에 그 운동 변화가 통제받는 존재로 은유적으로 구조화된 것이다.

종합하면 리와 기의 의존, 동정관계에 대한 위와 같은 「수중월」, 「인승마」 등의 은유적 구조화는 다음과 같은 철학적 귀결을 불러온다. 즉 초월적 실체인 리는 현상계와 단절될 수 없는 관계가 있으며, 특히 이러한 리는 힘을 함축하고 있는 존재다. 그러나 앞에서 검토했듯이 「위」, 「개체」, 「구슬」 등의 은유들에 의해 초월적 실체로 구조화된 리는 현상계를 넘어선, 또한 힘과 단절된 특성이 있다.

여기에서 우리가 주의 깊게 주목해야 할 부분은 바로 주희가 말하는 리가 심각한 딜레마에 빠져 있다는 점이다. 주희의 성리학 체계에서 이 "리는 물론 초월적인 면이 있지만, 또한 현상계와 단절되어 존재할 수 없다."[194] 특히 이 본체계의 리는 감성적인 현상계와 분리되어 있기는커녕 오히려 상호 침투하고 합치하며 일치한다.[195] 그 과정에서 이 초월적인 리는 기를 매개로 현상계 천지 만물의 생성에 관여하고 주재하는 내적 동인으로서 힘을 갖는 존재다.

위에서 볼 수 있듯이 이 리는 초월적 실체로서 현상계와 단절되어 있으면서 동시에 현상계와 단절되어 있지 않은, 힘이 없는 존재이면서 동시에 힘을 함축하고 있는, 자체적으로 논리적 모순 속에 깊숙이 빠져 있는 '역설적인 초월'의 존재다. 특히 분명한 것은 리의 특성, 그리고 리와 기의 관계 문제에서 주희의 은유적 사고는 비정합적이며, 따라서 이러한 은유

---

194) 蒙培元, 『理學範疇系統』, 8쪽. 두유명도 유가는 송명으로 발전되어 오면서 확실히 초월적인 면이 존재하는데, 미묘한 점은 그 초월성과 현실성은 갈라놓을 수 없는 두 가지 측면이라고 주장했다. 杜維明, 『儒家傳統的現代轉化—杜維明新儒學論著輯要』(北京 : 中國廣播電視出版社, 1992), 1쪽 참조.
195) 李澤厚, 『中國古代思想史論(宋明理學片論)』, 227쪽 참조.

적 사고를 바탕으로 이루어진 철학적 진술들 사이에 치명적인 논리적 모순이 발생하는 것은 그리 이상한 일이 아니다.

그렇다면 여기에서 이 리가 '역설적인 초월'의 존재일 수밖에 없는 근본적인 원인은 무엇인가? 오하마 아키라는 주희가 내재·연관·동시 존재를 말하는 것은 리가 기를 떠나 아무것도 없는 존재로 떨어지는 것을 두려워했기 때문이며, 동시에 또한 초월·분리·선후를 말한 것은 리가 기의 영향을 받아 실체화196)되어 그 절대성·순수성을 상실하는 것을 두려워했기 때문이라고 주장했다.197)

그러나 필자는 주희가 유가의 '천인합일'의 전통을 추앙하는 것이 근본 이유라고 생각한다. 주희가 '천인합일'을 추구하고 있으므로 그의 도덕 이론에서 천도와 인도의 상호 연결과 통일을 할 수 있으며, 나아가 '존천리 멸인욕'(存天理 滅人欲)이라는 최종적인 도덕적 목표의 설정과 그 실현도 가능할 수 있다. 그 외에 또 불·도교의 위해(危害)를 경계함이 그 원인이라고 생각한다. 만일 리가 현상계와 아무런 상관관계도 발생하지 않는다면 그것은 허공에 떠 있는 쓸모없는 존재로 전락한다. 그렇게 되면 리는 결국엔 불, 도교에 흘러 '공'(空) '무'(無)지설이 되고 만다. 이는 주희가 절대 원치 않는 결과다.

요컨대 주희가 '천인합일'을 주장하고 있는 한, 그리고 불·도교와의 차별을 강조하고 있는 한, 이 초월적 리는 필연적으로 현상계와 어떻게든 접속되어 있어야만 하며, 따라서 이 리가 자가당착적인 모순에 빠지는 것은 어쩌면 자명한 것으로 보인다. 주희의 리에는 이 역설을 벗어날 장치가 없어 보인다. 즉 주희의 성리학 체계와 도덕 이론에서 이 초월적 리가 드

---

196) 필자에 따르면 여기에서 '실체'란 실제의 물체. 또는 외형에 대한 실상을 의미하는 것이지, 늘 변하지 않고 일정하게 지속하면서 사물의 근원을 이루는 철학적 용어로서 실체를 의미하는 것은 아니다.

197) 오하마 아키라, 『범주로 보는 주자학』, 105쪽 참조.

러내는 역설은 극복할 수도 해결할 수도 없는 난제다.[198]

(4) 인간의 대등한 도덕 지위의 정당화

인간적 담론으로서 모든 도덕 이론에서 선결되어야 할 과제는 모든 인간이 대등한 도덕적 지위를 갖는 구성원이라는 사실을 정당화하는 일이다.[199] 그렇다면 주희는 자신의 도덕 이론에서 어떻게 모든 인간이 대등한 도덕적 지위의 존재임을 정당화하고 있는가? 주희는 주로 리와 기의 관계에서 출발해서 다양한 은유들을 사용해서 인간을 포함한 천지 만물의 존재, 인간과 사물의 구별, 인간과 인간의 성품 차이를 구조화하며, 나아가 최종적으로는 인간이 대등한 도덕적 지위를 공유하는 존재라는 점을 정당화하고 있다.

그러면 인간을 포함한 천지 만물의 존재가 어떻게 구성되는가? 이 문제에 관해 주희는 다음과 같은 은유적 설명을 시도했다.

---

198) 필자는 2010년 11월 중국사회과학원의 몽배원 교수가 한국 전남대에서 <해외석학초청강연>을 하실 때 이 '역설적인 초월'의 리 문제에 대해 질의한 적이 있었다. 몽배원 교수에 따르면 유가의 초월은 마땅히 정체성의 관점에서 다루어져야 하며, 특히 형이상과 형이하, 체용의 관계에서 이해해야 한다. 즉 유가의 초월은 현상계와의 상대적인 관계 속에서 이해해야 하며, 또한 그것이 현상계 모든 존재의 근원이라는 의미에서 이해해야 한다. 이렇게 볼 때 이 리는 자체 모순에 빠진 역설적인 존재가 아니다. 그것은 서양의 초월과 다른 동양 초월의 독특한 특색이다. 특히 그는 근년에 출판한 저서에서 주희가 말하는 리는 자연계 생명 창조의 원리일 뿐 초자연적인 절대적 실체가 아니라는 관점을 제기하고 있다. 蒙培元, 『朱熹哲學十論』(北京 : 中國人民大學出版社, 2010), 179쪽 참조. 필자의 시각에서는 현재 동양의 철학적 전통이 그 역사적 의의와 시대적 특색을 살리려면 마땅히 논리적 정합성과 경험적 타당성의 추구를 토대로 삼아야 한다고 본다. 그것은 동·서양을 막론하고 인간의 인지적 본성은 유사하며 상대적인 안정성을 갖고 있기 때문이다. 이렇게 볼 때 만일 리가 초월적인 존재라고 한다면 그 범주 사용에서 반드시 초월의 필요충분조건을 받아들이는 것을 전제로 해야 한다. 그렇지 않고서 일단 모순이나 문제에 봉착하면 그것은 서양의 초월과 다른 '동양식'의 초월이라는 이유로 근본적인 문제를 회피하는 것은 책임 있는 태도라고 할 수 없다.

199) 전남대학교 철학과 노양진 교수는 일찍이 필자에게 이 문제의 중요성을 지적해 주었다.

하늘과 땅 사이에는 리가 있고 기가 있다. 리는 형이상의 도이며 만물을 낳는 근본이다. 기는 형이하의 기이며 만물을 낳는 재구이다. 이런 까닭으로 사람과 사물이 생길 때 반드시 이 리를 부여받은 다음에 본성이 있게 되고, 반드시 이 기를 부여받은 다음에 형체를 갖추게 된다.[200]

주희의 이 진술에는 여러 은유가 들어 있다. 그 중 가장 핵심적인 은유는 바로 「리는 근본, 기는 재구」 합성 은유다. 이는 일종의 우주 발생론적 측면에서 리와 기의 상관관계, 특히 천지 만물의 생성과 구성을 설명하는 은유다. 그럼 아래에서 이 합성 은유를 검토해보자.

사실 이 「리는 근본, 기는 재구」 합성 은유는 두 개의 서로 다른 은유가 취사선택을 통해 다시 조합된 은유의 경우다. 통상적으로 「근본—말단」은 한 쌍의 짝 되는 개념이다. 이렇게 볼 때 "리가 만물을 낳는 근본이다"라는 은유적 언어 표현이 사용될 때 주희의 사유 속에는 이미 「리는 근본, 기는 말단」이라는 은유가 작동하고 있었을 것이며, 따라서 만약 이 은유에 대한 추론을 해보면 마땅히 "기는 만물을 넣는 말단이다"라는 은유적 언어 표현이 뒤를 따라야 할 것이다. 그러나 주희는 오히려 "기는 만물을 낳는 재구다"라는 은유적 언어 표현을 사용했다.

마찬가지로 「재구 사용자—재구」도 한 쌍의 짝지어 사용될 수 있는 개념이다. 이렇게 볼 때 주희의 "기는 만물을 낳는 재구다"라는 은유적 언어 표현에는 이미 「리는 재구 사용자, 기는 재구」라는 은유적 사고가 전제되어 있었을 것이며, 따라서 만약 그러한 은유적 사고의 논리를 따른다면 마땅히 "리는 만물을 낳는 재구 사용자다"라는 은유적 언어 표현이 먼저 등장해야 했겠지만, 뜻밖에 "리는 만물을 낳는 근본이다"라는 은유적 언어 표현이 나타난 것이다. 이러한 은유적 사고의 과정을 도표로 표시하

---

200) 『全書(23)』, 「文集」, 卷58, 天地之間, 有理有氣. 理也者, 形而上之道也, 生物之本也. 氣也者, 形而下之器也, 生物之具也(2755쪽).

면 다음과 같다.

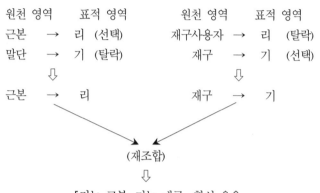

「리는 근본, 기는 말단」 은유   「리는 재구 사용자, 기는 재구」 은유

원천 영역   표적 영역   원천 영역   표적 영역
근본   →   리 (선택)   재구사용자 →   리 (탈락)
말단   →   기 (탈락)   재구   →   기 (선택)
        ⇩   ⇩
근본   →   리   재구   →   기

(재조합)
⇩
「리는 근본, 기는 재구」 합성 은유

위에서 볼 수 있듯이 주희는 「리는 근본, 기는 말단」과 「리는 재구 사용자, 기는 재구」라는 두 개의 은유 중 매개 은유에서 각각 절반씩 날려 버리고 그 나머지 절반만 선택하여 사용한 것이다. 즉 「리는 근본, 기는 말단」 은유에서 「기는 말단」 부분을 탈락시키고 「리는 재구 사용자, 기는 재구」 은유에서 「리는 재구 사용자」 부분을 탈락시키고 나서 선택된 「리는 근본」과 「기는 재구」 두 부분을 재조합하여 「리는 근본, 기는 재구」 합성 은유를 형성한 것이다.

그렇다면 '근본'과 '재구'는 과연 어떤 관계이며, 주희는 왜 이러한 합성 은유로 이루어진 리기 관계로서 만물의 생성과 구성을 설명해야만 했던 것인가?

위에서 언급했듯이 「근본—말단」, 「재구 사용자—재구」는 각각 서로 같은 차원의 짝 되는 개념들이다. 따라서 상호 간에 일정한 상관관계가 있다고 할 수 있다. 그러나 '근본'과 '재구'는 원래 서로 다른 차원의 개념들이기 때문에 이들 사이에는 어떤 직접적인 상관관계도 없다. 그렇다고 할 때, 리의 관점에서 만물의 생성, 구성을 보면 리와 기는 응당 근본과 말단의 관계가 되어야 했겠지만, 주희는 리가 만물의 생성, 구성에서 근본의 역할을 한다고 생각했던 반면에 기가 결코 말단의 처지에 있다고는 생각하지 않았던 것이다.

마찬가지로 또 기의 관점에서 만물의 생성, 구성을 보면 리와 기는 응당 재구 사용자와 재구의 관계가 되어야 했겠지만, 주희는 기가 만물의 생성, 구성에서 재구의 역할을 한다고 생각했던 반면에 리가 결코 재구 사용자 위치에 있다고는 생각하지 않았던 것이다. 이러한 원인으로 주희는 리에 대해서는 근본의 특성만 부여하고 기에 대해서는 재구의 특성만 부여했던 것이다.

그렇다면 왜 이런 결과가 나타나게 된 것인가? 이는 주희의 성리학이 만물의 생성과 구성에서 이런 식의 리와 기의 관계로 설명하지 않으면 안 되는 어떤 이론 난점이 있다는 것을 의미한다.

구체적으로 말하면 리가 근본인 것에 비해 기가 만약 말단이라고 한다면 그것은 만물의 생성, 구성 과정에서 기가 아무런 역할도 하지 못하는 것으로 되고 만다. 이는 기가 구체적으로 응결, 조작하여 만물을 생성한다는 주희의 관점과 상호 충돌된다. 마찬가지로 기가 재구인 것에 비해 리가 만약 재구 사용자라고 한다면 그것은 또 리가 구체적으로 움직이고 조작하는 존재가 되고 만다. 이 역시 리가 아무런 조작도 작위도 하지 못한다는 주희의 관점과는 상호 모순된다.

따라서 주희는 이 두 개의 은유에서 이론적 모순이나 충돌을 일으키기 쉬운 절반 부분은 각각 탈락시키고 자기의 주장에 뒷받침되는 나머지 절반 부분만 재결합해서 최종적으로 「리는 근본, 기는 재구」 합성 은유를 형성한 것이다. 다시 말하면 주희의 리기론이 매우 복잡한 요소들로 이루어졌기 때문에 만물의 생성, 구성에 대한 설명에서 이처럼 차원이 서로 다른 두 개의 은유가 한데 묶이어 형성된 「리는 근본, 기는 재구」라는 이 상한 합성 은유가 등장하게 된 것이다.

주희는 이러한 합성 은유를 토대로 "사람과 사물이 생겨날 때 반드시 이 리를 얻은 다음에 건순·인의예지의 본성이 있게 되고, 반드시 이 기를 얻은 다음에 혼백·오장·백해의 몸이 있게 되니",201) "천하 만물의 만화에서 어느 것이 이 리에서 나오지 않은 것이 있으며, 어느 것이 음양에서 나오지 않은 것이 있겠는가?"202)라고 말했다. 그는 이러한 진술들을 통해 만물의 생성, 구성에서 리와 기의 서로 다른 지위와 역할, 즉 리는 만물 생성의 근원이며 나아가 만물의 성질을 결정하지만, 기는 만물 생성의 물질적 재료이며 구체적으로 만물의 형체를 구성하고 있음을 강조한 것이다.

요컨대 주희의 성리학과 도덕 이론 체계에서 인간을 포함한 우주 천지 만물의 존재는 「리는 근본, 기는 재구」 합성 은유에 의해 리와 기가 공동으로 결합하여 구성된 것으로 구조화되었다.

그렇다면 리와 기로 구성된 천지 만물 중에서 인간과 사물의 차별은 도대체 어떠한가?

이 문제에 관해 모종삼은 일찍이 주희의 성리학에서 인간과 사물이 부여받은 의리의 본연지성(本然之性)은 서로 같지 않음이 없는데, 인간과 사물의 기가 매우 서로 가깝지 않기 때문에 비로소 성리가 그 제약을 받아 단지 기질 중에서 표현이 각종 등급의 차별을 보인 것이라고 주장했다.203) 풍우란도 매개의 사물이 부여받은 리는 본래 온전하지 않음이 없지만, 다

---

201) 『全書(6)』, 「四書或問·大學或問上」, 人物之生必得是理, 然後有以爲健順仁義禮智之性; 必得是氣, 然後有以爲魂魄五臟百骸之身(507쪽).
202) 『全書(16)』, 「語類」, 卷65, 天下萬物萬化, 何者不出於此理? 何者不出於陰陽?(2163쪽).
203) 牟宗三, 『心體與性體(上)』, 86쪽 참조.

만 그 기품의 편벽함과 막힘으로 인해 리가 완전히 드러나지 못하고 치우쳐 보인다고 했다.204)

이러한 관점에 대비해 전목(錢穆)은 인간과 사물은 그 기품의 다름으로 인해 그 부여받은 리도 차이가 나게 되는데, 이것은 이미 주희의 만년 정설(晩年之說)이라고 주장했다.205) 유술선도 주희는 주로 갖추어져 있는 리의 편벽함과 온전함으로 인간과 사물의 차별을 가렸다고 했다.206) 진래도 기품의 편중 때문에 인간과 사물이 부여받은 천리가 다르게 되었다는 주희의 주장을 확인할 수 있다고 했다.207)

그렇다면 주희는 과연 인간과 사물의 구별에 대해 어떻게 보고 있는가? 이 문제에 관해 주희의 다음과 같은 은유적 진술을 했다.

> 사물이 생기는 것은 반드시 기가 모인 뒤에 형체가 있기 때문인데, 그 맑은 것을 얻으면 사람이 되고, 그 흐린 것을 얻으면 사물이 된다. 가령 큰 용광로에서 쇠를 녹이는데, 그 좋은 것은 한 곳에 있고 그 찌꺼기 또한 한 곳에 있다.208)

위의 한 단락의 언표에는 「용광로 쇠」 은유, 즉 「맑은 기(사람)는 좋은 쇠, 흐린 기(사물)는 찌꺼기 쇠」 은유가 들어 있다.

구체적으로 말하면 용광로에서 쇠를 녹일 때 좋은 부분과 찌꺼기 부분은 제각기 분리 처리되어 한곳에 모인다. 주희는 원천 영역에서 용광로 속의 쇠를 표적 영역의 기에 사상함으로써 좋은 쇠는 맑은 기로 찌꺼기 쇠는 흐린 기로 구조화했으며, 특히 맑은 기를 얻으면 사람이 되고 흐린

---

204) 풍우란, 『중국철학사(하)』, 박성규 역 (서울 : 까치, 1999), 551쪽 참조.
205) 錢穆, 『朱子新學案(上)』(成都 : 巴蜀書社, 1986), p. 313 참조.
206) 劉述先, 『朱子哲學思想的發展與完成』, p. 272 참조.
207) 진래, 『주희의 철학』, p. 118 참조.
208) 『全書(14)』, 「語類」, 卷17, 物之生, 必因氣之聚而後有形, 得其淸者爲人, 得其濁者爲物. 假如 大鑪鎔鐵, 其好者在一處, 其渣滓又在一處(575쪽).

기를 얻으면 사물이 됨을 강조했다. 주희는 이 은유를 통해 기의 다양한 존재 상태와 그로 인한 인간과 사물의 기품의 차이를 구조화했다.

그러나 주희의 성리학에서 인간과 사물의 구별은 단지 기품의 차이에서만 드러나는 것이 아니다. 이러한 원인으로 양자의 구별에 대한 설명에서 진일보하여 도입된 것이 바로 다음과 같은 은유다.

> 사람과 사물이 생겨날 때 하늘이 이 리를 부여함에 일찍이 같지 않음이 없지만 인간과 사물이 품부받은 것은 당연히 다름이 있을 따름이다. 이를테면 한 강물을 당신이 장차 국자로 취한다면 다만 한 국자만큼 얻을 뿐이고, 장차 사발로 취한다면 다만 한 사발만큼 얻을 뿐이다. 한 통, 한 항아리에 이르러서는 제각기 그릇에 따라 그 [취하는 강물의] 양이 다르다. 따라서 리 또한 그에 따라서 다르다.[209]

이 구절에 내포된 「그릇」 은유는 앞서 '리일분수'의 '분수' 설명에서 이미 언급한 바 있다. 여기에서 만약 은유적 추론을 해보면 이 은유의 원천 영역에서 국자, 사발, 통, 항아리 등 '그릇'은 명백하게 표적 영역에서 '기' 혹은 '기질'에 해당한다. 이렇게 볼 때 원천 영역에서 한 강물이라도 서로 다른 그릇에 의해 그 취하는 양은 다르다는 것은 결국 표적 영역에서 인간과 사물이 생겨날 때 비록 모두 질적으로 똑같은 성리를 부여받지만, 또한 기품의 다름으로 인해 실지 부여받은 분리는 양적으로 같지 않음을 구조화하고 있다. 즉 인간과 사물은 그 기품의 차이로 인해 리품도 또 차이가 있음을 강조한 것이다.

그렇다면 인간과 사물의 기품의 차이에 의한 리품의 차이는 도대체 어떻게 드러나는 것인가? 이 문제에 대해서도 주희는 역시 은유적

---

209) 『全書(14)』, 「語類」, 卷4, 人物之生, 天賦之以此理, 未嘗不同, 但人物之稟受自有異耳. 如一江水, 你將杓去取, 只得一杓; 將碗去取, 只得一碗; 至於一桶一缸, 各自隨器量不同, 故理亦隨以異(185쪽).

설명을 했다.

> 해와 달의 빛 같은 것을 가지고 말하면 노지에 있으면 모두 보이고, 부옥
> 아래서는 가리고 막힌 바가 있어 보이기도 하고 보이지 않기도 한다. 어둡
> 고 흐린 것은 기가 어둡고 흐리게 된 것이니 절로 가리고 막히어 부옥 아래
> 에 있는 것과 같다. 그러나 사람에 있어서는 가리고 막혀도 통할만한 리가
> 있으며, 금수의 경우에도 이 성은 다만 그 형체에 얽매여 생겨남에 심하게
> 가리고 막혀 통할만한 곳이 없다. 호랑이와 이리의 인이나 승냥이와 수달의
> 제사, 벌이나 개미의 의에 이르러서는 오히려 다만 조금 통하니, 한 틈새의
> 빛과 같다.210)

이 구절에 등장하는 은유는 바로 「틈새 빛」 은유, 풀이하면 곧 「성리는
빛, 맑고 밝은 기(사람)는 노지, 흐리고 탁한 기(사물)는 부옥, 분리는 틈새
빛」 은유다.

구체적으로 말하면 이 은유의 원천 영역에서 노지는 그 가리고 막히는
바가 없으므로 햇빛이나 달빛에 항상 잘 드러나 보인다. 반면에 부옥은
햇빛이나 달빛을 가리므로 그 아래는 항상 그늘에 막혀 잘 드러나 보이지
않는다. 간혹 어느 한 곳에 틈새가 있으면 그 틈새 부분만큼은 빛이 스며
들어 그 아래가 어느 정도 드러나 보인다. 일반적으로 가리고 막히는 것
이 작으면 작을수록 틈새는 커지며, 따라서 그 아래는 점점 빛에 더 잘 드
러나 보인다. 그러나 이와 반대로 가리고 막히는 것이 크면 클수록 틈새
는 작아지며, 따라서 그 아래는 점점 빛에 잘 드러나 보이지 않는다.

주희는 원천 영역에서의 이와 같은 해나 달의 빛, 노지와 부옥 아래, 그
리고 크고 작은 틈새 빛 등으로 표적 영역의 성리, 맑고 순수한 기와 흐리

---

210) 『全書(14)』, 「語類」, 卷4, 謂如日月之光, 若在露地, 則盡見之; 若在茅屋之下, 有所蔽塞, 有
見有不見. 昏濁者是氣昏濁了, 故自蔽塞, 如在茅屋之下. 然在人則蔽塞有可通之理; 至於禽獸,
亦是此性, 只被他形體所拘, 生得蔽隔之甚, 無可通處. 至於虎狼之仁, 豺獺之祭, 蜂蟻之義, 卻
只通這些子, 譬如一隙之光(185쪽).

고 잡박한 기, 그리고 그러한 기품의 차이로 인한 리품의 차이를 구조화했다. 나아가 맑고 순수한 기를 타고난 사람은 그 형기의 바름과 통함을 얻어 품수 받은 분리가 온전하며 또한 기질 중에서 잘 드러나지만, 이와 달리 흐리고 잡박한 기를 타고난 사물은 그 형기의 치우침과 막힘을 얻어 품수 받은 분리 또한 편소하며 특히 기질에 가려져 완전히 드러나지 못함을 강조한 것이다.

이와 관련해서 주희는 일찍이 "기를 가지고 말하면 지각 운동은 사람과 사물이 다르지 않은 듯하지만, 리를 가지고 말하면 인의예지의 품부가 어찌 사물이 얻음에 온전할 수 있겠는가",[211] "개와 소, 사람의 형기가 이미 갖추어져 있으므로 지각이 있고 운동할 수 있는 것으로 태어난다. 가지고 태어나는 것은 비록 같지만 형기가 이미 다르다면 태어나면서 하늘에서 얻어서 가진 리 또한 다르다",[212] 특히 "그 리를 가지고 말하면 만물은 근원이 하나이니 진실로 사람과 사물은 귀천의 다름이 없다. 기를 가지고 말하면 바르고 통한 것을 얻으면 사람이 되고 치우치고 막힌 것을 얻으면 사물이 된다. …… 저것이 천해서 사물이 되면 이미 형기의 치우치고 막힌 것에 매여져 그 본체의 온전함을 충족시키지 못한다. 유독 사람이 태어남에 바로 그 기의 바르고 통함을 얻어 …… 온갖 리를 모두 갖추니 대체로 사람이 금수와 다른 것은 바로 여기에 있다"[213]고 말했다.

요컨대 주희는 「용광로 쇠」, 「그릇」, 「틈새 빛」 등 세 가지 은유를 통해 인간과 사물이 부여받는 성리는 모두 같지만 그 기품의 차이로 인해 그 실

---

211) 『全書(6)』, 「四書章句集注・孟子集注・告子上」 3, 以氣言之, 則知覺運動, 人與物若不異也; 以理言之, 則仁義禮智之禀豈物之所得而全哉(396쪽)?

212) 『全書(22)』, 「文集」, 卷50, 犬牛人之形氣旣具, 而有知覺能運動者生也. 有生雖同, 然形氣旣異, 則其生而有得乎天之理亦異(2328쪽).

213) 『全書(6)』, 「四書或問・大學或問上」, 以其理而言之, 則萬物一原, 固無人物貴賤之殊; 以其氣而言之, 則得其正且通者爲人, 得其偏且塞者爲物, …… 彼賤而爲物者, 旣梏於形氣之偏塞, 而無以充其本體之全矣. 唯人之生乃得其氣之正且通者, …… 萬理咸備, 蓋其所以異於禽獸者正在於此(507쪽).

지 부여받은 분리와 그것이 기질 중에서의 표현은 또 제각기 차이가 나며, 이것이 결국 인간과 사물의 본질적인 구별을 초래함을 적시하고 있다.

이렇게 볼 때, 모종삼이나 풍우란처럼 인간과 사물의 구별은 단지 똑같이 부여받은 성리가 서로 다른 기질 중에서 각종 표현의 차이를 보이는 데서 드러난다는 관점은 주희의 '인물리기동이'(人物理氣同異) 문제, 즉 '기이리이'(氣異理異)와 '리유편전'(理有偏全) 사상을 정확하게 반영하지 못한 것으로 보인다. 반면에 전목이나 유술선, 진래처럼 인간과 사물의 구별은 주로 기품의 차이에 따른 리품의 차이에 의해 조성된다는 관점은 주희의 이 방면의 사상에 비교적 부합한 것으로 보인다.

다음, 위와 같은 인간과 사물의 구별을 토대로 주희는 한 걸음 더 나아가 인간 간의 성품의 차이에 대해 집중적으로 논했다. 이 문제에 대해서도 주희는 또 은유적 설명을 했다.

> 다만 품부받은 기가 맑은 사람은 성스럽게 되고 어질게 되어 마치 보배로운 구슬이 맑고 차가운 물속에 있는 것과 같으며, 품부받은 기가 흐린 사람은 어리석게 되고 불초하게 되어 마치 구슬이 흐린 물속에 있는 것과 같다.[214]

> 다만 사람의 기질이 온화하고 도타우면 그 발현한 것이 반드시 대부분 인한 것인데, 인이 많으면 곧 그 의의 분수를 침입한다. 기질이 강하고 굳세다면 그 발현하는 것이 대부분 의인데, 의가 많으면 곧 그 인의 분수를 침입한다. …… 또한 이 등롱을 예로 들면 그 본성은 빛을 내 밝히지 않음이 없는 것이다. 기질이 같지 않은 것은 예컨대 등롱에 두꺼운 종이로 바르면 등이 그다지 밝지 않고, 얇은 종이로 바르면 등이 곧 밝아지니 종이의 두꺼움과 같은 것이며, 투명한 비단으로 바르면 그 등이 또 밝아지는 것과 같다. 롱을 거두어 내면 등의 전체가 드러나니 그 리가 바로 이와 같다.[215]

---

214) 『全書(14)』, 「語類」, 卷4, 但稟氣之淸者, 爲聖爲賢, 如寶珠在淸冷水中; 稟氣之濁者, 爲愚爲不肖, 如珠在濁水中(203쪽).

215) 『全書(16)』, 「語類」, 卷64, 只如人氣質溫厚, 其發見者必多是仁, 仁多便侵却那義底分數; 氣

이 두 인용문에서는 「리는 구슬, 기는 물, 인품은 물속의 구슬」, 즉 「물속의 구슬」 은유와 「리는 등빛, 기는 등롱, 인품은 등롱의 불빛」, 즉 「등롱 불빛」 은유가 들어 있다.

우선 「물속의 구슬」 은유를 보면, 원천 영역에서 보배로운 구슬이 첫 번째 경우에는 맑고 차가운 물속에 들어 있고 두 번째 경우에는 흐린 물속에 들어 있다. 여기에서 명백한 것은 이 두 가지 경우 구슬은 모두 똑같은 보배로운 구슬이며, 물도 비록 맑고 흐린 차이는 있지만 모두 똑같은 성질의 물이라는 점이다. 문제는 이 구슬이 맑은 물속에 있을 때는 그 찬란한 빛이 여전히 자연스럽게 잘 드러나 보이지만, 반대로 흐린 물속에 있을 때에는 주로 물의 혼탁한 정도에 따라 그 빛이 가려져 잘 드러나 보이지 않는다.

주희는 이 은유의 원천 영역에서 이러한 보배로운 구슬, 물, 서로 다른 물속에서 구슬의 여러 가지 표현 형태를 분별적으로 표적 영역의 리와 기, 그리고 인간의 성품 차이 등에 은유적으로 사상함으로써 인간은 모두 똑같은 인의예지 성리를 부여받으며 또한 우주 천지간의 가장 빼어난 기를 품부받아 태어나지만, 주로 기품의 다름으로 인해 성리의 발현이 차이를 생기며, 그것이 나아가 인간 간의 성품 차이가 조성함을 구조화한 것이다. 예컨대 그 빼어난 기 가운데서도 또 밝고 맑은 기를 얻고 태어난 사람은 성스럽게 되고 어질게 되며, 이와 반대로 그 빼어난 기 가운데도 조금 어둡고 흐린 기를 얻고 태어난 사람은 어리석게 되고 불초하게 되는 것이다.

다음 「등롱 불빛」 은유를 보면, 이 은유의 경우도 「물속의 구슬」 은유와 유사한 은유적 함의를 갖고 있다. 즉 등롱 안에는 하나의 고정된 등불

質剛毅, 其發見者必多是義, 義多便侵卻那仁底分數. …… 且如此燈, 乃本性也, 未有不光明者. 氣質不同, 便如燈籠用厚紙糊, 燈便不甚明; 用薄紙糊, 燈便明似紙厚者; 用紗糊, 其燈又明矣. 撤去籠, 則燈之全體著見, 其理正如此也(2117쪽).

이 켜져 있으며, 그 등불 빛의 강도는 언제나 변함이 없다. 그러나 만일 등롱겉면에 바른 바람막이 종이의 두께가 달라지면 그 등롱 불빛도 달라진다. 이를 테면 등롱 겉면에 두꺼운 종이를 바르면 등불 빛이 어두워지고, 얇은 종이를 바르면 등불 빛이 곧 밝아지며, 투명한 비단으로 바르면 그 등이 더욱더 밝아진다.

주희는 이 은유의 원천 영역에서 등롱 안의 등불은 표적 영역에서 인간의 성리로, 등롱은 인간의 기질로, 등롱 불빛의 강약 차이는 인간의 성품 차이로 은유적으로 구조화함으로써 위의 「물속의 구슬」 은유와 마찬가지로 인간이 부여받은 성리는 차이가 없지만, 그 품부받은 기질의 두텁고 얇은 차이에 의해 그 성리의 발현이 영향을 받아 곧 선하거나 악한 인간 간의 성품 차이가 조성됨을 강조한 것이다.

요컨대 주희는 「물속의 구슬」과 「등롱 불빛」 은유 등을 통해 서로 다른 기질에 의한 성리의 발현 차이로 드러나는 인간 간의 성품 차이를 구조화했다.

이 같은 은유적 사고에서 출발해서 주희는 "사람이 품부받은 기는 비록 모두 천지의 바른 기이기는 하지만 이리저리 얽히면 어둡고 밝으며 두껍고 얇은 차이가 있게 되는데",216) 그중에서 "정미하고 뛰어난 기를 품부받으면 성인이 되고 현인이 되니 이는 리의 완전한 것, 리의 바른 것을 얻은 것이다. 맑고 밝은 것을 품부받은 사람은 영명하고 호방하며, 도탑고 두터운 것을 품부받은 사람은 온화하며, 맑고 높은 것을 품부받은 사람은 존귀하며, 풍성하고 두터운 것을 품부받은 사람은 부유하며, 오래고 긴 것을 품부받은 사람은 장수하며, 쇠하고 기울고 얇고 흐린 것을 품부받은 사람은 어리석고 불초하고, 가난하고, 비천하고, 요절하게 된다"217)고 말

---

216) 『全書(14)』, 「語類」, 卷4, 人所稟之氣, 雖皆是天地之正氣, 但羇來羇去, 便有昏明厚薄之異(197쪽).
217) 『全書(14)』, 「語類」, 卷4, 稟得精英之氣, 便爲聖, 爲賢, 便是得理之全, 得理之正. 稟得淸明者, 便英爽; 稟得敦厚者, 便溫和; 稟得淸高者, 便貴; 稟得豐厚者, 便富; 稟得久長者, 便壽;

했다.

여기에서 우리가 특별히 주목해야 할 것은 인간 개개인에게서 상대적
으로 맑고 탁함, 두껍고 얇음 등의 기품의 차이는 비록 인간 간의 도덕과
지혜의 선천적인 차이를 조성하지만, 인간이 인간으로 되는 데에는 영향
을 주지 않는다는 점이다.[218] 달리 말하면 모든 인간이 대등한 도덕적 지
위의 존재로 되는 데에는 영향을 주지 않는다.

종합하면, 주희는 주로 세 층위의 은유들을 동원해서 인간이 대등한 도
덕적 지위의 존재임을 구조화, 정당화하고 있다. 첫 층위 은유는 바로 만
물의 존재 구성을 구조화하는 「리는 근본, 기는 재구」 합성 은유다. 두 번
째 층위 은유는 바로 인간과 사물의 구별을 구조화하는 「용광로 쇠」「그
릇」 「틈새 빛」 은유다. 세 번째 층위의 은유는 바로 인간과 인간 간의 성
품 차이를 구조화하는 「물속의 구슬」「등롱 불빛」 은유다. 매 층위의 은
유들은 모두 특정한 은유적 함의로 분별적으로 특정한 표적 영역을 특징
짓고 있으며, 특히 또 그다음 층위 은유들의 토대를 이루며 점차 은유적
체계성과 논리적 정합성을 형성해 나간다. 그러한 과정에서 원리적 개념
인 리와 기의 관계 측면에서 만물의 존재를 비롯하여 최종적으로 모든 인
간이 모두 대등한 도덕적 지위의 존재임을 정당화하고 있다.

5) 「엄격한 아버지」 가정 모형

레이코프와 존슨에 따르면 다수의 도덕적 은유들을 한데 묶어 다소간
정합적인 하나의 도덕적 이론 체계를 만들어주는 어떤 특정한 가정 모형
이 존재한다. 이러한 가정 모형은 이상화된 인지 모형으로서 각각 나름대
로 변별적인 도덕성을 지니고 있는데, 크게 「엄격한 아버지」 가정 모형과

禀得衰頹薄濁者, 便爲愚 · 不肖, 爲貧, 爲賤, 爲夭(208쪽).
218) 진래, 『주자의 철학』, 217쪽 참조

「자애로운 부모」 가정 모형 두 가지가 있다. 그러나 이 두 가정 모형이
현존하는 변이와 혼성의 범위는 대단히 방대하다. 따라서 가정 도덕성에
대한 두 모형 중 어느 한 모형의 순수한 실례는 드물다.[219]

일반적으로 이 두 가지 가정 모형은 주로 어떤 은유들을 우선시하는가
에 따라 그 성격이 구분된다. 「엄격한 아버지」 가정 모형은 주로 「도덕적
힘」 「도덕적 권위」 「도덕적 질서」 등 은유들에 최우선 순위를 부여한다.
이에 반해 「자애로운 부모」 가정 모형은 주로 「도덕적 양육」 「도덕적 감
정이입」 등 은유들에 최고의 우선성을 부여한다.

여기에서 레이코프와 존슨은 특히 기독교 윤리학, 합리주의적 윤리학,
공리주의, 덕 윤리학 등 서구의 철학적 전통 속의 가장 고전적이고 대표
적인 도덕 이론들에 대한 면밀한 분석과 검토를 통해 많은 도덕 이론들이
일반적으로 이 두 개의 원형적인 「가정」 모형에 의해 망라되며, 따라서
이러한 「가정」 모형은 도덕 이론에 대한 대단히 포괄적이고 통찰력이 있
는 설명적 기설 ─ 상당한 심리적 동기와 분석적 힘을 지닌 가설 ─ 인 것
으로 보인다고 주장했다.[220]

여기에서 동양철학적 전통 속에 있는 주희의 도덕 이론은 과연 이러한
「가정」 모형에 의해 통합되는지, 만약 통합된다면 그 통합되는 '가정' 모
형의 성격이 어떠한지를 구분해야 하는 필요성이 있다. 이 문제에 관해
이향준은 「서명」의 은유적 구조에 대한 검토를 통해 "「서명」의 가정 모
형은 일종의 「엄격한 아버지」 모형에 기반한 가정이다. 비단 이것은 「서
명」만의 특징이 아니라 유가 도덕성 전반에도 해당한다"[221]고 주장했다.
만일 이향준의 이와 같은 주장이 옳은 것이라면 그것은 주희의 도덕 이론

219) 레이코프·존슨, 『몸의 철학』, 467쪽.
220) 같은 책, 460-73쪽 참조.
221) 이향준, 『조선의 유학자들, 켄타우로스를 상상하며 理와 氣를 논하다』 (서울 : 예문서
    원, 2011), 38-39쪽.

도 예외 없이 「엄격한 아버지」 가정 모형을 근거로 하고 있다는 것을 의미한다.

그렇다면 주희의 도덕 이론 체계는 과연 「엄격한 아버지」 가정 모형을 근거로 하고 있는가? 이를 검증하기 위해 「엄격한 아버지」 가정 모형을 가능하게 해주는 지배적 은유, 즉 「도덕적 권위」, 「도덕적 힘」, 「도덕적 질서」 은유가 그의 도덕 이론 체계에 있는지 없는지를 집중적으로 검토할 것이다.

(1) 「리는 도덕적 권위」 은유

일반적으로 도덕적 권위는 물리적 영역 속의 지배를 바탕으로 은유적으로 모형화된다. 예컨대 한 가정 내에서 부모, 특히 아버지는 자신의 아이들이 자신에게 복종하고 공경해야만 하는 명령들을 내릴 권위를 갖고 있다. 이러한 아버지의 권위는 가정 내에서 도덕적 권위이며, 가정을 지배하는 도덕적 원리들을 정의하는 능력이다.

이러한 관점에서 볼 때 아버지의 권위는 주로 아이에 대한 아버지의 물리적 지배를 바탕으로 은유적으로 개념화되며, 나아가 이러한 권위를 가진 아버지 또한 도덕적 권위라는 개념의 은유적 원천이 된다. 이에 바로 권위 있는 아버지의 관점에서 도덕적 권위를 특성화하는 「도덕적 권위는 아버지」 은유가 형성된다.[222]

주희는 장재 「서명」의 첫 구절에 대한 주해(註解)에서 "하늘은 양이며 굳건함에 이르러 위에 자리하니 아버지의 도이며, 땅은 음이며 유순함에 이르러 아래에 자리하니 어머니의 도이다"[223]라고 했다. 여기에는 이미 하늘과 땅을 아버지와 어머니의 관점에서, 그리고 인간 전체를 하늘과 땅

---

222) 레이코프·존슨, 『몸의 철학』, 444, 446쪽 참조.
223) 『全書(13)』, 「西銘解」, 天, 陽也, 以至健而位乎上, 父道也. 地, 陰也, 以至順而位乎下, 母道也(141쪽).

을 부모로 하는 하나의 거대한 가정 일부로 이해함으로써 가능한 「하늘은 아버지, 땅은 어머니」 은유와 「인간의 가정」 은유가 내포되어 있다. 여기에서 볼 수 있듯이 주희의 성리학과 도덕 이론에서 하늘은 한 가정의 가장으로서 아버지를 바탕으로 은유적으로 개념화되어 있다.

여기에서 우리가 유의해야 할 것은 주희는 『논어집주』에서 "하늘은 리이니, 그 높음에 상대가 없다"[224]고 주석하고 있다는 점이다. 주희의 이 주석에는 리를 하늘과 동등한 차원에서 이해함에 따른 「리는 하늘」 은유가 포함되어 있다. 따라서 「리는 하늘」 은유와 「하늘은 아버지」 은유가 결합되면 「리는 아버지」라는 새로운 은유가 생긴다. 이 「리는 아버지」 은유와 앞에서 언급한 「도덕적 권위는 아버지」 은유가 결합하면 최종적으로 「리는 도덕적 권위」 은유가 생긴다.

이 「리는 도덕적 권위」 은유는 비단 「엄격한 아버지」 가정 모형에 핵심적일 뿐만 아니라 주희의 도덕 이론에서도 핵심적이다.

첫째, 궁극적인 「도덕적 권위」는 리다. 즉 리는 도덕적 이상들을 설정하며, 나아가 자녀로서 모든 인간이 어떻게 도덕적으로 행위 해야 할 것인가를 가르쳐주고 요구하는 「엄격한 아버지」로 작용한다. 둘째, 리는 「도덕적 권위」로서 '순수지선'하다. 즉 「도덕적 권위」인 리는 도덕 발현의 장애물인 몸의 욕구, 특히 인욕으로부터 완전히 벗어나 있는 그 어떠한 비도덕성도 함축하지 않은 엄격한 아버지 도덕성의 특성과 양상을 갖고 있다.[225] 셋째, 리는 보편적일 때에만 「도덕적 권위」가 된다. 즉 모든 사람에게 구속력을 갖는 보편적인 도덕원리인 리의 보편성은 주로 '리

---

224) 『全書(6)』, 「四書章句集注‧論語集注‧八佾」 13, 天, 卽理也; 其尊无對(88쪽). 이하 논어집주 원전 역문은 『논어집주』, 성백효 역 (서울 : 전통문화연구회, 2007) 참조.

225) 이향준도 장재 철학을 비롯한 유가 철학은 현실의 '악한 아버지'를 의도적으로 외면한 채 '선한 아버지'라는 일방적인 가설을 배경으로 하고 있다고 지적했다. 이향준, 『조선의 유학자들, 켄타우로스를 상상하며 理와 氣를 논하다』 (서울 : 예문서원, 2011), 44쪽 참조.

일분수'에서 「달」 은유를 통해 구조화되지만, 부분적으로는 「엄격한 아버지」 가정 모형이 「인간의 가정」 은유를 통해 이루어지기도 한다.

(2) 「리는 도덕적 힘」 은유

「도덕적 힘」 은유도 「엄격한 아버지」 가정 모형에 가장 핵심적이다. 도덕적인 것은 일차적으로 '규범적 강제성'(normative coercion)이라는 핵심적 특징을 갖고 있다.226) 따라서 도덕적 행위의 본질적 조건은 그러한 도덕적 행위를 하게끔 하는 도덕적 힘이다. 이는 도덕적인 것이 힘의 요소와 연결되어 있다는 것을 의미한다. 이 은유는 주로 악을 극복함으로써 도덕적 행위를 유지하는 힘으로 구성되는데, 똑바로 균형을 잡고 서 있는 것이 비스듬히 아래로 처져 있는 것보다 더 낫다는 사실에 체험적 근거를 두고 있다.227)

주희의 성리학과 도덕 이론에서 '소당연지칙'으로서 리는 도덕원리다. 그러나 '소이연지고'로서 리는 또한 만물이 그러하게 존재하는 까닭, 근거로서 '원인'이기도 하다. 즉 「리는 원인」이다. 레이코프와 존슨에 의하면 물리적 대상에 힘을 사용해서 이동시키거나 변화시킴으로써 결과를 얻는 일상적 경험은 「원인은 힘」이라는 일차적 은유를 자동으로 형성한다.228) 이에 만약 「리는 원인」과 「원인은 힘」 이 두 은유를 결합하면 바로 「리는 힘」이라는 은유가 도출된다. 이는 리를 모종의 힘의 관점에서도 이해할 수 있다는 것을 의미한다.

앞에서 보았듯이 리를 일종의 힘의 관점에서 이해하고 있는 경향은 리와 기의 동정관계를 설명하는 「인승마」 은유에서 선명하게 드러난다. 즉 「인승마」 은유는 주로 리를 기 운동변화의 내재적 동인으로서 통제의 힘

---

226) 노양진, 「도덕의 영역들」, 『범한철학』, 제47집 (2007 겨울), 330쪽 참조.
227) 레이코프・존슨, 『몸의 철학』, 441쪽 참조.
228) 같은 책, 95쪽 참조.

을 함축하고 있는 존재로 구조화하고 있다. 이러한 은유적 구조화는 결과
적으로 「리는 내재적 동인으로서 힘이 있는 존재」라는 은유를 파생한다.
이 은유는 「리강기약」의 경우인데, 주희의 성리학에서 리는 선의 궁극적
인 근원이고 기는 악의 근원이므로 「리=선=강한 힘, 기=악=약한 힘」이
다. 즉 도덕적 힘은 강하고 비도덕적 힘은 약하다.

그러나 이러한 도덕적 힘과 비도덕적 힘 사이의 역학관계는 혹 역전되
는 때가 있다. 주희는 "기는 비록 리가 낳은 것이지만 이미 생겨났으면 리
가 상관할 수 없다. …… 이를테면 대례에서 사면장을 내려 일시에 세금
을 모두 감면해준다고 했는데, 어떤 촌의 지현이 무리하게 스스로 그들에
게 납부를 촉구한다면 그와 가까우므로 다시 위쪽에 호소한다고 해도 응
하지 않으니 그 기가 거칠고 리가 미약하다는 것을 알게 된다"[229]고 말했
다. 이 언표에는 「리=대례=약한 힘, 기=지현=강한 힘」 은유가 들어 있
다. 이는 「기강리약」의 경우다. 이럴 때 상대적으로 도덕적 힘은 약하고
비도덕적 힘은 강하므로 인간은 악행을 저지를 위험이 있다. 따라서 또한
악의 비도덕적 힘(기질의 개변)을 극복함으로써 나아가 지선의 도덕적 힘(천
리의 보존)을 기르는 자기 수양과 공부의 필요성이 제기된다.

여기에서 도덕적 힘의 근원으로서 리는 「인간의 가정」이라는 은유적
구도 내에서 엄격한 아버지 담지자이므로 바로 도덕적 힘의 소유자다. 따
라서 도덕적 힘을 기르는 자기 수양은 주로 엄격한 아버지의 도덕성의 역
할을 통해 주희의 도덕 이론에 유입되고 있다. 이는 결과적으로 주희의
성리학과 도덕 이론에서 리가 보편적인 도덕원리로서 도덕적 규범성의
원천이며, 따라서 각종 도덕적 덕목에 강제력 혹은 구속력의 도덕적 힘을
부여하고 있음을 시사한다.

---

229) 『全書(14)』, 「語類」, 卷4, 氣雖是理之所生, 然旣生出, 則理管他不得. …… 譬如大禮敕文, 一
時將稅都放了相似, 有那村知縣硬自捉縛須要他納, 緣被他近了, 更自叫上面不應, 便見得那氣
粗而理微. 又如父子, 若子不肯, 父亦管他不得(200쪽).

(3) 「리는 도덕적 질서」 은유

「도덕적 질서」 은유는 일반적으로 자연적인 지배 질서가 도덕적 질서에 사상되어 형성된 것인데, '자연적인' 힘 관계 속에서 어떤 통속적인 위계성을 도덕적 우월성과 권위의 위계성으로 변형시킴으로써 특정한 도덕적 권위와 도덕적 질서를 정당화하는 것이다.[230]

앞에서 검토했듯이 주희는 「나뭇결」 은유 등을 통해 리에 조리, 질서 등의 특성을 부과하고 있으며, 따라서 바로 「리는 질서」라는 은유가 형성된다. 여기에서 조리, 질서의 특성이 있는 리가 은유적으로 「엄격한 아버지」의 역할을 담당하고 있으므로 이러한 「엄격한 아버지」 가정은 위계적이고 권위적인 도덕적 질서를 명시하고 있으며, 이 가정 속에서 엄격한 아버지는 도덕적 질서의 주재자로서 가정 내 도덕적 질서의 실행을 권장, 추구할 수 있는 권한을 갖고 있으며, 따라서 또한 자녀에 대한 통제력을 가진다.

이러한 「엄격한 아버지」 가정의 도덕적 위계성이 「인간의 가정」에 은유적으로 부과되고, 나아가 주희의 도덕 이론에 굴절됨으로써 앞에서 보았듯이 리에 의한 도덕적 가치들의 피라미드식 위계관계가 성립된다. 특히 인, 의, 예, 지 사덕은 효, 제, 충, 서, 용 등과 같은 여타의 도덕적 덕목들보다 훨씬 월등한 최고의 도덕적 가치로 정당화되며, 따라서 최종적으로는 모든 인간이 도덕적 수양과 실천에서 반드시 도달해야 할 궁극적인 도덕적 목표로 설정되는 것이다.

이상과 같이 체험주의 관점에서 검토해보면 주희의 성리학 또는 도덕 이론에는 리에 대한 「도덕적 권위」, 「도덕적 힘」, 「도덕적 질서」 등의 핵심적 은유들이 들어 있다. 이는 그의 성리학 또는 도덕 이론이 이러한 핵심 은유들에 최우선 순위를 두는 「엄격한 아버지」 가정 모형에 정확히 합

---

230) 레이코프·존슨, 『몸의 철학』, 447쪽 참조.

치됨을 의미한다. 즉 주희의 성리학과 도덕 이론 체계의 기반과 동기를 이루는 개념적 하부 구조는 바로 「엄격한 아버지」 가정 모형이다.

다시 말하면 그의 성리학과 도덕 이론 체계는 사실상 「엄격한 아버지」 가정 모형을 근거로 하는, 동양의 도덕적 전통으로부터 물려받은 그 시대 가장 일반적이었던 일련의 촘촘히 짜인 개념적 은유들의 자잘한 다발로 구성된 이론이라고 할 수 있다.

이상의 주희의 리기론에 관한 체험주의 시각에서의 검토를 종합하면 다음과 같다고 할 수 있다.

첫째, 주희의 리기론은 「위—아래」, 「구슬」, 「뿌리/종자」, 「나뭇결」 등의 다양한 은유들에 의해 구조화된 원리적 개념인 리와 기로 이루어진, 주희의 도덕 이론 체계의 구축에 요청된 이론적 장치라고 할 수 있다. 여기에서 원리적 개념인 리는 단일한 절대 보편의 도덕원리가 될 수 없으며, 또한 최고의 도덕적 가치와 절대적인 도덕규범의 정당화 근거도 될 수 없다. 기도 리와 마찬가지로, 일종의 원리적 개념으로서 우주 천지 만물의 물질적 구성요소가 될 수 없다.

둘째, 주희의 리기론은 존재론적 설명과 가치론적 설명을 동시에 시도한다. 그러나 존재와 가치는 서로 다른 차원의 영역이다. 따라서 이 두 영역을 통합적으로 설명하는 과정에서 주희의 은유적 사고와 논리적 진술 사이에는 비정합적인 모순이 발생했으며, 따라서 도덕적 가치의 본성을 혼동한다든가 아니면 리가 '역설적인 초월'의 딜레마에 빠진다든가 하는 결과를 초래했다. 특히 또 '리일분수'와 같이 이해하기 어려운 형이상학적 문제들도 낳게 되었다.

셋째, 주희의 리기론에서 리는 또 「도덕적 권위」, 「도덕적 힘」, 「도덕적 질서」 등과 같은 핵심적인 은유들을 형성하며, 따라서 그의 도덕 이론 체계는 이 세 가지 은유들에 의해 그 성격이 규정되는 「엄격한 아버지」 가정 모형을 기반으로 하고 있다. 바꾸어 말하면 주희의 도덕 이론 체계가 아무리 어렵고 복잡하다 하더라도 그것은 주로 「엄격한 아버지」 가정 모형을 그 도덕 이론 일반의 핵심적인 요소로 사용하고 있다.

2. 심성론

주희의 도덕 이론에서 도덕은 존재로부터 바로 이어지는 것이 아니라 심성을 거쳐 간다. 즉 「리기 → 심성 → 도덕」의 과정을 거친다. 따라서 주희의 도덕 이론의 기본 구성에서 심성은 천도와 인도를 소통시키는 연결 고리이며, 우주 본체론이 윤리 도덕학으로 전환해 가는 핵심적 통로다. 이러한 그의 심성론은 본체론, 인성론, 인식론, 윤리학 등이 하나로 수렴되는 통합적인 사상체계다.[231]

다시 말하면 주희의 심성론은 인간 자신으로부터 출발해서 인간을 설명하는 공맹 유학의 심성론과는 달리 리기론에 근거해서 우주 본체론적 차원에서 인간의 존재, 본성, 지위, 가치 등의 문제를 확립하고 설명한다. 이 부분에서는 주로 심성론과 리기론의 상관관계에서, 즉 심성론에서 원리적 개념인 리와 기의 논리적 전개와 함께 어떤 은유들에 의해 심성론이 구조화되며, 그렇게 구성된 심성론은 또 어떤 이론 난점들을 갖고 있는가를 검토할 것이다.

1) 인성

(1) 성의 연원

중국철학사에서 '성'(性) 개념은 일찍이 은주(殷周) 시기부터 나타나기 시

---

231) 蔡方鹿, 『宋明理學心性論(修訂版)』(成都 : 四川出版集團巴蜀書社, 2009), 自序, 1쪽 참조.

작했다. 최초에 '성'자는 금문(金文)에서 '생'자로 되어 있었으며, 최초의
뜻은 '성명'(性命)이다. 주대 말에 이르러서 '생' 자에 '심' 변이 추가되면서
'성' 자가 만들어졌는데, 그것은 주로 사람과 사물이 태어나면서 선천적으
로 가진 어떤 본질적 특성을 의미했다.

'성'에 관한 기록은 『서경』(書經)에서 처음 보인다. 예컨대 「탕고」(湯誥)에
는 "위대하신 상제께서 아래 백성에게 바른 도를 내리 보내시어 그들로
하여금 떳떳한 성품이 따르게 하셨으니 능히 그 도에 순응하는 자라야 임
금 노릇을 제대로 하게 될 것이다"[232]라는 구절이 있다. 『시경』에도 "점
잖은 군자들이 오래오래 사시어 선공들이 하시던 일을 계승하시기를"[233]
등의 시구가 실려 있다. 『주역』에도 역시 "한 번은 음하고 한 번 양하는
것을 도라고 한다. 이를 계승한 것이 선이고 이를 이룬 것이 성이다"[234]
라는 어구가 있다. 이 시기 성 개념의 함의는 대체로 간단하고 직관적이
었다.

춘추 시기, 유학의 창시자인 공자는 "본성은 서로 비슷하나 습관에 따
라 서로 멀어진다"[235]고 했으며, 전국 시기 맹자는 공자의 학설을 토대로
하여 "그 마음을 다하는 자는 그 본성을 알며, 그 본성을 알면 하늘을 알
게 된다"[236]고 말했다. 같은 시기 고자는 "타고나는 것을 본성이라 이른
다"[237]고 했으며, 장자도 "본성이란 생의 본질이다"[238]고 했다. 그 후 순
자는 "본성이란 본래 처음의 소박한 재질이다"[239]고 말했다. 한비자(韓非

232) 『書經』, 「湯誥」, 惟皇上帝, 降衷于下民, 若有恒性, 克綏厥猷惟后. 이하 원전 역문은 『서경』,
　　　김학주 역 (서울 : 명문당, 2002) 참조.
233) 『詩經』, 「大雅 · 生民之什」, 豈弟君子, 俾爾彌爾性, 似先公酋矣.
234) 『周易』, 「繫辭上傳」, 一陰一陽之謂道. 繼之者善也, 成之者性也.
235) 『論語』, 「陽貨」 2, 性相近也, 習相遠也.
236) 『孟子』, 「盡心上」 1, 盡其心者, 知其性也, 知其性, 則知天矣.
237) 『孟子』, 「告子上」 3, 生之謂性.
238) 『莊子』, 「庚桑楚」, 性者, 生之質也.
239) 『荀子』, 「禮論」, 性者, 本始材朴也.

子)도 "성명이라는 것은 남에게서 배운 것이 아니다"240)고 말했다. 이처럼 선진시대 성 개념의 함의는 점차 확장되면서 그 후 중국철학의 성 범주와 성론의 발전에 토대를 마련해 주었다.

진한 시기, 『여씨춘추』(呂氏春秋)에서는 "본성이란 하늘에서 받은 것이지 선택하여 취한 것이 아니다"241)고 했다. 『중용』에서도 "하늘이 명한 것을 본성이라 이른다"242)고 말했다. 동중서는 "본성이란 타고난 바탕이 순박한 것이다"243)고 말했으며, 양웅(揚雄)은 "인간의 본성은 선악이 뒤섞여 있다"244)고 말했다. 왕충도 "사실 인간의 본성은 선도 있고 악도 있다"245)고 말했다. 이 시기 성 범주와 성론에 대한 탐구는 한층 더 심화하여 새로운 발전을 이루었다.

위진 남북조 시기, 왕필은 『노자주』(老子注)에서 "자연의 기에 임하고 지극히 유순한 조화를 이루어 능히 영아의 욕심이 없는 것과 같게 된다면 사물은 온전하여 본성을 얻는다"246)고 말했다. 곽상도 『장자주』(莊子注)에서 "사물은 제각기 본성이 있으며 본성은 제각기 극이 있다"247)고 말했다. 『열자』(列子)에는 또 "무릇 순응하면 기쁘고 거슬리면 분노하니 이것은 혈기 있는 자의 본성이다"248)라는 언급이 있다. 불교계에서는 축도생(竺道生)이 열반불성설(涅槃佛性說)을 크게 제창하기도 했다. 이 시기 성 사상은 현

---

240) 『韓非子』, 「顯學」, 性命者, 非所學於人也. 원전 역문은 『한비자』, 이운구 역 (파주 : 한길사, 2002) 참조.
241) 『呂氏春秋』, 「誠廉」, 性也者, 所受于天也, 非擇取而爲之也. 원전 역문은 『여씨춘추(제1권)』, 김근 역 (서울 : 민음사, 1995) 참조.
242) 『中庸章句』1, 天命之謂性.
243) 蘇興, 『春秋繁露義證』, 「實性」, 性者, 天質之樸也. 313쪽.
244) 揚雄, 『法言義疏』, 汪榮寶 撰 (北京 : 中華書局, 1987), 「修身」, 人之性也善惡混. 85쪽.
245) 王充, 『論衡校注』, 「本性篇」, 實者, 人性有善有惡. 69쪽.
246) 王弼, 『王弼集校釋(上冊)』, 樓宇烈校釋, (北京 : 中華書局, 1980), 「老子道德經注」, 10, 任自然之气, 致至柔之和, 能若嬰儿之无所欲乎! 物全而性得矣. 23쪽.
247) 郭象, 『莊子注疏』, 「逍遙遊」, 物各有性, 性各有極. 6쪽.
248) 『列子』, 「皇帝篇」, 凡順之則喜, 逆之則怒, 此有血氣者之性也. 원전 역문은 『열자』, 김학주 역 (고양 : 연암서가, 2011) 참조.

학, 도교와 불교 사조의 영향을 받으면서 새로운 함의와 내용으로 풍부하
게 발전했다.

수당 오대 시기, 성 사상은 계속하여 발전했다. 특히 불교는 각 종파가
형성되는 과정에서 삼론종의 '제법성공'(諸法性空), 유식종(唯識宗)의 '실체위
성'(實體爲性), 천대종의 '무정유성'(無情有性), 선종의 '식심견성'(識心見性) 등
성 사상으로 큰 발전을 이루었다. 이와 동시에 도교 성현영의 '소요임성'
(逍遙任性), 사마승정(司馬承禎)의 '수진달성'(修眞達性) 등의 성 사상과 유가 한
유의 '성분삼품'(性分三品), 이고(李翶)의 '순원복성'(順源復性), 유종원의 '천생
성득'(天生性得) 등 성 사상도 제 나름대로 이채를 띠었다.

북송 시기, 성리학자들은 불·도교 성론을 비판적으로 흡수하여 전통
유가의 성론과 상호 융합시킴으로써 중국철학의 성론을 더욱 발전시켰다.
장재는 "형체가 있은 후에 기질지성이 있으니 그것을 잘 돌이키면 천지지
성이 보존된다"[249]고 말했다. 특히 정이는 장재의 태허(太虛)를 천리로 고
쳐 "리를 가지고 말하면 하늘이라 이르고 품수를 가지고 말하면 본성이라
고 이른다",[250] "성은 리다. 이른바 리는 성이다"[251]고 말했다. 이 시기 천
지지성과 기질지성의 사상과 '성즉리' 사상은 그 후 중국철학사에서 성
개념의 심화에 큰 영향을 미쳤다.[252]

위에서 볼 수 있는 것처럼 중국 철학적 전통에는 고대로부터 오랜 시간
을 거쳐 점차 형성되어 온 본성의 연원이 존재했다. 이러한 본성의 범주는
비록 각 시대 철학자들의 서로 다른 해석에 따라 그 함의와 내용이 매우
큰 차이와 독자적인 특징을 보였지만 하나의 공통점이 있었는데, 그것은

---

249) 張載, 『張載集』, 「正蒙·誠明」, 形而後有氣質之性, 善反之則天地之性存焉. 23쪽.
250) 程顥·程頤, 『二程集(上)』, 「河南程氏遺書」, 卷第22上, 自理言之謂之天, 自稟受言之謂之性.
    296쪽.
251) 程顥·程頤, 『二程集(上)』, 「河南程氏遺書」, 卷第22上, 性卽理也, 所謂理, 性是也. 292쪽.
252) 성의 연원에 관련해서는 張立文, 『性』(北京 : 中國人民大學出版社, 1996), 1-5章의 내용
    을 참조

바로 인간을 포함한 천지 만물에는 모두 본성이 있다고 하는 점이다.

이러한 공유된 내용 혹은 의미에 초점을 맞추어 보면, 중국 철학적 전통 속에 널리 퍼져 있는 「본성의 연원」은 체험주의의 이른바 「본성의 통속 이론」에 해당한다.[253] 즉 체험주의 시각에서 볼 때 주희 이전의 중국 철학적 전통에는 매우 기본적인 「본성의 통속 이론」이 공유되고 있었다. 이러한 「본성의 통속 이론」에 따르면 인간을 포함한 천지 만물은 모두 본성, 즉 그 자체를 현재의 그러한 종류의 사물로 되게 하는 까닭으로서 본질적 속성이 있다.

주희는 중국 철학적 전통에서 널리 공유된 이러한 평범한 「본성의 통속 이론」을 자연스러운 것으로 수용하여 자신의 성리학과 도덕 이론 체계에서 본성의 원천으로 삼았다. 특히 「본성의 통속 이론」에 원리적 개념인 리와 기를 적정한 방식으로 적용하는 동시에 다양한 은유들의 개념적 구조화를 통해 최종적으로 자신만의 독특한 인성론을 형성했다.

(2) 보편적인 성선

주희의 인성론은 리일원론과 '리일분수'를 근거로 한다. 즉 주희는 「본성의 통속 이론」을 바탕으로 '리일분수'와 '성즉리'를 결합하여 우주 본체론의 관점에서 인성론을 전개한 것이다. 이에 관해 주희는 다음과 같이 말했다.

성은 리다.[254]

---

253) '통속 이론'이란 이론화와 체계화가 되지 않은, 그 관점이 사실적 근거와 엄밀한 논증이 없이 단순히 한 문화권에서 광범위하게 공유되고 있는 기본적인 지식이나 믿음이다. 레이코프 · 존슨, 『몸의 철학』, 105, 809쪽 참조. 이러한 통속 이론은 무엇인가에 대해 이론화를 가능하게 해줄 수 있는 바탕이고 전제조건이며, 나아가 그 이론의 보편성, 절대성 주장의 근거로 사용되기도 한다.

254) 『全書(6)』, 「四書章句集注 · 中庸章句集注」 1, 性, 卽理也(32쪽). 중용집주 원전 역문은 『대학 · 중용집주』, 성백효 역 (서울 : 전통문화연구회, 2007) 참조.

성이라는 것은 사람이 하늘로부터 얻은 바의 리다.[255]

주희에 따르면, 우주에는 하나의 리가 있을 뿐이며, 이러한 리의 유행 때문에 하늘과 땅 사이에서 태어나는 모든 것들은 모두 이 리를 부여받아 그 본성으로 삼는다. 특히 만물의 영장인 인간도 예외 없이 이 리로서 그 본성을 이룬다. 즉 인성의 내원은 리이며, 인성이 바로 천리인 것이다.

여기에서 우리가 유의해야 할 점은 주희의 인성론이 통상적으로 '성즉 리'라고 해서 성과 리가 같으며, 성이 리를 의미하는가 하는 것이다. 주희 가 "사람이 태어날 때 성과 기는 합해져 있을 뿐이다",[256] "그러나 기는 저대로 기이고 성은 저대로 성이니, 또한 본디 서로 섞이어 있는 것이 아 니다"[257]고 말했듯이 성과 기는 일종의 불리불잡의 관계다. 따라서 성은 초연하게 오로지 리 그 자체를 가리켜 이르는 것이 아니라 인간의 형기 속에 이미 갖추어진 리를 이르는 말이다.[258]

이렇게 볼 때 '성즉리'라고 해서 성과 리가 반드시 같은 것은 아니며, 단지 부분적 동일성의 상즉(相卽)이기 때문에 성을 리로, 리를 성으로 대치 할 수 없다. 비록 이러한 차이는 양자의 근본적이고 본질적인 구별은 아 니지만, 그것은 세상에 악이 존재하는 것을 설명하는 논리를 가능하게 해 준다.[259]

그렇다면 이러한 인성은 도대체 어떤 구체적인 내용과 특성이 있는가? 이에 대해 주희는 다음과 같이 말했다.

---

255) 『全書(6)』, 「四書章句集注‧孟子集注‧告子上」 3, 性者, 人之所得於天之理也(396쪽).
256) 『全書(22)』, 「文集」, 卷44, 人之有生, 性與氣合而已(1989쪽).
257) 『全書(22)』, 「文集」, 卷46, 然氣自氣, 性自性, 亦自不相夾雜(2147쪽).
258) 『全書(17)』, 「語類」, 卷95, 是理降而在人, 具於形氣之中, 方謂之性. 已涉乎氣矣, 便不能超然 專說得理也(3196쪽) 참조.
259) 오하마 아키라, 『범주로 보는 주자학』, 199, 201, 204쪽 참조.

인간에게서 인의예지는 성이다.[260]

대본(大本)의 측면에서 초월적인 천리를 근거로 하는 인성은 인의예지를 구체 내용으로 삼고 있으며, 따라서 본래 유독 선만 있고 악은 없다.[261] 즉 인성은 모든 인간이 보편적으로 보유하는 천리를 통해 주어지는 인의예지의 덕목으로서 순수하고 지극히 선한 것이다. 다시 말하면 주희는 주로 초월적인 천리로서 인성에 본체론적 토대를 제공함으로써 나아가 인간의 보편적인 성선을 정당화하고 있다.

여기에서 볼 수 있듯이 주희의 성리학과 도덕 이론에서 인간은 보편적인 성선의 특성이 있다. 인간의 보편적인 성선은 주희의 인성론, 나아가 그의 도덕 이론의 초석이라고 할 수 있다.

그런데 위에서 본 것처럼 주희는 이러한 인간의 보편적인 성선의 궁극적 근거가 바로 우리를 넘어선 초월적인 천리에 의해 그 자체로 주어진다고 주장하고 있다. 앞서 은유 분석에서 밝혀졌듯이 리는 은유적 구조물로서 실체성이 없는 원리적 개념이다. 따라서 그것은 결코 인간의 보편적인 성선의 정당화 근거가 될 수 없다. 이는 주희가 말하는 우주 본체인 하나의 리를 부여받아 이루어진다는 인성은 사실상 이론적 가상에 불과하며, 나아가 그것은 모든 인간이 본래부터 선한 도덕성을 타고나는 것이 아님을 시사한다.

여기에서 또 특별히 언급해야 할 것은 레이코프와 존슨에 따르면 도덕성을 정의하는 은유들은 전형적으로 평안함(well—being), 특히 물리적 평안함에 대한 우리 인간들의 다양한 경험들에 그 토대를 두고 있다.

예를 들어, 먹는 음식과 마시는 물 등은 깨끗한 것이 오염된 것보다 더 좋으며, 넉넉하게 재물을 가진 것이 궁핍함을 겪는 것보다 더 바람직하며,

---

260) 『全書(14)』, 「語類」, 卷4, 在人, 仁義禮智, 性也(191쪽).
261) 『全書(22)』, 「文集」, 卷49, 人之性本獨有善而無惡(2256쪽) 참조.

어두운 공포 속에서 굴복하는 것보다는 밝음 속에서 활동하는 것이 더 낫
다.[262] 커베체쉬(Z. Kövecses)도 선과 악, 정직, 용기, 성실, 명예와 그 반대의
것들과 같은 도덕성 범주는 대개 더 구체적인 원천 영역에 의해 이해되는
데, 그중에 경제적 거래와 힘, 곧음, 빛과 어둠, 위—아래 지향이 특히 중
요하다고 했다.[263]

  그렇다면 주회는 자신의 인성론에서 인간의 도덕성에 대해 어떤 은유
를 사용해서 개념적 구조화를 하고 있는가?

> 사람의 본성은 마치 한 무더기의 불과 같다.[264]

> 성은 마치 보배로운 구슬과 같다.[265]

> 성은 마치 햇빛과 같다.[266]

> 성은 물에 비유할 수 있으니 본래는 모두 맑다.[267]

  도덕성 개념에 관한 위와 같은 은유적 언어 표현을 가능케 하는 은유들
로는 「불」 「구슬」 「햇빛」 「물」 등의 은유가 있다. 즉 주회는 인간의 도덕
성 개념에 대해 위와 같은 다양한 은유들을 사용해서 개념적 구조화를 하
고 있다. 이상 은유들의 원천 영역을 살펴보면, 전형적으로 불 영역은 열
영역과 관련이 있으며, 따라서 따뜻함을 의미한다. 햇빛은 밝음을 상징하
며, 물은 맑고 깨끗함을 상징한다. 진귀한 구슬은 귀한 재물을 뜻하기도

---

262) 레이코프·존슨, 『몸의 철학』, 428쪽 참조.
263) 커베체쉬, 『은유 : 실용입문서』, 32쪽 참조.
264) 『全書(14)』, 「語類」, 卷4, 人性如一團火(206쪽).
265) 『全書(16)』, 「語類」, 卷74, 性如寶珠(2525쪽).
266) 『全書(14)』, 「語類」, 卷4, 性如日光(185쪽).
267) 『全書(14)』, 「語類」, 卷4, 性譬之水, 本皆淸也(202쪽).

한다.

여기에서 볼 수 있는 것처럼 이러한 은유들의 원천 영역은 모두 원초적으로 우리 인간의 신체적 경험을 토대로 하고 있으며, 특히 극단적으로 기본적인 우리 인간들의 물리적 평안함의 경험과 직접적 혹은 간접적인 상관관계를 맺고 있다. 따라서 이 은유들은 도덕성 은유들이 인간 평안함의 기본적인 체험에 근거를 두고 있다는 체험주의 주장을 뒷받침해 주는 명쾌한 사례가 된다.

특히 이러한 도덕성 은유들이 가진 철학적 함축은 더욱 중요한 의의가 있다. 인간의 신체적·물리적 경험에 근거한 은유적 구조화는 핵심적으로 파편적 특성이 있다. 이러한 관점에서 주희가 말하는 인간의 도덕성 개념이 위와 같이 다중적이고 일관성이 없는 은유들로 구성되었다는 것은 또 다른 한 측면에서 도덕적으로 불변한 것이 없으며, 따라서 인간의 도덕성이 절대적인 보편성에 도달할 수 없다는 것을 명시한다.

(3) 천명지성과 기질지성의 구분

주희의 인성론에서 인성은 '천명지성'과 '기질지성'으로 구분된다. 이러한 구분된 인성은 인성의 보편성과 특수성을 설명하는 중요한 범주다. 인성의 구분은 장재가 처음 시도했다.[268] 그 후 주희가 장재와 이정의 성 사상을 계승, 발전시켜 최종적으로 '천명지성'과 '기질지성'의 인성론을 확립했다.

주희의 '천명지성'과 '기질지성'이란 도대체 무엇이며, 이들은 어떤 차

---

268) 그러나 어떤 학자들, 예컨대 장립문은 장재와 같은 시기의 도교 금단파(金丹派) 남종(南宗) 창시인인 장백단(張伯端)도 '기질지성'에 관한 사상을 제기했으므로 인성에 대한 이러한 구분을 장재의 독창적인 사상이라고만 보는 것은 역사적 사실에 부합하지 않는다고 주장했다. 張立文, 『朱熹思想研究』, 481쪽 참조. 이에 반해 몽배원은 장재가 장백단의 성 구분 사상을 표절했을 가능성은 크지 않다고 주장했다. 蒙培元, 『理學範疇系統』, 231쪽 참조.

이가 있는가? 이 문제에 관해 주희는 다음과 같이 말했다.

> 천지지성을 논하면 오로지 리를 가리켜서 말한 것이고, 기질지성을 논하
> 면 리와 기를 섞어서 말한 것이다.[269]

주희의 성리학 체계에서 '천명지성'은 또 '천지지성', '본연지성', '의리
지성'이라고도 부른다. 천명지성은 단지 순수한 리로서 거기에는 기가 포
함되어 있지 않다. 이러한 천명지성은 치우침이 없으며, 따라서 지극히 선
하며 사람마다 똑같다. 이에 반해 '기질지성'은 리와 기가 결합하여 이루
어진 것이다. 이러한 기질지성은 특히 기품의 구애 때문에 도리어 치우침
이 있다. 따라서 선도 있고 불선도 있으며 사람마다 제각기 다르다. 천명
지성은 보편적이고 본질적인 인성이며, 기질지성은 구체적이고 현실적인
인성이다.

여기에서 우리는 매우 특이한 점을 발견할 수 있다. 주희의 철학은 본
래 리와 기의 불리불잡의 관계를 주장한다. 그러던 그가 기질지성을 논할
때는 도리어 리와 기를 섞어서 말한 것이라고 했다. 그 이유는 무엇인가?

몽배원에 따르면 이 '잡이언지'(雜而言之)는 주희의 특별한 용어다. 사실
상 기질 속의 성, 즉 기질지성은 천명지성과 차별이 있다. 천명지성도 기
질과 명백하게 '불리불잡'의 관계다. 여기에서 '잡'(雜)이란 기질에 의해 결
정된 구체적인 인성이라고 말할 수 있다.[270] 따라서 주희는 이러한 구체
적인 기질지성에 대해 리와 기를 섞어서, 달리 말하면 리와 기를 겸(兼)해
서 말한 것이라고 했다. 그것은 결코 기질지성에 리와 기가 섞여 있다는
뜻이 아니다. 확실히 기질지성에서 리와 기는 서로 분리돼 있는 것도 아
니며 또한 서로 섞여 있는 것도 아니다.

---

269) 『全書(14)』, 「語類」, 卷4, 論天地之性, 則專指理言; 論氣質之性, 則以理與氣雜而言之(196쪽).
270) 蒙培元, 『中國心性論』 (臺北 : 學生書局, 1996), 366쪽 참조.

그렇다면 이러한 천명지성과 기질지성은 어떠한 상관관계가 있는 것인가? 이 문제에 관해 주희는 다음과 같이 말했다.

> 기질지성은 다만 천지지성이다. 다만 이 천지지성이 도리어 그곳[기질]을 지난 것이다. 좋은 성은 물과 같고, 기질지성에서 장과 소금을 없애면 [물과] 같은 맛이다.[271)

위에서 볼 수 있듯이 천명지성과 기질지성의 관계도 역시 은유적으로 설명된다. 이 은유적 언어 표현을 명시화하는 은유는 바로 「천명지성은 물, 기질지성은 장소금물」 은유, 축약하면 「장소금물」 은유다.

우선 이 은유에 대한 은유적 추론을 해보면 원천 영역에서 장, 소금은 바로 표적 영역에서 기질에 해당한다. 주희는 이 은유에서 주로 물과 장소금물의 상관관계를 천명지성과 기질지성의 관계에 은유적으로 사상한다. 그리하여 천명지성은 기질지성의 본체 상태로서 기질지성과 병립한다든가 혹은 기질지성과 공동으로 인성을 구성하는 것이 아니며, 마찬가지로 기질지성도 천명지성의 전환 상태로서 기질에 물든 천명지성이며, 따라서 또한 천명지성과 무관하거나 혹은 완전히 독립적으로 인성을 구성하는 것이 아님을 강조한 것이다. 이러한 양자의 상관관계에서 알 수 있듯이 현실적인 인성은 바로 천명지성과 기질로 구성된 기질지성이다.

주희에 따르면 모든 인간은 태어날 때부터 선한 도덕적 본성, 즉 순선한 천명지성을 갖고 있으므로 선을 행할 수 있다. 그러나 동시에 또한 현실적인 인성, 즉 선도 있고 악도 있는 기질지성을 갖고 있으므로 물욕에 끌리고 유혹되어 한결같이 선을 지향할 수 없으며, 심지어는 악을 범하게 된다. 본질적으로 말하면 인간의 본성은 선하나 현실적으로 인간은 또 선

---

271) 『全書(14)』, 「語類」, 卷4, 氣質之性, 便只是天地之性. 只是這箇天地之性卻從那裏過. 好底性如水, 氣質之性如殺些醬與鹽, 便是一般滋味(197쪽).

하기도 하고 악하기도 하다. 여기에서 주희는 주로 선진시대 이래 주요 쟁점이었던 인간의 선악 문제를 이론적으로 원만하게 설명하기 위해 인성을 천명지성과 기질지성으로 구분한 것이다.

그렇다면 여기에서 우리가 주목해야 할 점은 인성을 과연 주희가 주장한 것처럼 천명지성과 기질지성으로 구분할 수 있는가 하는 것이다. 앞에서 보았듯이 천명지성이란 기질 속의 리를 말하며 기질지성이란 기질과 천명지성의 결합을 말한다. 이렇게 볼 때 천명지성과 기질지성의 구성은 결과적으로 리와 기에 근거한다. 다시 말하면 주희는 주로 리와 기의 측면에서 천명지성과 기질지성을 다루고 있으며, 따라서 이 양자는 최종적으로 리와 기에 의해 구분된다고 할 수 있다.

우리가 잘 알고 있는 것처럼 리와 기는 모두 은유적 구조물로서 원리적 개념이다. 주희가 단지 원리적 개념인 리와 기에 근거해서 인성을 구분하고 있다는 것은 다른 한편으로 인성에 대한 이와 같은 구분이 그 어떤 사실적 근거도 갖지 않는다는 것을 의미한다. 중국의 심선홍(沈善洪)과 왕봉현(王鳳賢)도 송명 성리학은 리와 기, 리와 욕, 성과 정 등 여러 방면에서 천명지성과 기질지성의 문제에 대해 매우 식견 있는 이론적 분석과 탐구를 진행했지만, 이 양자를 구분하는 근거는 사실상에서 존재하지 않는다고 지적했다.[272] 요컨대 주희의 도덕 이론에서 인성에 대한 천명지성과 기질지성의 구분은 이론적 요청의 산물이라고 할 수 있다.

2) 감정

(1) 정의 함의

주희의 성리학과 도덕 이론에서 정(情)이란 인간의 정감 활동을 가리킨

---

272) 沈善洪·王鳳賢, 『中國倫理思想史(中)』, 248쪽 참조.

다. 통상적으로 주희는 정을 성과의 상대적인 관계에서 다루고 있다. 그렇다면 정이란 도대체 무엇인가? 주희는 다음과 같이 말했다.

성은 뿌리이고 정은 그 싹이다.[273]

이 구절에는 「성은 뿌리, 정은 싹」 은유가 포함되어 있다. 그렇다면 식물의 광범위한 생물학적 체계에서 뿌리와 싹은 도대체 어떠한 관계인가? 우리가 잘 알고 있는 것처럼 싹은 뿌리에서 움터 나온다. 나무줄기, 나뭇가지 따위에서 돋아나오는 새싹도 예외가 아니다. 만약 뿌리가 없다만 싹이란 돋아나올 수 없다. 즉 새싹은 뿌리의 생장발육으로 돋아나온다. 주희는 원천 영역의 이러한 은유적 함의를 표적 영역의 성과 정의 관계에 적용함으로써 정이란 성의 발현임[274]을 특별히 구조화한 것이다.

여기에서 우리가 간단히 짚고 넘어가야 할 것은 앞에서 이미 검토했듯이 주희는 리에 대해서도 「뿌리」 은유를 사용하고 있으며, 동시에 성에 대해서도 똑같은 「뿌리」 은유를 사용하고 있다. 주희의 성리학이 '성즉리'를 강조하고 있다는 점을 참작한다면 성에 대해 이와 같은 「뿌리」 은유의 사용은 전혀 이상할 것이 없으며, 오히려 이로부터 리와 성에 대한 주희의 은유적 사고가 정합성이 있음을 알 수 있다.

요컨대 주희에게서 정이란 바로 인간 본성이 외적 형태로 발현한 것을 가리킨다. 이렇게 볼 때 측은·수오·사양·시비의 사단지심은 모두 정이며,[275] 희(喜), 노(怒), 애(哀), 구(懼), 애(愛), 오(惡), 욕(欲)과 같은 칠정(七情)도 역시 정에 속한다. 범수강(範壽康)은 심지어 주자가 말하는 의지, 지각, 사유 등도 모두 정이라고 주장했다.[276]

---

273) 『全書(18)』, 「語類」, 卷119, 性是根, 情是那芽子(3751쪽).
274) 『全書(14)』, 「語類」, 卷5, 情是性之發(231쪽).
275) 『全書(14)』, 「語類」, 卷20, 惻隱·羞惡·辭讓·是非, 皆情也(704쪽).
276) 範壽康, 『朱子及其哲學』(北京 : 中華書局, 1983), 89쪽 참조.

(2) 정과 성의 관계

그렇다면 이러한 정은 성과 어떤 상관관계가 있는가? 이 문제는 주희의 다음과 같은 은유적 설명에서 잘 드러난다.

성은 물과 같고, 정은 물의 흐름과 같다.[277]

이 구절에는 「성은 물, 정은 물의 흐름」이라는 은유가 들어 있다. 뒤에서 보게 되겠지만, 이 은유는 '심통성정'(心統性情)에서 등장하는 「마음은 물, 성은 물의 고요함, 정은 물의 흐름」 은유와 부분적으로 유사한 은유적 함의를 갖고 있으며, 그러한 맥락에서 그 은유에 포섭된다. 주희는 이 은유에서 주로 물의 본연의 고요함과 외적 영향을 받은 물의 흐름이라는 상관관계로서 성과 정의 상관관계를 특징짓는다. 그리하여 성은 미발(未發)이고 고요함이고 본체이며, 정은 성의 이발(已發)이고 움직임이며 쓰임임을 강조한 것이다.

한 인간에게서 희, 노, 애, 락이 미발한 것은 성의 고요함이고 희, 노, 애, 락이 이발한 것은 정의 움직임이다. 성은 미발이고 본체이며 인, 의, 예, 지가 아직 표현되어 나오지 않은 상태다. 정은 성의 이발이며 그 쓰임과 관련해서 말하면 측은·수오·사양·시비 등 사단의 정이 밖으로 표현된 상태다.

위에서 볼 수 있듯이 "성은 발현하여 정이 되고 정은 성에서 근원함으로 성이 없는 정은 있을 수 없으며 정이 없는 성도 있을 수 없다."[278] 즉 성은 정의 내적 근거이며 정은 성의 외적 표현이다. 이렇게 볼 때 주희는 어느 정도 정의 지위를 인정하고 있으며, 따라서 거듭해서 "정은 성의 사악한 것이니",[279] "망령된 정을 소멸하면 본성이 맑고 밝아진다"[280]고 하

---

277) 『全書(16)』, 「語類」, 卷59, 性如水, 情如水之流(1881쪽).
278) 『全書(21)』, 「文集」, 卷32, 性發爲情, 情根於性, 未有無性之情, 無情之性(1411쪽).

는 이고(李翱)의 '멸정복성'(滅情復性) 사상을 비판했던 것이다.

(3) 정의 발현 형태

위에서 우리는 정과 성의 상관관계, 즉 정은 성의 외적 표현이고 성은 정의 내적 근거임을 살펴보았다. 그렇다면 이러한 인간의 정은 과연 어떠한 발현 형태가 있는 것인가?

이 문제에 관해 위의 「성은 물, 정은 물의 흐름」 은유에 대한 은유적 함의를 조금 더 확장해볼 필요가 있다. 이 은유의 원천 영역에서 흐르는 물은 혹은 메마른 대지를 촉촉이 적셔주는 잔잔한 완류가 될 수도 있겠지만, 마구 흘러넘쳐 자연이나 인간에게 피해를 주는 사나운 급류가 될 수도 있다. 이 은유의 원천 영역에 대한 이렇듯 확장된 은유적 함의는 매우 유의미한 것으로 보인다. 그것은 표적 영역의 정이 선할 수도 있고 악할 수도 있다는 것을 간접적으로 구조화할 수 있기 때문이다. 주희도 "오히려 마음의 본체는 본래 선하지 않음이 없는데 선하지 않은 곳으로 흐른 것은 정이 사물로 옮겨가 그런 것이니",281) "단지 그 기질이 아름답지 않으면 그 정은 대부분 불선에로 흘러간다"282)고 말했다.

위에서 볼 수 있듯이 주희의 성리학과 도덕 이론에서 인간의 정은 그 성으로부터 말하면 리가 발현한 것이기 때문에 본래 다만 선할 뿐이며 불선이란 있을 수 없다. 그러나 인간의 기품이 가지런하지 않기 때문에 그 성으로부터 발현된 정이 기질에 구애되고 또 외물에 옮겨가면 결국 불선으로 흐를 수 있다. 즉 정은 선하지 않음이 없지만, 그 발현한 정이 중절(中節)하는가 중절하지 못하는가에 따라 그 선함과 불선함의 발현 형태가

---

279) 李翱·歐陽詹, 『李文公集·歐陽行周文集』(上海 : 上海古籍出版社, 1993), 「復性書中」, 情者, 性之邪也. 8쪽.

280) 같은 책, 「復性書下」, 妄情滅息, 本性淸明. 10쪽.

281) 『全書(14)』, 「語類」, 卷5, 心之本體本無不善, 其流爲不善者, 情之遷於物而然也(228쪽).

282) 『全書(6)』, 「四書或問·孟子或問」, 卷11, 但氣之不美者, 則其情多流於不善(981쪽).

드러난다.[283] 예컨대 인간의 본성에 따른 사단의 정은 오직 선할 뿐이며, 이에 비해 인간의 일반 감정인 칠정은 혹은 선하기도 하고 혹은 불선하기도 하다.

정에 대한 이상의 진술들을 종합해 보면 주희가 말하는 정도 사실상 이론적 구성의 측면에서는 리와 기를 떠날 수 없는 존재다. 그러나 앞의 검토에서 보았듯이 리와 기는 모두 원리적 개념이다. 이는 궁극적으로는 이러한 원리적 개념인 리와 기에 의해서 그 내부 발생으로부터 외적 표현에 이르기까지 모든 것이 다루어지고 있는 정도 사실은 이론적 요청의 가상이라는 것을 말해 준다.

체험주의에 따르면 정과 같은 것들은 모두 인간의 경험이 몸의 활동으로부터 비롯되어 상상적 구조를 통해 신체적·물리적 층위로부터 정신적·추상적 층위로 은유적으로 정교하게 확장된 산물이다. 이러한 감정에는 명확한 소재가 없다. 그것은 다만 인간의 신체적 요소가 외부 환경과의 상호작용 과정에서 구체적으로 발현된 것, 달리 말하면 인간 경험이 여러 국면으로 드러난 것을 '감정'이라고 부른 것이다. 이러한 관점에서 볼 때 이 정은 비록 경험적인 '정' 개념에 그 구체적인 내용을 담고 있지만, 그것은 오히려 경험적인 요소로부터 자유롭지 못하다고 할 수 있다.

3) 마음

(1) 심의 함의와 성격

주희는 장재, 이정 등 선대의 철학자들의 심학 사상을 계승 발전시켜 논리성이 엄밀하고 내용이 풍부하고 구조가 심오한 심학의 사상체계를 수립했다. 이러한 심학은 그의 심성론에서 매우 특수한 지위와 의미를 지

---

283) 錢穆, 『朱子新學案(上)』, 379쪽 참조.

닌다. 그 중요성만큼이나 논란의 여지도 적지 않다. 그러면 지금부터 주희
가 말하는 심을 검토해보기로 하겠다. 주희는 일찍이 다음과 같이 말했다.

마음이라는 것은 기의 정상한 것이다.[284]

마음의 지각은 또한 그 기의 허령한 것이다.[285]

위에서 볼 수 있듯이 마음은 지각의 기능이 있다. 이러한 지각의 마음
은 허령하고 정상한 기로 구성되어 있다. 그것은 일반적인 기와 무관하다.
특히 기의 찌꺼기와는 서로 대립한다. 주희의 이와 같은 관점은 주로 정
신현상이 정미지기(精微之氣)에서 비롯된다는 중국 고대 사상을 답습한 결
과다.[286]
전목은 주희는 마음을 해석함에 혹은 '지각' 혹은 '허령' 혹은 '신명'이
라고 말했는데 지각, 허령, 신명은 모두 기 쪽에 속하므로 이러한 마음은
다만 기에 속한다고 주장했다.[287] 모종삼도 주희의 '잡으면 보존되고 버
리면 없어지며'(操舍存亡), '신령하고 밝아서 헤아릴 수 없는'(神明不測) 마음
은 비록 형상은 없지만 미소하게 자취가 있는 까닭에 형이상이 아니라 여
전히 형이하라고 주장했다.[288] 이와 반대로 진래는 사람의 심장을 가지고
논하면 기로 구성되었다고 할 수 있으나 거기에는 아무런 철학적 의미가
없으므로 지각의 마음은 형이하에 속하지 않으며, 따라서 기라고 말할 수
없다고 주장했다.[289]
그렇다면 주희가 말하는 이 마음은 과연 무엇인가? 진실로 이처럼 간단

---

284) 『全書(14)』, 「語類」, 卷5, 心者, 氣之精爽(219쪽).
285) 『全書(16)』, 「語類」, 卷60, 心之知覺, 又是那氣之虛靈底(1942쪽).
286) 張立文, 『心』(北京 : 中國人民大學出版社, 1993), 201쪽 참조.
287) 錢穆, 『朱子新學案(上)』, 363쪽 참조.
288) 牟宗三, 『心體與性體(下)』(上海 : 上海古籍出版社, 1999), 427쪽 참조.
289) 진래, 『주희의 철학』, 249쪽 참조.

하게 형이하의 기라거나 아니라고 규정할 수 있는가? 이 문제에 대한 좀 더 진지한 이해를 돕기 위해서 아래에서 주희와 진순(陳淳)[290]이 나눈 한 단락의 대화를 살펴보자.

> 진순: 지각은 마음의 신령스러움이 실로 이러한 것입니까, 아니면 기가 그렇게 된 것입니까?
> 주희: 오로지 기가 아니고 먼저 지각의 리가 있다. 리는 지각이 없지만, 기가 모여 형체를 이루고, 리와 기가 합치면 지각할 수 있다. 이를테면 이 촛불은 이 기름을 얻은 까닭에 많은 불빛이 있다.[291]

주희의 답변 속에는 「리는 촛불 심지, 기는 기름, 마음의 지각은 촛불 빛」 은유, 즉 「촛불 빛」 은유가 들어 있다. 주희는 이 은유에서 주로 원천 영역의 심지와 기름으로 구성된 촛불, 그러한 촛불에서 나오는 불빛 등을 주요한 은유적 함의로 표적 영역의 지각의 리와 허령한 기로 이루어진 마음과 그러한 마음의 지각 등을 분별적으로 구조화한 것이다. 그리하여 마음의 지각은 오로지 허령한 기에 의해 발생하는 것이 아니라 지각의 리와 허령한 기의 결합으로 발생하는 것이며, 특히 지각의 리를 최종적 근거로 하고 있음을 강조한 것이다.

다시 말하면 지각의 마음은 기의 허령함에 속한다. 즉 기의 허령한 부분은 지각의 마음을 구성하는 중요한 요소다. 더욱이 이러한 마음의 지각 기능과 속성은 주로 허령한 기에서 발원한다. 따라서 지각의 마음은 기를 떠날 수 없다. 그러나 이러한 마음은 또 지각의 리가 없으면 존재할 수 없으며, 나아가 지각하거나 외물과 감응할 수도 없다. 이러한 의미에서 또

---

290) 진순은 자는 안경(安卿)이고 임장(臨漳) 사람으로 주희의 제자다.
291) 『全書(14)』, 「語類」, 卷5, 問 : 知覺是心之靈固如此, 抑氣之爲邪? 曰 : 不專是氣, 是先有知 覺之理. 理未知覺, 氣聚成形, 理與氣合, 便能知覺. 譬如這燭火, 是因得這脂膏, 便有許多光燄 (218쪽).

마음을 단순하게 기에다 귀결시킬 수도 없다. 요컨대 지각의 마음은 허령한 기로 구성되었을 뿐만 아니라 특히 지각의 리를 그 내적 근거로 한다.

이 때문에 채방록(蔡方鹿)은 주희가 말하는 이 마음을 기와 완전히 동일시할 수 없으며, 그것은 리와 기의 결합물이라고 주장했다.[292] 몽배원도 주희가 말하는 마음은 형이하, 즉 지각 운동의 마음인 동시에 형이상, 즉 초월적인 본체의 마음이라고 주장했다.[293] 이러한 관점에서 볼 때, 이 지각의 마음을 오로지 형이하의 기라고 주장하는 전목이나 모종삼의 관점, 혹은 이 지각의 마음은 형이하의 기가 아니라고 주장하는 진래의 관점, 이 모두가 주희가 말하는 마음에 관한 정확한 관점이라고 말하기는 어려울 것 같다.

그렇다면 주희는 이러한 지각하는 마음의 속성을 어떻게 규정하고 있는가? 이 문제는 마음과 리, 마음과 성의 관계 측면에서 검토해보는 것이 필요할 것이다. 이 문제에 관해서도 주희는 은유적 설명을 했다.

> 마음은 거울과 같으니 다만 먼지나 때의 가림이 없으면 본체가 저절로 밝아져 사물이 오면 능히 비출 수 있다.[294]

> 대개 마음에 사물이 없는 뒤에라야 사물에 대응할 수 있다. 예컨대 하나의 저울로 물건을 재는 것은 본래 저절로 그 평평함을 얻는다. 만약 먼저 약간의 물건을 위에 첨가하고 물건을 저울질하면 가볍고 무거움이 모두 차이가 난다. 마음에 하나의 사물이라도 두어서는 안 되는 것 또한 이와 같다.[295]

---

292) 蔡方鹿, 『宋明理學心性論(修訂版)』, 135쪽 참조.
293) 蒙培元, 『中國心性論』, 361쪽 참조.
294) 『全書(22)』, 「文集」, 卷49, 心猶鏡也, 但無塵垢之蔽, 則本體自明, 物來能照(2257쪽).
295) 『全書(14)』, 「語類」, 卷16, 蓋心無物, 然後能應物. 如一量稱稱物, 固自得其平. 若先自添著些物在上, 而以之稱物, 則輕重悉差矣. 心不可有一物, 亦猶是也(536쪽).

이 두 구절에는 분별적으로 마음에 대한 「거울」, 「저울」 은유가 들어 있다. 이 두 은유는 모두 원천 영역의 서로 다른 은유적 함의로 동일하게 표적 영역인 마음의 어떤 특정한 측면을 특징짓고 구조화하고 있다.

우선, 「거울」 은유를 보면, 거울이라고 할 때 가장 선명한 특징은 깨끗함이다. 그것은 거울의 중요한 기능이 바로 어떤 대상을 있는 모습 그대로 비춰주는 것인데, 그렇기 위해서는 거울 표면이 우선 깨끗해야 하기 때문이다. 이러한 원인으로 우리는 일상생활에서 항상 거울에 먼지나 때가 끼지 않도록 습관적으로 알른거리게 잘 닦는다. 이것이 바로 「거울」 은유의 원천 영역이 내포한 은유적 함의이다.

다음, 「저울」 은유를 보자. 저울이라고 할 때 가장 먼저 떠오르는 것은 바로 공평성이다. 그렇다고 할 때 저울로 어떤 물건의 무게를 측정하려면 가장 먼저 어찌해야 하는가? 반드시 저울 짐 판 위를 깨끗하게 텅 비워야 한다. 그것은 오직 그래야만 비로소 그 위에 올려놓는 물건의 무게를 한 치의 오차도 없이 정확하게 측성할 수 있기 때문이다. 저울의 짐 판 위가 항상 아무것도 없는 텅 빈 상태, 이것이 바로 「저울」 은유의 주요한 은유적 함의라고 할 수 있다.

주희는 주로 「거울」, 「저울」 등 은유의 원천 영역에서 드러나는 이러한 깨끗함과 텅 빔이라는 개념적 요소를 중요한 은유적 함의로 표적 영역인 마음을 구조화함으로써 나아가 허명(虛明)한 심체, 즉 텅 비고 밝은 마음의 본체를 구조화한 것이다. 이러한 맥락에서 주희는 "마음은 텅 비어 있는데",[296] 이러한 "마음은 신명의 집이다"[297]라고 말했다.

그렇다면 마음의 본체가 텅 비었다는 것은 도대체 어떤 함축을 갖고 있는가? 그것은 단지 마음의 본체가 텅 비어 있다는 의미인가 아니면 텅 비어 있기 때문에 거기에 어떤 것이 꽉 들어 찰 수 있다는 의미인가? 만약

---

296) 『全書(16)』, 「語類」, 卷60, 心是虛底物(1936쪽).
297) 『全書(17)』, 「語類」, 卷98, 心是神明之舍(3305쪽).

어떤 것이 꽉 차 있다면 그것은 과연 무엇인가? 이 문제에 대해 주희는 다음과 같이 말했다.

리는 사람의 마음에 있으니 이것을 본성이라고 한다. 본성은 마음의 전지와 같아서 이 비어 있는 것을 가득 채우니 이 리가 아님이 없을 따름이다.[298]

이 구절에는 「마음은 전지, 리는 곡물」 은유, 즉 「전지」 은유가 들어 있다. 우선 이 은유의 원천 영역을 살펴보면 다만 전지, 즉 논밭이라는 개념만 등장한다. 그러나 이 논밭에 대한 논리적 추론을 해보면 금방 알 수 있듯이 논밭이란 곧 곡물을 심는 땅을 의미한다. 우리는 통상적으로 논밭에 각종 곡물, 즉 조, 콩, 벼, 나락, 기장 등 따위를 심는다. 만일 이러한 곡물을 심지 않는다면 그것을 논밭이라고 말하기는 힘든 것이다.

주희는 원천 영역에서 전지와 그 전지에 심는 각종 곡물의 관계를 표적 영역의 마음과 리의 관계에 은유적으로 사상함으로써 마음은 비록 하나의 사물이지만 오히려 비어 있으며, 따라서 온갖 리를 포함하고 있음을 구조화한 것이다. 이로부터 볼 때 "마음은 곧 리가 모여 있는 곳이며",[299] 따라서 "마음은 온갖 리를 포함하고 있으며, 온갖 리는 하나의 마음에 갖추어져 있다."[300] 특히 "마음이라는 것은 사람의 신명이니 모든 리를 갖추고 있어 만사에 응하는 것이다."[301]

여기에서 원천 영역의 곡물이 형체가 있는 실재이고 그것이 구조화한 표적 영역의 리가 형이상의 형체 없는 실체라는 점을 참작한다면 이 부분

---

298) 『全書(17)』, 「語類」, 卷98, 理在人心, 是之謂性. 性如心之田地, 充此中虛, 莫非是理而已(3305쪽).

299) 『全書(14)』, 「語類」, 卷5, 心便是理之所會之地(223쪽).

300) 『全書(14)』, 「語類」, 卷9, 心包萬理, 萬理具於一心(306쪽).

301) 『全書(6)』, 「四書章句集注·孟子集注·盡心上」 1, 心者, 人之神明, 所以具衆理而應萬事者也(425쪽).

에서도 주희의 은유적 사고와 철학적 진술 사이에는 불가피한 모순과 충돌이 존재한다. 따라서 또한 사물과 같은 리가 어떻게 하늘에서 얻어져 마음에 갖추어질 수 있는가 하는 청대의 철학가 대진(戴震)의 많은 비판을 받은 것도 사실이지만, 여기에서 주희가 '심구중리'(心具衆理) '심포만리'(心包理) 논제를 강조했던 점만은 확실하다.

그렇다면 이 시점에서 곧 마음과 리의 관계로부터 한 걸음 더 나아가 마음과 성의 관계는 어떠한가 하는 질문이 새롭게 제기된다. 이 문제에 관해 주희는 일찍이 다음과 같이 말했다.

> 마음은 본성을 만두소의 모양으로 삼는다.[302]

> 마음과 본성의 구별은 마치 사발에 물을 담는 것과 같으니, 물은 반드시 사발이 있어야 담을 수 있지만 사발이 곧 물이라고 해서는 안 된다.[303]

이 두 인용문에는 선후로 「만두소」 은유, 즉 「마음은 만두껍질, 본성은 만두소」 은유와 「사발 안의 물」 은유, 즉 「마음은 사발, 본성은 사발 속 물」 은유가 들어 있다.

일반적으로 만두는 만두소를 만두껍질에 넣어 빚는다. 즉 만두껍질은 밖에서 만두소를 감싸고 있으며 만두소는 만두껍질 속에 들어 있다. 가령 만두소와 만두껍질이 서로 분리되어 있다면 그것은 만두가 아니다. 주희는 「만두소」 은유의 원천 영역에서 이와 같은 만두껍질과 만두소의 상관 관계를 표적 영역의 마음과 본성의 관계에 은유적으로 사상함으로써 마음은 본성을 그 체로 삼고 있으며 본성은 마음 안에 갖추어져 있음을 강조한 것이다.

---

302) 『全書(14)』, 「語類」, 卷5, 心將性做餡子模樣(223쪽).
303) 『全書(14)』, 「語類」, 卷18, 心·性之別, 如以碗盛水, 水須碗乃能盛, 然謂碗便是水, 則不可 (622쪽).

그러나 여기에서 주희는 또 「사발 안의 물」 은유에서 사발이 비록 물을 담고 있지만 사발은 사발이고 물은 물이라는 점을 주요한 의미 초점으로 맞추어 표적 영역의 마음과 본성은 비록 서로 관통되어 떨어질 수 없지만 또한 서로 구별되고 있음을 구조화한 것이다.

특히 이러한 마음과 성의 구별을 토대로 주희는 "장횡거의 말은 대체로 분명하지 못한 곳이 있다. 마음이 있으면 저절로 지각이 있으니, 또 무엇 때문에 성과 지각을 합하겠는가"304)라고 하면서 성과 지각을 병칭해서 마음이라고 하는 장재의 관점을 비판했던 것이다.

그리고 주희는 마음의 본체는 텅 비어 있을 뿐만 아니라 특히 거울처럼 밝아서 사물이 옮겨오면 신속히 대응할 수 있다고 했다. 이는 마음에 외물을 지각하고 나아가 사려하는 등의 인식 능력이 있음을 의미하는 것이다. 그 인식의 대상은 바로 리다. 즉 마음의 인식 능력은 리를 파악하는 것인데, 그것은 주로 격물궁리를 통해 얻은 사물의 리와 마음속에 본래 내재한 리의 일치성 여부에 대한 인증을 통해 실현된다. 주희가 "지각되는 것은 마음의 리이고 지각하는 것은 기의 영명이다"305)라고 말했듯이 이러한 마음은 인식의 주체가 되면서도 동시에 또한 인식의 객체가 되기도 한다.

그렇다면 이러한 속성의 마음은 또 어떤 특성이 있는가? 이 문제에 대해 주희는 또 다음과 같이 말했다.

> 마음은 보배로운 구슬과 같고, 기는 물과 같다. 만약 물이 맑으면, 구슬은 그 안에 있으면서도 환하게 빛날 것이고, 만약 물이 흐리면 이 보배로운 구슬도 어둡고 흐려질 것이다.306)

---

304) 『全書(16)』, 「語類」, 卷60, 橫渠之言大率有未瑩處. 有心則自有知覺, 又何合性與知覺之有!(1944쪽).

305) 『全書(14)』, 「語類」, 卷5, 所覺者, 心之理也; 能覺者, 氣之靈也(219쪽).

306) 『全書(16)』, 「語類」, 卷59, 心如箇寶珠, 氣如水. 若水淸, 則寶珠在那裏也瑩徹光明; 若水濁,

이 언표에는 「기는 물, 마음은 물속의 구슬」 은유, 즉 「물속의 구슬」 은
유가 들어 있다. 주희는 주로 이 「물속의 구슬」 은유를 통해 맑은 물과
혼탁한 물에서 드러나는 서로 다른 구슬 빛을 주요한 은유적 함의로 기의
밝고 어둠의 차이 때문에 선할 수도 있고 악할 수도 있는 마음307)의 특성
을 구조화했다.

구체적으로 말하면 마음의 본체는 온갖 리를 갖추고 있으며 원래 스스
로 밝으므로 발현하면 선하다. 그러나 마음이 만일 기품의 편벽함과 물욕
의 사사로움에 얽매이게 되면 가려서 어두워지므로 불선하게 된다. 여기
에서 볼 수 있듯이 인지 주체와 사려 기관으로서의 마음은 주희의 성리학
과 도덕 이론에서 인식론의 범주에 속할 뿐만 아니라, 동시에 또한 윤리
학적 함축을 갖는다.

여기에서 반드시 밝혀야 할 한 가지 점은 주희는 「구슬」 은유로 선후해
서 리, 성, 마음 등에 대한 개념적 구조화를 했다. 앞에서 이미 언급했듯
이 '성즉리'의 차원에서 볼 때 성과 리에 대한 이러한 은유적 구조화는 모
순이 없으며 정합적이라고 할 수 있다. 그러나 성, 리와 서로 다른 차원의
개념인 마음에 대해서도 「구슬」 은유를 사용했다는 것은 일종의 은유적
착상(錯想)의 경우라고 할 수 있다. 그것은 나아가 은유는 연산적이지 않으
며,308) 특히 그 은유적 확장은 비법칙적 특성이 있다309)는 체험주의 은유
이론의 정당성을 확인해주는 좋은 사례가 된다.

한편, 마음이 그 기의 밝고 어둠의 차이에 의해 선으로 흐를 수 있고
불선으로도 흐를 수 있다는 것은 일차적으로 마음에 대한 수양을 요구한
다. 그렇다면 수양을 통한 마음은 어떠한가? 이 문제에 대해서도 주희는

則和那寶珠也昏濁了(1900쪽).
307) 『全書(14)』, 「語類」, 卷5, 心有善惡(223). 참조.
308) 존슨, 『마음 속의 몸』, p. 346 참조.
309) 노양진, 「몸의 철학과 경험의 미학적 구조」, p. 6 참조.

은유적 설명을 했다.

> 마음과 리는 하나이니, 리가 앞에서 하나의 사물이 되는 것이 아니라 리
> 는 곧 마음 한가운데 있으며 마음은 싸서 축적할 수 없고 일에 따라서 발한
> 다. …… 마치 저 창고와 같으니 경서를 꺼내고 그 안에 등잔을 켜면 사방팔
> 면은 모두 이처럼 불빛이 찬란하다.310)

이 구절에는 「리는 등잔 불빛, 마음은 환한 창고」 은유, 즉 요약해서
「창고 안의 등잔불빛」 은유가 들어 있다. 구체적으로 말하면 등잔불을 켜
지 않은 창고는 일반적으로 어두울 수도 있다. 이때 만약 등잔불을 켠다
면 그 불빛은 창고 안의 사방팔면은 물론 심지어 구석구석까지도 환하게
밝혀줄 수 있다. 주희는 원천 영역의 환하게 밝아진 창고와 등잔불빛의
관계를 표적 영역의 마음과 리의 관계에 은유적으로 사상함으로써 수양
공부를 통해 마음이 밝아지면 그 안의 리가 완전히 드러나며, 따라서 곧
마음과 리가 하나로 합치될 수 있음을 강조한 것이다.

여기에서 주목해야 할 것은 마음과 리의 관계다. 예컨대 몽배원은 '심
과 리는 하나다'라는 주희의 주장은 마음이 리와 합치한다는 의미가 아니
라 마음속의 혼연한 리가 밝게 빛나고 통해져 가려짐이 없음을 의미하는
것이며, 이 점에서 '심은 리다'(心卽理)라는 육구연(陸九淵)의 주장과 구별이
없으므로 주희의 철학은 심본체론이라고 주장했다.311)

그러나 진래가 강조했던 것처럼 주희의 성리학에서 '심과 리는 하나다'
와 '심은 리다'는 각각 서로 다른 의미를 지니고 있는 명제며, 따라서
서로 혼동해서는 안 된다. '심과 리는 하나다'는 주로 성현의 위치에 도달

---

310) 「창고 안의 등잔불빛」 은유, 즉 「리는 등잔 불빛, 마음은 환한 창고」 은유의 언어적 표
현은 『全書(14)』, 「語類」, 卷5, 心與理一, 不是理在前面爲一物. 理便在心之中, 心包蓄不住,
隨事而發. …… 恰似那藏相似, 除了經函, 裏面點燈, 四方八面皆如此光明粲爛, 但今人亦少能
看得如此(219쪽)에서 보인다.
311) 蒙培元, 『理學的演變』, 34, 38쪽 참조.

한 사람이 그 마음과 리가 합일된 경지에 도달했음을 뜻하는 것이므로 그것은 결코 모든 사람의 마음이 리라는 '심은 리다' 사상과는 확연히 다르다.[312] 채방록도 주희의 '심과 리는 하나다'의 함의는 육규연의 '심은 리다'와 뚜렷한 차이가 있으므로 주희의 철학을 심본체론이라고 단정할 수 없다고 주장했다.[313] 필자는 진래, 채방록의 관점이 주희의 '마음과 리는 하나다'의 관점에 가장 부합한다고 생각한다.

지금까지의 검토에서 볼 수 있듯이 주희가 말하는 마음은 기의 허령하고 정상한 부분으로 구성되었지만, 마음이 바로 기라고 단정할 수 없다. 마찬가지로 리, 나아가 성은 내적인 존재 근거로서 마음의 본질적인 한 속성을 이루지만 어떤 의미에서도 마음과 서로 같다고 할 수 없다. 이러한 마음은 기질의 혼명(昏明) 때문에 선하거나 불선하므로 모름지기 마음의 수양을 통해 마음과 리의 최종적 합일을 추구해야 한다.

체험주의에 따르면 마음은 모종의 추상적 실재가 아니라 몸의 일부인 두뇌의 활동을 중심으로 발생하는 특수한 현상이다. 따라서 몸으로부터 분리된 마음은 존재하지 않으며 이러한 마음은 근원적으로 신체화되어 있다. 이러한 체험주의의 입장은 홉스(T. Hobbes)의 주장을 떠올리게 한다. 홉스는 "인간의 정신 안에는 최초에 전체적으로 또는 부분적으로 감각 기관에 의해 생겨나지 않은 것이 없다"[314]고 주장했다. 이 때문에 '몸으로부터 분리된 마음' 개념은 필연적으로 은유적으로 구조화될 수밖에 없다. 즉 은유 없이 마음을 개념화하는 것은 거의 불가능하다.[315]

이처럼 주희는 「촛불 빛」「거울」「저울」「전지」「만두소」「사발 안의 물」「물속의 구슬」「창고 안의 등잔 불빛」등의 다양한 은유들을 동원해

---

312) 진래, 『주희의 철학』, 257-58쪽 참조.
313) 蔡方鹿, 『宋明理學心性論(修訂版)』, 134쪽 참조.
314) Thomas Hobbes, Leviathan (Indianapolis, Ind. : Bobbs—Merrill, 1968), p. 25.
315) 레이코프·존슨, 『몸의 철학』, 573, 810쪽 참조.

서 마음을 구조화했다. 마음이 은유적으로 구조화되었다는 것은 마음이
존재적으로는 실체성이 없는, 인식적으로는 확실성이 없는 존재임을 함축
한다. 특히 주희가 말하는 마음이 기의 허령하고 정상한 부분에 속한다는
맥락에서는 신체적 요소와 일정한 관련이 있는 듯하다. 그렇지만 결과적
으로 원리적 개념인 리와 기에 의해 구성된다는 것은 이 마음이 현대 인
지과학의 경험적 지식에 부합되지 않는 마음이며, 따라서 이 마음도 역시
성이나 정과 마찬가지로 단지 이론적 요청으로 만들어진 가상이라고 할
수 있다.

(2) 도심과 인심의 구분

주희의 성리학과 도덕 이론 체계에서 '허령 지각'의 마음은 하나뿐이다.
그러나 이러한 마음은 그 지각의 내원과 내용에 따라 구체적으로 '인심'
(人心)과 '도심'(道心)으로 구분된다. 인심도심은 『서경』의 "인심은 위태하고
도심은 미묘하니 오로지 정밀히 하고 한결같이 하고서야 진실로 그 중을
잡을 수 있으리라"316)라는 말에서 처음 사용된 개념이다. 그 후 정이가
인심도심을 심성론의 중요한 범주로 제기했으며, 주희가 또 이 인심도심
사상을 계승 발휘하여 자신의 심성론의 핵심 주제로 끌어들인 것이다. 그
렇다면 주희가 말하는 도심과 인심이란 과연 어떠한 마음인가? 주희는 다
음과 같이 말했다.

> 그 형기의 사사로움에서 생겨나온 것을 가리켜 인심이라 하며, 그 의리
> 의 공정함에서 나온 것을 가리켜 도심이라 한다.317)

> 도리를 지각하는 것은 도심이고, 소리 · 색깔 · 냄새 · 맛을 지각하는 것은

---

316) 『書經』, 「大禹謨」, 人心惟危, 道心惟微, 惟精惟一, 允執厥中.
317) 『全書(23)』, 「文集」, 卷65, 指其生於形氣之私者而言, 則謂之人心. 指其發於義理之公者而言,
　　 則謂之道心(3180쪽).

인심이다.318)

그 지각의 내원 측면에서 성명의 올바름에서 근원하고 의리의 공정함에서 발현된 것은 도심이며, 혈기에서 생기고 형체에서 발현된 것은 인심이다. 그 지각의 내용 측면에서 천리를 자아 직각(直覺)하는 것은 도심이며, 정욕을 감성 지각하는 것은 인심이다. 그 지각의 표현 측면에서 측은·수오·사양·시비는 도심이며, 굶주림·추위·아픔·가려움은 인심이다.319) 이에 최정묵은 "이와 같은 도심과 인심의 나눔은 지각이라는 기능적인 측면에서의 구분일 뿐, 존재론적 이원을 의미하는 것이 아니다"320)라고 말했다.

그리고 어떤 의미에서 주희가 말한 인간의 이중 인성이 바로 인간의 이중 마음을 발생한다고 할 수 있다. 즉 의리지성으로부터 발현된 것은 도심이며, 따라서 지선할 뿐이며, 기질지성으로부터 발동된 것은 인심이며, 따라서 선할 수도 있고 불선할 수도 있다. 이러한 관점에서 도심은 '이리지성'의 체현이며, 인심은 '기질지성'의 반영이다.321) 따라서 또한 도심을 '의리지심'이라고도 부르며, 인심을 '기질지심'이라고도 부른다. 그렇다면 이러한 도심과 인심의 관계는 어떠한가? 주희는 말했다.

> 도심은 맑은 물이 흐린 물에 있는 것과 같아서 오직 그 흐린 것만 보이고 그 맑은 것은 보지 않는다.322)

이 구절에는 「도심은 맑은 물, 인심은 흐린 물」 은유, 즉 「맑은 물/흐린

---

318) 『全書(16)』, 「語類」, 卷78, 知覺得道理底是道心, 知覺得聲色臭味底是人心(2664쪽).
319) 『全書(16)』, 「語類」, 卷62, 饑寒痛癢, 此人心也; 惻隱·羞惡·是非·辭遜, 此道心也(2013
쪽) 참조.
320) 최정묵, 『주자의 도덕철학』, 88쪽.
321) 張錫勤·柴文華, 『中國倫理道德變遷史稿(下卷)』(北京 : 人民出版社, 2008), 42쪽 참조.
322) 『全書(16)』, 「語類」, 卷78, 道心如淸水之在濁水, 惟見其濁, 不見其淸(2665-66쪽).

물」 은유가 들어 있다. 구체적으로 말하면, 이 은유적 언어 표현에는 맑은 물과 흐린 물, 그리고 도심 개념만 나타난다. 그러나 주희의 성리학에서 도심과 인심이 서로 짝을 이루는 개념이라는 점을 유념한다면 도심과 맑은 물, 인심과 흐린 물이 체계적 대응 관계를 맺고 있음을 추론해 낼 수 있다.

주희는 이 은유의 원천 영역에서 맑은 물과 흐린물의 상관관계를 주요한 은유적 함의로 표적 영역의 도심과 인심의 관계에 은유적으로 적용하여 도심과 인심은 다만 교섭하는 경계이고 두 가지 물건은 아니며, 특히 인심은 위험하여 함닉하기 쉽지만 도심은 미묘하여 드러나기 어려움을 강조한 것이다.

특히 주희는 이러한 도심과 인심에 대해 "양자는 방촌(마음)의 사이에 섞여 있어"[323] 서로 분리되지 않는 관계라고 했다. 이는 도심과 인심은 두 개의 마음이 아니라 한마음의 두 가지 지각 활동이라는 말이다. 그러므로 이들은 한마음의 두 가지 속성 또는 국면이다. 도심은 반드시 인심이 있어야만 그 속에 안착할 수 있다. 즉 도심은 인심에서 섞여 나오며, 인심 중에는 도심이 포함되어 있다. 따라서 이 양자는 상호 의존하고 또한 상호 침투한다.

여기에서 만일 한마음 속에 섞여 있는 도심과 인심에 대해 다스릴 바를 알지 못한다면 그 결과는 어떠하겠는가? 위태로운 인심은 쉽게 움직이고 돌이키기 어렵기 때문에 더욱 위태롭고 불안하게 될 것이며, 반면에 은미한 도심은 밝히기는 어렵고 쉽게 어두워지므로 더욱 은미하여 드러나지 않을 것이다. 이러한 도심과 인심의 관계에 대해 주희는 다음과 같은 은유적 설명을 했다.

---

323) 『全書(6)』, 「四書章句集注・中庸章句(序)」, 二者雜於方寸之間(29쪽).

인심은 병졸과 같고, 도심은 장수와 같다.[324)

이 구절에는 「도심은 장수, 인심은 병졸」 은유, 즉 「장수/졸병」 은유가 들어 있다. 이 은유에도 전형적으로 「위—아래」 공간 지향성이 포함되어 있다. 즉 장수와 병졸의 관계는 일종의 「위—아래」의 통제와 피통제의 관계다. 주희는 이 은유에서 장수와 병졸의 이와 같은 상관관계를 중요한 은유적 함의로 도심과 인심의 관계를 구조화한다. 그리하여 도심과 인심의 관계를 정확히 처리하는 관건은 인심을 완전히 없애버리는 것이 아니라 반드시 도심을 기준으로 인심을 주재하고 절제해야 함을 강조한 것이다. 그가 항상 인심은 자각적으로 거두어들이고 도심은 놓아 잃어버리지 말아야 한다고 한 것도 바로 이 때문이다.[325)

그러면 체험주의 시각에 근거해서 도심과 인심을 검토해보기로 하자. 체험주의에 따르면 인간 마음의 구조는 본질적으로 우리의 몸과 신체화된 경험과의 연결에 의해서만 유의미한 것이 된다. 유인희도 인심은 두말할 것 없고 도심도 반드시 구체적인 마음, 즉 실심(實心)을 통과해야만 성립된다고 지적했다.[326)

이렇게 볼 때 주희가 말하는 마음은 형이하적인 기의 요소가 개입되었다는 의미에서는 '신체화된 마음'이라고 할 수 있다. 그러나 주희가 말하는 마음과 체험주의의 '신체화된 마음'은 본질적으로 다르다는 데 유의해야 한다. 그리고 주희가 말하는 도심과 인심은 단지 하나의 마음의 두 가지 속성과 국면일 뿐, 두 개의 완전히 독립된 영역은 아니다. 그러나 앞에서 보았듯이 이 양자는 그 지각의 내원과 내용 등의 측면에서 근원적으로 원리적 개념인 리와 기를 떠날 수 없다. 다시 말하면 이러한 도심과 인심

---

324) 『全書(16)』, 「語類」, 卷78, 人心如卒徒, 道心如將(2667쪽).
325) 『全書(22)』, 「文集」, 卷39, 自人心而收回, 便是道心; 自道心而放出, 便是人心(1752쪽) 참조.
326) 류인희, 『주자철학과 중국철학』 (서울 : 범학사, 1980), 215쪽 참조.

은 바로 리와 기의 상관관계에 의해 개념적 구조화를 이루고 있다.

그러나 마음에 관한 체험주의 기본 관점에서 볼 때 인간의 마음은 결코 주희의 주장처럼 도심과 인심으로 나누어져서 제각기 도덕의식과 정욕의식을 지각하는 것이 아니다. 다시 말하면 도덕 경험과 욕구 경험은 도심과 인심이라는 속성을 갖춘 하나의 마음이 별도로 있어서 수행하는 것이 아니라 모두 하나의 몸이 수행하고 있는 것이다. 다만, 우리는 편의상 그것을 '마음'이라는 은유적 개념으로 몸과 분리해서 사용하고 있을 따름이다.

요컨대 주희의 마음에 관한 도심과 인심의 구분은 마음의 본성에 관한 현대 인지과학의 경험적 탐구 결과들과 상충할 뿐만이 아니라 아무런 의미론적 근거가 없는 이론적 요청의 산물이라고 할 수 있다.

(3) 심통성정

주희의 성리학과 도덕 이론 체계에서 마음은 선악을 조절하는 중추로서 배타적인 우선성을 갖고 있다. 이러한 마음에 대해 주희는 다음과 같이 말했다.

> 마음은 주재함을 이른다.[327]

주희에 따르면 마음은 여러 감각기관을 통어(統御)하여 한 몸을 주재하며,[328] 또한 지극히 신령스러워 만사만물에 응접하여 그 모든 변화를 주재한다.[329] 여기에서 마음의 주재는 인식론, 윤리학과 긴밀히 연관되어 있으며, 주로 마음이 인식, 수양 과정에서의 주도 작용과 능동 작용을 강조하고 있다.

---

327) 『全書(14)』, 「語類」, 卷5, 心, 主宰之謂也(229쪽).
328) 『全書(17)』, 「語類」, 卷98, 心是神明之舍, 爲一身之主宰(3305쪽) 참조.
329) 『全書(22)』, 「文集」, 卷46, 蓋人心至靈, 主宰萬變(2138쪽) 참조.

마음의 주재 작용은 주희의 '심통성정' 사상에서 잘 드러난다. '심통성정'은 장재가 처음 제기했는데, 주희가 장재의 이 '심통성정' 명제와 정이의 '심유체용'(心有體用) 관점을 결합하고 발전시켜 심성론의 중요한 구성부분인 '심통성정'론을 정립한 것이다. 그렇다면 '심통성정'이란 무엇이며, 그 구체적 내용은 어떠한가? 이 문제에 대해 주희는 다음과 같은 은유적 진술을 했다.

　　마음은 물과 같으며, 성은 물이 고요한 상태와 같고, 정은 물이 흐르는 것이다.330)

　　성은 마땅히 해야 할 직무이니 이를테면 주부가 첨삭하거나 현위가 순찰하는 것과 같다. 마음은 관원이다. …… 정은 관청에서 일을 처리하는 것이니 이를테면 현위가 도적을 잡는 것과 같다.331)

첫 구절의 은유는 「마음은 물, 성은 물의 고요함, 정은 물의 흐름」, 간단히 말해서 「물/물의 고요함/물의 흐름」 은유다. 일반적으로 물의 가장 본연의 상태는 고요함이다. 그러나 이러한 물도 외적인 영향을 받으면 곧 움직이게 된다. 예컨대 높은 위치에 처해 있던 물이 낮은 위치에 닿게 되면 곧 자연스럽게 흐른다. 주희는 이러한 물의 서로 다른 상태를 특정한 개념적 요소로 분별적으로 심, 성, 정을 은유적으로 구조화했다. 그리하여 마음은 성, 정을 포함하고 있으며, 특히 마음은 성을 본체로 하고 정을 쓰임으로 하고 있음을 강조한 것이다.

두 번째 구절의 은유는 「마음은 관원, 성은 현위, 정은 도덕을 잡는 것」, 줄여 말해 「관원/현위/도적을 잡는 것」 은유다. 관원이란 고대 한 지방의

---

330) 『全書(14)』, 「語類」, 卷5, 心如水, 性猶水之靜, 情則水之流(229쪽).
331) 『全書(14)』, 「語類」, 卷4, 性, 便是合當做底職事. 如主簿銷注, 縣尉巡捕; 心, 便是官人; ……
　　情, 便是當廳處斷事, 如縣尉捉得賊(192쪽).

행정 장관을 말하며, 현위란 그 지방에서 교육이나 치안 등을 맡아 보는 벼슬아치를 이른다. 통상적으로 관원은 그 지방의 모든 일을 총괄해서 맡아보며, 그러한 관원의 관할 하에서 현위는 그 지방 안전을 위해 순찰을 하기도 하며, 특히 도적을 잡는 등 구체적인 일을 맡아한다. 주희는 이 은유에서 관원, 현위, 그리고 현위가 도적을 잡는 일 등의 상관관계를 심, 성, 정의 삼자 관계에 은유적으로 사상함으로써 마음이 성과 정을 통제, 주재하고 있음을 강조한 것이다.

이상의 은유 분석에 의하면 '심통성정'에는 두 가지 내용이 있음을 알 수 있다. 첫째, 마음은 성과 정을 겸유한다. 즉 미발의 성은 고요하며 마음의 본체가 되고, 이발의 정은 움직이며 마음의 쓰임이 된다. 따라서 마음은 동정, 체용, 미발이발의 총체를 포괄하며 성, 정은 이 총체의 서로 다른 측면이다. 둘째, 마음은 성과 정을 주재한다. 마음이 성을 주재한다는 것은 미발 시의 마음에 대한 주경함양(主敬涵養)을 통해 '중' 상태를 잘 보전하여 그 속의 혼연한 성이 어떤 간섭도 받지 않고 선한 근본을 유지하도록 하는 것이다. 그러나 그것은 결코 마음이 성의 존재 여부를 결정하거나 나아가 천지의 리를 주재한다는 뜻이 아니다. 마음이 정을 주재한다는 것은 이발 시의 마음에 대한 성찰을 통해 성으로부터 밖으로 드러난 정이 성선의 원칙에 따라 중절하여 화(和)에 도달하도록 하는 것이다.

이러한 '심통성정'은 마음과 성, 정의 관계에서 인간의 개과천선(改過遷善)을 향한 도덕적 수양의 가능성을 제시하고 있으며, 따라서 그의 도덕 수양론의 중요한 이론적 근거로 활용되고 있다. 그러나 앞에서 서술했듯이 주희가 말하는 심, 성, 정은 모두 원리적 개념인 리와 기에 의해 구성된 이론적 가상이다. 이는 이러한 이론적 가상들로 조합된 주희의 '심통성정'은 도덕적 수양의 이론적 근거로 요청된 은유적 사고의 산물임을 의미한다. 그것은 나아가 '심통성정'에는 성정에 대한 마음의 주재 작용이 실제로 존재하지 않는다는 것을 함축한다.

체험주의 시각에서 보면 마음과 몸의 이분법은 우리 인간이 오랜 세월 속에서 이미 언어적으로 고착되고 익숙해져서 거의 무의식적으로 받아들이고 있다. 몸의 내면적인 구조와 그 작동 기제를 살펴볼 때 우리 인간의 몸은 시·공간의 변화에 따라, 특정한 상황에 따라, 그리고 외부 환경과의 끊임없는 상호작용 과정에서 단일하게 한쪽으로만 치우쳐서 발현되는 것이 아니라 쪼개져서 끊임없이 여러 방면으로 발현된다.

여기에서 '몸이 쪼개진다'고 하는 것은 생물학적으로 몸 일부가 유기체 몸으로부터 분리되어 나간다는 그런 의미가 아니다. 그것은 몸의 발현이 신체적 층위로부터 추상적 층위로의 확장, 그것도 추상적 층위의 한 방면이 아닌 여러 방면으로 동시에 상대적 변이를 보이면서 확장되어 나아감을 의미한다. 통상적으로 우리는 몸의 직접적인 활동으로부터 출발해서 상상적 구조를 통해 추상적 영역으로 확장된 경험을 마음으로 간주하고 있다. 인지과학적인 측면에서 볼 때 이는 또한 인간 몸의 일부인 두뇌의 작용이라고 할 수 있다.

이렇게 볼 때 주희의 '마음이 몸을 주재한다'든가 '마음이 만사만물을 주재한다'든가 나아가 '마음이 성과 정을 주재한다'는 '심통성정'의 관점은 단지 '쪼개진 몸'의 현상이며, 그것은 사실상 우리 인간의 두뇌와 외부 환경이 상호작용을 통해 이루어지는 몸의 정교한 활동이다. 따라서 주희가 주장한 것처럼 '마음이 ××을 주재한다'고 할 것이 아니라 '몸이 ××을 주재한다'고 하는 것이 인지과학적 해석에 더욱 부합할 것이다.

이상의 주희의 심성론에 관한 체험주의 시각에서의 검토를 다음과 같이 종합할 수 있다.

첫째, 주희의 심성론은 「본성의 통속 이론」을 토대로, 거기에 원리적 개념인 리와 기가 적용되고, 나아가 「장소금물」 「촛불 빛」 「거울」 「전지」 「만두소」 「맑은 물/흐린 물」 「장수/졸병」 「물/ 물의 고요함/물의 흐름」 「관원/현위/도적을 잡는 것」 등의 다양한 은유들에 의해 정교화된 은유적 구조물로서 그것은 주희 도덕 이론 체계의 구축을 위해 요청된 산물이라고 할 수 있다.

둘째, 주희의 심성론은 경험과학적 발견들과 상충하는 이론 남점들을 안고 있다. 예컨대 인간의 보편적 성선, 인성에 관한 천명지성과 기질지성의 구분은 사실적 근거가 없으며, 정도 경험적인 맥락에서 자유롭지 못하다. 인심, 도심을 포함한 마음도 인지과학의 마음에 관한 관점에 부합되지 않으며, 특히 마음이 성, 정을 주재한다는 '심통성정'도 실제로 존재하지 않는다고 할 수 있다.

3. 리욕론

천리와 인욕은 유가 도덕 이론의 핵심적 주제다. 주희는 특히 심성론에서 출발하여 천리인욕론, 즉 리욕론의 문제를 다룬다. 그의 리욕론은 대체로 개인의 생리적, 물질적 욕구를 사회의 도덕규범이 허용하는 범위로 한정시키는 데 그 주안점을 두고 있다. '존천리 멸인욕'은 이러한 윤리 사상의 종지를 드러낸 것이라고 할 수 있다.

물론 그것은 성인과 같은 이상적 인격의 추구를 위한 것이지만, 그 실질은 개인의 정욕에 대한 제압이다. 그러나 그의 리욕론을 간단하게 금욕주의(禁欲主義)라고 규정하기는 어렵다. 그것은 리욕론의 금욕주의 여부 논쟁이 아직 진행 중이기 때문이다.[332] 이 부분에서도 심성론과 마찬가지로

---

332) 현재 중국의 대부분 학자, 예컨대 장대년, 몽배원, 진래, 장석근, 시문화, 왕육제 등은 모두 주희의 리욕론은 일정하게 금욕주의 경향이 있기는 하지만 금욕주의라고는 말할 수 없다고 주장했다. 張岱年, 『中國倫理思想硏究』 (南京 : 江蘇敎育出版社, 2009), 100쪽; 蒙培元, 『理學範疇系統』, 288쪽; 陳來, 『宋明理學』 (上海 : 華東師範大學出版社, 2004), 引言, 2쪽; 張錫勤・柴文華, 『中國倫理道德變遷史稿(下卷)』 (北京 : 人民出版社, 2008), 41쪽; 王育濟, 『天理與人欲』 (山東 : 薺魯書社, 1992), 143쪽 참조. 심선홍이나 왕봉현 같은 일부

주로 리욕론과 리기론의 상관관계에서, 즉 원리적 개념인 리와 기가 리욕론에서 어떻게 논리적으로 전개되며, 또한 그것을 바탕으로 어떠한 은유들에 의해 이론적 구성을 하며, 그러한 리욕론은 또 어떤 이론적 난점을 안고 있는지를 밝혀 보겠다.

1) 욕구의 연원

욕구란 인간이 외물에 감응하여 일어나는 감성적 물질에 대한 욕망으로서 일종의 호오(好惡)의 정감이다. 이러한 욕구는 인간이 태어나면서 선천적으로 주어진 것이다. 그러면 중국철학사에서 감성적 욕구에 대한 유래는 어떠하며, 특히 이러한 욕구를 어떻게 이해하고 있는가?

문헌의 기록에 따르면 감성적 욕구 문제에 대한 언급은 중국의 은상(殷商) 시기부터 시작된 것으로 보인다. 『서경』에는 "욕구는 법도를 그르치고 방종은 예를 그르친다",333) "백성의 뜻을 어기면서 자기의 욕구를 좇지 않는다"334) 등의 구절이 있다. 『시경』에도 "욕구대로 급히 이루지 않으시고 선왕의 뜻을 좇아 효도 다 하셨으니 훌륭하셔라 임금님이여"335)라는 시구가 있다. 이 시기의 욕구 문제에 대한 담론은 비록 간단하고 적었지만, 사회의 치란, 백성의 안위 등과의 연관 속에서 그 절제를 훈계하고 있음을 확인할 수 있다.

춘추 시기, 공자는 주대의 종법 제도와 예악이 붕괴하는 당시의 현실

학자들은 주희의 리욕론은 금욕주의 경향이 매우 선명하다고 주장하고 있으며, 특히 주이정은 주희의 리욕론은 본질상에서 '금욕주의' 범주에 속한다고 주장했다. 沈善洪・王鳳賢, 『中國倫理思想史(中)』, 251쪽; 朱貽庭, 『中國傳統倫理思想史(第四版)』(上海 : 華東師範大學出版社, 2009), 298쪽 참조.

333) 『書經』, 「太甲」, 欲敗度, 縱敗禮.
334) 『書經』, 「大禹謨」, 罔咈百姓以從己之欲.
335) 『詩經』, 「大雅」, 匪棘其欲, 遹追來孝, 王后烝哉.

문제의식에서 출발하여 "욕망이 있더라도 탐내지 않는다"336)고 말했다.
같은 시기 노자는 "허물은 욕망을 얻으려고 하는 것보다 더 큰 것이 없
다"337)고 말했다. 전국 시기에 이르러 맹자도 "마음을 기르는 데 욕구를
줄이는 것보다 더 좋은 것은 없다"338)고 말했다. 그 후 순자도 역시 "사람
들의 욕망을 따른다면 형세는 [그 욕망]을 다 받아들일 수가 없고 물건은
충분할 수가 없다"339)고 말했다. 장자도 "그 기호와 욕구가 심한 자는 그
천성이 천박하다"340)고 말했다. 진한 시기 감성적 욕구에 대한 이론적 사
유는 이전보다 더한층 심화했으며, 일반적으로 부귀 명리를 추구하는 감성
적 욕구에 대해서는 부정하지 않았지만 그러한 감성적 욕구의 방종을 또
한 불선의 중요한 원인으로 간주했기 때문에 그 억제를 주장했다.

　한당(漢唐) 시기, 욕구에 대한 담론은 위로는 선진시대를 계승하고 아래
로는 송명시대로 펼쳐지는 중요한 시기다. 구체적으로 서한의 『예기』(禮記)
에서는 이렇게 말했다.

> 사람이 태어나서 조용한 것은 하늘의 성품이며 물건에 감응하여 움직이
> 는 것은 성품의 욕구다. 사물에 이르면 지혜가 이를 안다. 그런 뒤에야 좋
> 고 싫음이 생긴다. 좋고 싫음이 안에서 절도 없고 지혜가 밖에서 유혹되면
> 몸을 반성하지 못하여 천리가 멸한다. 대체로 사물이 사람을 감응하게 함은
> 무궁하지만, 사람의 좋고 싫음이 절제가 없으면 이 사물이 [사람에게] 이르
> 러서 사람이 사물에 화하는 것이다. 사람이 사물에 화한다는 것은 천리를
> 멸하고 인욕을 다하는 것이다.341)

---

336) 『論語』, 「堯曰」 2, 欲而不貪.
337) 『老子』, 咎莫大于欲得.
338) 『孟子』, 「盡心下」 35, 養心莫善於寡欲.
339) 『荀子』, 「榮辱」, 然則從人之欲, 則執不能容, 物不能瞻也.
340) 『莊子』, 「大宗師」, 其耆欲深者, 其天機淺.
341) 『禮記』, 「樂記」, 人生而靜, 天之性也. 感於物而動, 性之欲也. 物至知知, 然後好惡形焉. 好惡
　　無節於內, 知誘於外, 不能反躬, 天理滅矣. 未物之感人無窮, 而人之好惡無節, 則是物至而人
　　化物也. 人和物也者, 滅天理而窮人欲者也.

여기에서 처음으로 '천리'와 '인욕'이라는 한 쌍의 대응되는 윤리 범주가 나타났으며, 특히 '인욕'을 '천리'와의 대립하는 관계 속에서 서술했다. 이에 동중서도 "법도의 마땅함을 바로잡고 상·하의 질서를 구분하여 욕구를 방지해야 한다"[342]고 말했다. 그 후 중국의 많은 사상가는 이욕(利欲)을 위험물로 보았으며 화해(禍害)의 근원으로 여겼다. 따라서 이때로부터 의리와 이욕이 분리 대립하는 경향이 나타나기 시작했다.

위진 수당 시기, 현학과 도교, 그리고 불교는 사상 문화계에서 제각기 독보적인 위치를 확립하고 한때 크게 성행했다. 현학은 물론 도교와 불교 사상 모두 인간의 감성적인 자연 욕구를 극도로 경시하고 배척했다. 예컨대 왕필은 노자의 '무욕'(無欲)관을 이어받아 "만약 무욕을 보존하면 비록 포상해도 훔치지 않으며, 사욕이 만약 행해지면 교묘함과 이로움에 더욱 미혹된다"[343]고 말했다. 특히 불교는 인간의 자연 감성적 욕구를 불가의 수행 경지에 들어가는 장애물로 보아 "무릇 중생들이 오랫동안 생사에 전전하는 것은 모두 욕구에 집착했기 때문이다"[344]라고 하면서 멸욕(滅欲)까지 주장했다.

이 시기 인간의 감성적 욕구를 만악(萬惡)의 근원으로 간주하는 경향은 더욱더 심화했으며, 특히 양한 시기부터 이미 분리 대립을 보이기 시작했던 유가의 리욕론도 분리되고 대립하는 방향으로 발전해 나갔다. 이는 그 후 송대의 성리학 사조 중 리욕대립론의 형성 발전에 이론적 토대를 마련해 주었다.

북송 시기, 불·도교의 영향 아래 주돈이는 송대의 성리학자들 중에서 처음으로 인간의 욕구에 대해 부정적인 태도를 보이면서 '무욕'론을 제창했다. 그는 욕구를 사악한 것으로 간주하면서 "마음의 기름은 과욕에 그

---

342) 班固, 『漢書』(北京 : 中華書局, 2000), 「董仲舒傳」, 正法度之宜, 別上下之序, 以防欲也. 567쪽.
343) 王弼, 『王弼集校釋(上冊)』, 「老子指略」, 苟存無欲, 則雖賞而不竊; 私欲苟行, 則巧利愈昏. 199쪽.
344) 僧肇, 『肇論校釋』(北京 : 中華書局, 2010), 「涅槃無名論」, 夫衆生所以久流轉生死者, 皆由着欲故也.

쳐서 존재하는 것이 아니다. 대체로 과욕하여 무에까지 이르러야 한다. 무하면 성실함이 서고 밝음이 통한다"345)고 말했다. 장재는 비록 무욕, 멸욕을 주장하지 않았지만, 또한 "인욕을 다하는 것은 마치 그림자 사이를 살펴봄과 같아서 하나의 사물 가운데 작게 제한될 따름이다"346)고 말했다. 그 후 이정에 이르러 특히 그는 "욕구가 사람을 해침은 심하다. 사람이 불선하는 것은 욕구가 유혹한 것이다. 유혹하여 알지 못하면 천리가 멸함에 이르지만 돌이킬 줄을 모른다"347)고 말했다. 이 시기 '존리거욕'(存理去欲)과 같은 비교적 선명한 금욕주의 경향은 그 후 유가 리욕론의 변화 발전에 중대한 영향을 미쳤다.348)

이상과 같이 주희 이전의 중국 철학적 전통에는 또 욕구의 연원, 즉「욕구는 나쁜 것의 통속 이론」이 널리 확산해 있었다. 「욕구는 나쁜 것의 통속 이론」에 따르면, 인간 몸의 욕구는 도덕적 발현의 장애물로서 모든 악의 근원이므로 절제하거나 소멸해야 한다. 주희는 중국 철학적 전통을 통해 오랫동안 전승되어 온 전형적인 「욕구는 나쁜 것의 통속 이론」을 받아들이고, 거기에 원리적 개념인 리와 기를 결합하고 나아가 그것을 은유적으로 구조화하여 더욱 섬세하고 체계화된 '리욕론'을 형성했다.

2) 인욕의 발생

앞에서 언급했듯이 욕구란 인간 유기체적 생존에서 비롯되는 호오의 정감 활동이다. 그러면 주희는 이러한 인간의 욕구를 어떻게 보고 있는가?

---

345) 周敦頤, 『周敦頤集』, 卷3, 「養心亭說」, 養心不止于寡欲而存耳, 盖寡欲以至于無, 無則誠立明通. 52쪽.
346) 張載, 『張載集』, 「正蒙‧大心」, 窮人欲如專顧影間, 區區於一物之中爾. (26쪽.
347) 程顥‧程頤, 『二程集(上)』, 「河南程氏遺書」, 卷第25, 甚矣欲之害人也. 人之爲不善, 欲誘之也, 誘之而不知, 則至于天理滅而不知反. 319쪽.
348) 욕구의 연원에 관해서는 王育濟, 『天理與人欲』, 1-2장의 내용을 참조.

주희는 다음과 같이 말했다.

> 욕구는 물결과 같은데, 다만 물결은 좋은 것도 있고 좋지 않은 것도 있다.[349]

이 인용문에는 「욕구는 물결」, 즉 「물결」 은유가 들어 있다. 이 은유의 원천 영역을 살펴보면, 바닷물이나 강물은 때로는 물결이나 파도를 일으키기도 한다. 그러나 이러한 바닷물이나 강물의 물결 혹은 파도가 모두 좋지 않은 것은 아니다. 예컨대 어떤 경우에 바닷물이나 강물에 떠 있는 나룻배는 그 물의 물결이나 파도에 의해 동력을 입어 앞으로 나아가기도 한다. 그러나 반대로 가령 물결이 거세차 큰 파도를 일군다면 나룻배는 두말할 것 없이 뒤집어지고 말 것이며, 이때 거세찬 물의 물결이나 파도는 당연히 좋지 않은 것이다. 주희는 원천 영역의 이러한 좋은 물결과 좋지 않은 물결을 중요한 개념적 요소로 표적 영역의 욕구에 은유적으로 사상함으로써 나아가 욕구에도 좋은 욕구와 좋지 않은 욕구가 있음을 특별히 강조한 것이다.

이러한 은유적 사유를 바탕으로 주희는 "만약 배고파서 먹으려고 하고 목말라서 마시려고 한다면 이러한 욕구가 또한 어찌 없을 수 있겠는가? 단지 또한 이처럼 합당한 것이다."[350] 그러니 "배고프면 먹고 목마르면 마시는 것은 어쩔 수 없이 따라야 한다. 입과 배의 욕구를 궁하게 하는 것은 옳지 못하다. 대체로 하늘은 다만 나에게 배고프면 먹고 목마르면 마시는 것만 가르쳤다. 어찌 일찍이 나에게 입과 배의 욕구를 궁하게 하는 것을 가르쳤겠는가?"[351] 따라서 "사람의 이와 같은 욕구를 생기지 않게

---

349) 『全書(14)』, 「語類」, 卷5, 欲則水之波瀾, 但波瀾有好底, 有不好底(229쪽).

350) 『全書(17)』, 「語類」, 卷94, 若是飢而欲食, 渴而欲飲, 則此欲亦豈能無? 但亦是合當如此者(3172쪽).

351) 『全書(17)』, 「語類」, 卷96, 飢便食, 渴便飲, 只得順他. 窮口腹之欲, 便不是. 蓋天只教我飢則食, 渴則飲, 何曾教我窮口腹之欲?(3250쪽).

할 수 있겠는가? 비록 없애고자 하여도 마침내 없앨 수는 없을 것이다"352)고 말했다.

여기에서 볼 수 있듯이 주희는 인간이 생존하는 데 가장 기본적인 생리적 욕구와 물질적 욕망에 대해서는 긍정적인 태도를 보인다. 먹고 마시는 것과 남녀의 욕구는 본디 천성으로부터 나오는 것이며,353) 태어남과 더불어 가진 것이기 때문에 완전히 부정할 수 없다. 그런데 욕구는 정이 발하여 나온 것이며, 따라서 좋은 욕구도 있고 좋지 않은 욕구도 있다. 예컨대 '나는 어질고자 한다'는 따위는 좋은 욕구이며 이와 반대로 좋지 않은 욕구는 천리를 없애버린다.354)

그렇다면 이 「물결」 은유에서 특히 '좋지 않은 물결'에 의해 개념적 구조화가 되는 '좋지 않은 욕구'는 과연 무엇인가? 그것이 바로 주희가 말하는 '인욕'이다. 그러면 인욕이란 무엇이며 그것은 어떻게 발생하는가?

'시동처럼 앉는 것'은 천리이고, 절룩거리는 것은 인욕이다.355)

이 구절에는 「천리는 시동, 인욕은 절름발이」, 즉 「시동/절름발이」 은유가 담겨 있다. 우리가 잘 알고 있는 것처럼 '시동'이란 예전에 제사를 지낼 때 신위(神位) 대신으로 앉히던 어린아이를 가리킨다. 이런 아이는 제사 지내는 동안 시종 제사 상(床) 위에서 똑바로 단정히 앉아 있어야 한다. '절름발이'는 신체적 원인으로 한쪽 다리가 짧거나 혹은 외적인 타박상으로 다치거나 하여 걷거나 뛸 때 몸이 한쪽으로 자꾸 기우뚱거리는 사람을 이른다. 시동의 가장 중요한 특징은 '똑바름'이라고 할 수 있고, 절름발이

---

352) 『全書(16)』, 「語類」, 卷62, 能令無生人之所欲者乎? 雖欲滅之, 終不可得而滅也. 2015쪽.
353) 『全書(6)』, 「四書或問・孟子或問」, 卷11, 飲食男女, 固出於性(981쪽) 참조.
354) 『全書(14)』, 「語類」, 卷5, 欲是情發出來底. …… 欲之好底, 如'我欲仁'之類; …… 大段不好底欲則滅卻天理(229쪽) 참조.
355) 『全書(15)』, 「語類」, 卷41, '坐如尸'是天理, 跛倚是人欲(1454쪽).

의 가장 선명한 특징은 '처짐'이라고 할 수 있다.

여기에서 특별히 주목해야 할 점이 있다. 레이코프와 존슨에 따르면 일반적으로 사람은 건강하여 물건들을 통제할 때, 전형적으로 똑바로 서 있으며 균형을 잡고 있다. 따라서 도덕적 직립성(올바름)은 물리적 직립성의 관점에서 은유적으로 이해된다. 이에 「도덕적임은 똑바로 서 있음, 비도덕적임은 아래로 처짐」이라는 은유가 형성된다.356)

주희는 이 은유적 사고를 바탕으로 앞의 은유를 사용하고 있다. 다시 말하면 주희가 사용하는 「시동/절름발이」 은유의 기저에는 이미 「도덕적인 것은 똑바로 서 있음, 비도덕적임은 아래로 처짐」이라는 은유가 깔려 있으며, 따라서 이미 시동에는 도덕적 요소가, 절름발이에는 비도덕적 요소가 잠재된 것이다.

결과적으로 주희는 이 은유에서 시동과 절름발이에 내재한 이러한 도덕적·비도덕적이라는 개념적 요소를 주요한 은유적 함의로 천리와 인욕을 구조화하여 천리는 도덕적인 것이며 인욕은 비도덕적인 것임을 강조한 것이다. 이 은유의 논리를 따르면 인욕의 발생은 도덕적 직립성의 위치에서 비도덕적 처짐의 위치로 이동하는 것이다.

이러한 맥락에서 주희는 "무릇 사람과 사물이 날 때 성명의 바름을 얻으므로 본래 또한 천리의 진실이 아님이 없다. 그러나 기질의 치우침과 입, 코, 귀, 눈, 사지의 좋아함으로 가리어져서 사욕이 생겨난다",357) "인욕이란 마음의 질병(疾疢)으로서 따르면 그 마음은 이기적이고 사특하게 된다"358)고 말했다. 여기에서 볼 수 있듯이 주희가 말하는 인욕이란 이기적이고 사악한 '사욕'을 의미하며, 따라서 그것은 궁극적으로는 불선을 초

---

356) 레이코프·존슨, 『몸의 철학』, 441쪽 참조.

357) 『全書(6)』, 「四書或問·中庸或問下」, 若夫人物之生, 性命之正, 固亦莫非天理之實, 但以氣質之偏, 口鼻耳目四肢之好, 得以蔽之, 而私欲生焉(592쪽).

358) 『全書(20)』, 「文集」, 卷13, 人欲者, 此心之疾疢, 循之則其心私而且邪(639쪽).

래하는 것이다.

주희에 따르면 인간의 마음속에 갖추어져 있는 리는 본래 선하지 않음이 없다. 그러나 인간의 마음이 외물과 교접하는 과정에서 기질의 치우침으로 하여 입, 코, 귀, 눈의 욕구, 즉 물욕이 생긴다. 이때 만약 인간의 마음이 물욕에 유혹되어 함닉에 이르게 되면 리는 편안하게 머물지 못하며 특히 기질에 가려지고 막힌다. 따라서 리의 발현과 쓰임이 적절하지 못해서 혹은 지나치거나 혹은 미치지 못하게 된다. 그렇게 되면 인욕은 거기로부터 흘러나오며, 결과적으로는 악을 범하게 되는 것이다.

다시 말하면 인간의 마음속에 내재한 지극히 선한 리가 기질과 물욕에 가려져 그 발현과 쓰임이 일시적으로 적절하지 못해서 인욕이 생기며, 나아가 악을 초래한다. 여기에서 알 수 있듯이 주희가 말한 인욕과 그 발생은 결과적으로는 원리적 개념인 리와 기를 떠날 수 없다.

그렇다면 인욕은 과연 주희가 주장하는 것처럼 인간 마음속의 천리가 기질에 가려져 그 발현과 쓰임이 부적절해져서 생겨나는 것인가?

체험주의에 따르면 인간은 생명을 가진 유기체적 존재다. 즉 인간은 생물학적 존재다. 욕구는 인간의 몸이 외부 환경과의 상호작용하는 과정에서 드러나는 신체적 요소의 섬세한 발현이다. 이러한 몸 발현의 핵심 부분은 바로 두뇌다. 즉 신체적·물리적 층위의 경험이 정신적·추상적 층위의 경험으로 확장되어 다양한 욕구를 발생하는 과정은 우리의 몸, 특히 우리에게 지각하고, 움직이고, 조작하도록 해 주는 감각운동 기관으로부터 시작되고 또 그것에 결정적으로 의존하며, 나아가 진화와 경험으로 형성된 우리 두뇌의 정교한 구조에 의존한다.[359]

이렇게 발생한 인간의 욕구는 본래 중립적이며 동시에 생명의 원동력이기도 하다. 그 중 신체적·물리적 층위 경험의 일부분은 유기체 생존의

---

359) 레이코프·존슨, 『몸의 철학』, 54쪽 참조.

원초적 욕구, 즉 자연 생명을 유지하는 생리적, 물질적 욕구가 된다. 특히 이러한 신체적·물리적 층위의 경험이 상당하게 정신적·추상적 층위로 은유적으로 확장된 다음, 도덕적 욕구와 비도덕적 욕구 등과 같은 여러 형태의 더 높은 차원의 욕구가 형성된다.

여기에서 특별히 강조해야 할 것은 인간의 경험은 본성상 그 자체로서는 도덕적 경험과 비도덕적 경험을 구분할 수 없다는 점이다. 통상적으로 도덕적 경험은 신체적·물리적 층위의 경험이 상상적 구조를 통해 정신적·추상적 층위로 확장되면서 형성된다. 그러한 도덕적 경험은 결코 어떤 원리적인 것에 의해 구분되는 것이 아니다. 그것은 다만 타인과의 상호작용 과정에서 얻어지는 경험의 결과에 따라 구분된다. 다시 말하면 인간이 타인과 상호작용하는 과정에서 생기는 경험에 대한 판단에 의해 도덕적 욕구와 비도덕적 욕구 등이 갈리며, 나아가 타인과의 상호작용 과정에서 최종적으로 드러난 결과에 대한 평가에 의해 도덕적 경험과 비도덕적 경험이 구획된다.

이러한 관점에서 볼 때 주회가 말하는 마음속의 리가 기질에 가려져서 발생한다는 인욕, 달리 말하면 원리적 개념인 리와 기를 토대로 「물결」 「시동/절름발이」 등의 은유들로 개념적 구조화를 이루는 인욕은 분명히 도덕적 경험에 관한 현대 인지과학의 경험적 탐구 결과들과는 부합하지 않는다.

3) 리욕의 관계

주회에 따르면 인욕은 모든 악의 근원이다. 그렇다면 천리와 인욕은 어떠한 관계가 있는가? 이 문제에 관해 주회는 이렇게 말했다.

천리와 인욕은 그 사이가 매우 미세하다. 그것이 발생한 곳에서 어느 것이 천리고 어느 것이 인욕인지를 자세히 분간해서 취해야 한다. …… 길에 비유하자면 하나는 올라가고, 하나는 내려가고, 하나는 올라가고 내려가는 사이이다. 올라가는 것이 길임을 알았다면 행하고, 내려가는 것이 틀렸다면 행하지 말아야 한다.[360)]

이 구절에는 「천리는 오르막길, 인욕은 내리막길」, 즉 「오르막길/내리막길」 은유가 들어 있다. 이 은유의 원천 영역에서 비탈진 길은 본래 오르막길과 내리막길의 선명한 분계선이 없다. 관건은 그 지점을 어디에 정하는가에 따라 오르막길이 되기도 하고 내리막길이 되기도 한다. 그러나 이미 올라가고 내려가는 그 사이, 즉 지점을 정했다면 그에 따라서 오르막길과 내리막길도 선명하게 구분된다. 주희는 이 은유의 원천 영역에서 오르막길과 내리막길의 이 같은 상관관계를 표적 영역의 천리와 인욕의 상관관계에 은유적으로 사상함으로써 천리와 인욕은 정해진 경계가 없으며,[361)] 특히 이 양자는 행해지는 행동은 같으나 실정에 따라 다르게 구분됨을 강조한 것이다.[362)]

인간 개인의 감성적 욕구 차원에서 천리와 인욕은 상호 의존하고 포함한다. 즉 인욕은 천리 속에 감추어져 있으며 천리는 인욕 속에 존재한다. 따라서 "천리와 인욕은 교섭하는 곳이지 두 가지가 아니다."[363)] 특히 "천리와 인욕은 작은 기미 사이에 있다."[364)] 이를테면 먹고 마시는 것은 천리지만 맛있는 것을 요구하는 것은 인욕이다.[365)] 입은 맛에서 눈은 색깔에서 귀는 소리에서 코는 냄새에서 사지는 안일에서 성인과 보통 사람의

---

360) 『全書(15)』, 「語類」, 卷42, 天理人欲, 其間甚微. 於其發處, 子細認取那箇是天理, 那箇是人欲. …… 譬如路然, 一條上去, 一條下去, 一條上下之間. 知上底是路, 便行; 下底差了, 便不行(1494쪽).
361) 『全書(14)』, 「語類」, 卷13, 天理人欲, 無硬定底界(389쪽).
362) 『全書(6)』, 「四書章句集注 · 孟子集注 · 梁惠王下」 5, 天理人欲, 同行異情(267쪽).
363) 『全書(16)』, 「語類」, 卷78, 天理人欲是交界處, 不是兩箇(2670쪽).
364) 『全書(14)』, 「語類」, 卷13, 天理人欲, 幾微之間(389쪽).
365) 『全書(14)』, 「語類」, 卷13, 飮食者, 天理也; 要求美味, 人欲也(389쪽) 참조.

차이가 없다. 그러나 성인의 정이 여기에 빠지지 않는 것은 천리며 보통 사람들이 여기에 빠지는 것은 인욕이다.[366] 여기에서 볼 수 있듯이 똑같은 욕구라 해도 인간의 행위 동기와 구체적인 실정에 따라 천리가 되거나 인욕이 된다. 즉 실정에 따라 천리와 인욕은 상호 전환된다.

그렇다면 이러한 천리와 인욕을 구분할 수 있는가? 만일 구분할 수 있다면 그 구분의 기준은 무엇인가? 장대년(張岱年)은 일찍이 "공공적이고 보편적인 만족의 가능성이 있으며 또한 반드시 만족해야 하는 것"[367]이 그 기준이라고 주장했다. 즉 욕망이 '사람들의 보편적인 필요' 정도라면 천리이지만 만약 그 경계를 넘어서면 인욕이라는 것이다. 이 문제에 관해 주희는 다음과 같이 말했다.

> 올바른 것은 천리의 공이고, 그릇된 것은 인욕의 사다.[368]

> 대개 단지 터럭 하나라도 천리를 따라 자연스럽게 나오지 않으면 바로 사욕이나.[369]

주희는 천리와 인욕을 구분하는 기준을 바로 '천리의 공'과 '인욕의 사'라는 관계 문제에 두고 있다. 즉 인간의 도덕적인 문제는 다만 인간과 인간, 인간과 사회의 기본적인 관계 속에서만 이루어진다. 따라서 천리와 인욕의 구분 문제, 그리고 그에 따르는 행위의 판단 문제는 반드시 인간관계가 이루어지는 사회 공동체 속에서 다루어져야 한다는 것이다.

이러한 논리에서 출발하여 주희는 양혜왕(梁惠王)이 종고(鐘鼓)와 원유(苑

---

366) 『全書(17)』, 「語類」, 卷101, '口之於味, 目之於色, 耳之於聲, 鼻之於臭, 四肢之於安佚', 聖人與常人皆如此, 是同行也. 然聖人之情不溺於此, 所以與常人異耳(3400쪽) 참조.
367) 張岱年, 『中國哲學大綱』, 458쪽.
368) 『全書(14)』, 「語類」, 卷13, 是底卽天理之公, 非底乃人欲之私(390쪽).
369) 『全書(21)』, 「文集」, 卷32, 蓋只一豪髮不從天理上自然發出, 便是私欲(1396쪽).

囿)와 유관(遊觀)의 즐거움, 용맹과 재물과 미색을 좋아하는 마음을 천하에 많은 백성과 함께 한다면 그것은 성현의 본성을 다하는 것이고 천리를 따르는 것이지만, 반대로 방종하여 자기 한 몸에서만 사사롭게 한다면 그것은 인욕이며 천리를 멸하는 것이라고 했다.[370] 그뿐만 아니라 보고 듣고 말하고 행동하는 것은 모든 사람이 똑같지만, 예가 아니면 보지 않고 듣지 않고 말하지 않고 행동하지 않는 것은 바로 천리이며 예가 아닌데도 보고 듣고 말하고 행동하는 것은 바로 인욕이라고 주장했다.[371] 이처럼 주희에게서 천리와 인욕의 구분 문제는 이미 단순한 개인의 감성적 욕구 차원에서 사회의 공동체 차원으로 옮겨져 있으며, 주로 '공'과 '사'의 관계 처리 문제로 다루어지고 있다.

그러나 여기에서 특별히 주목해야 할 점은 주희가 천리와 인욕의 구분 문제에서 '공'과 '사' 중의 어느 쪽에 초점을 맞추고 있는가 하는 것이다. 주희가 "배고프면 배불리 먹고 추우면 따뜻하게 하는 것들은 모두 나의 몸의 혈기와 형체에서 생기고 다른 사람이 관여할 수 없으니 이른바 사사로움이다. 또한, 좋지 않다고 할 수는 없다"[372]고 말했듯이 이 '사'는 단지 남이 아닌 자신의 몸에 속한다는 맥락에서의 '사'다. 그것은 결코 현재 우리가 사용하고 있는 공적이 아닌 이기적이고 사사롭게 자기 한 개인의 이익만 추구한다는 그런 의미의 '사'가 아니다.

여기에서 볼 수 있듯이 천리와 인욕의 구분에서 주희는 그 구분의 중심(重心)을 주로 개인의 사적인 영역이 아닌 공동체의 공적인 영역에 맞추고 있다. 구체적으로 말하면 주희는 천리, 즉 인의예지를 원리적 기준으로 제

---

370) 『全書(6)』, 「四書章句集注 · 孟子集注 · 梁惠王下」 5, 蓋鍾鼓, 苑囿, 遊觀之樂, 與夫好勇, 好貨, 好色之心, 皆天理之所有, 而人情之所不能無者. 然天理人欲, 同行異情. 循理而公於天下者, 聖賢之所以盡其性也; 縱欲而私於一己者, 衆人之所以滅其天也(267쪽) 참조.

371) 『全書(15)』, 「語類」, 卷40, 如視聽言動, 人所同也. 非禮勿視聽言動, 便是天理, 非禮而視聽言動, 便是人欲(1433쪽) 참조.

372) 『全書(16)』, 「語類」, 卷62, 飢飽寒煖之類, 皆生於吾身血氣形體, 而他人無與, 所謂私也. 亦未能便是不好(2012쪽).

기하고 있으며, 특히 그 기준의 주안점을 '공'에 두고 있다. '공'의 내용은
바로 인간 개체의 감성적 욕구, 그리고 그에 따르는 행위가 사회 공동체
공적인 이익에 부합하는가, 또는 공동체 발전에 기여되는가 하는 것이다.
주희는 이러한 '천리의 공'으로서 천리와 인욕을 구분하는 유일한 기준으
로 삼고 있었다.

그렇다면 '천리의 공'이라는 기준에 의해 구분된 천리와 인욕의 관계는
어떠한가? 이 문제에 관해 주희의 다음과 같은 대화를 살펴보자.

> 혹자: 선생님께서 말씀하신 천리와 인욕은 벼루와 같으니, 그 윗면이 천
> 리고 아랫면은 인욕입니다.
> 주희: 천리와 인욕은 항상 서로 대립한다.[373]

이 대화에는 「천리는 벼루 윗면, 인욕은 벼루 아랫면」, 즉 「벼루 윗면/
벼루 아랫면」 은유가 들어 있다. 이 은유에서 벼루란 먹(墨)을 가는 데 사
용되는 대개 돌로 만든 중간 부분이 조금 패인 문방구를 말한다. 진영첩
의 고증에 따르면 『주자어류』에서 사용된 은유 차수는 천백번도 넘으며
제시된 은유 또한 수백 종인데, 주희는 항상 아무런 고려 없이 즉석에서
자유자재로 눈앞에 보이는 모든 물건을 원하는 대로 취사선택해서 은유
로 사용했다.[374]

이런 의미에서 볼 때 이 벼루는 단지 주희가 혹자와 대화를 나누는 과
정에서 눈에 띄어서 사용한 것이지 결코 '벼루'라는 용어에 어떤 특별한
함의가 들어 있는 것 같지는 않다. 이 은유의 주요한 의미 초점은 주로 벼
루 윗면과 아랫면이라는 언표 속에 들어 있는 「위—아래」 공간 지향성에

---

373) 『全書(14)』, 「語類」, 卷13, 或問 : 先生言天理人欲, 如硯子, 上面是天理, 下一面是人欲.
　　　曰 : 天理人欲常相對(389쪽).
374) 陳榮捷, 『朱子新探索』, 232쪽 참조.

맞추어져 있다고 할 수 있다.

앞에서 살펴보았듯이 「위─아래」 공간 지향성은 통제나 힘과 깊은 연관을 하고 있다. 이 외에도 우리 인간이 물리적·사회적 환경에서 행복과 건강, 안녕 등을 유지하면서 겪는 공간 지향성의 기본적 경험은 또 좋음이나 나쁨 혹은 미덕이나 타락 등 개념에도 「위─아래」 공간 지향성을 부여한다. 예컨대 「미덕은 위, 타락은 아래」, 「좋음은 위, 나쁨은 아래」 등 지향적 은유가 그것이다.375) 특히 이러한 「위─아래」 공간 지향성의 선명한 특징은 본질적으로 물리적인 양극적 대립성이다.376)

요컨대 주희의 리욕에 관한 이 「벼루 윗면/벼루 아랫면」 은유에는 천리는 미덕이고 좋으며 도덕적인 데 반해 인욕은 타락이고 나쁘고 비도덕적이라는 개념적 구조화가 포함되어 있다. 그렇지만 은유적 언어 표현의 문맥상에서 보면 이 은유는 주로 벼루 윗면과 아랫면에 내포된 「위─아래」 공간 지향성으로 천리와 인욕 이 양자의 첨예한 대립 관계를 구조화하고 강조한 것이다. 주희의 다음과 같은 진술은 위와 같은 관점을 더욱 분명하게 드러낸다.

> 천리와 인욕의 사이는 매양 서로 반대될 뿐이다.377)
> 인욕을 막고 천리를 보전해야 한다.378)

공동체에 대한 '천리의 공'이라는 기준에 의해 구분된 "천리와 인욕은 항상 서로 대립한다."379) 다시 말하면 사람에게는 다만 천리와 인욕의 두 길만 있다. 천리가 아니면 인욕이다. 천리에도 속하지 않고 인욕에도 속하

---

375) 레이코프·존슨, 『삶으로서의 은유』, 44-45쪽 참조.
376) 같은 책, 38쪽 참조.
377) 『全書(6)』, 「四書章句集注·論語集注·子路」 25, 天理人欲之間, 每相反而已矣(186쪽).
378) 『全書(6)』, 「四書章句集注·孟子集注·梁惠王下」 5, 遏人欲而存天理(268쪽).
379) 『全書(14)』, 「語類」, 卷13, 天理人欲常相對(389쪽).

지 않은 항목은 없다.[380] 즉 이쪽이 이기면 저쪽은 물러나고 저쪽이 이기
면 이쪽은 물러난다.[381] 그뿐만 아니라 이쪽의 분수가 많아지면 저쪽의
분수가 적어지고 이쪽의 분수가 적어지면 저쪽의 분수가 많아진다.[382] 이
양자는 서로와의 병립을 용납하지 않는다.[383] 이처럼 천리와 인욕은 인간
개인의 감성적 욕구 차원에서는 상호 의존, 포함관계로 일정한 통일성을
이루지만, 그것이 일단 사회의 공동체 차원으로 전환되어서는 피차간의
공사, 시비관계로 첨예한 대립성을 띤다.

주희의 천리와 인욕의 관계 문제에 대해 전목은 "천리는 또한 인욕과
대립하지 않는다"[384]고 했지만, 진영첩은 오히려 "리욕은 서로 대립한
다"[385]는 상반된 주장을 한 바 있다. 그러나 위의 검토에서 볼 수 있듯이
천리와 인욕은 인간의 감성적 욕구 차원에서는 상호 통일되는 관계이지
만, 사회의 공동체적 차원에서는 또한 상호 대립하는 관계이다. 이렇게 볼
때 이 양자의 대립성은 무시하고 단지 통일성만 강조하는 전목의 관점이
나 혹은 통일성은 무시하고 단지 대립성만 강조하는 진영첩의 관점 모두
가 포괄적이지 못한 것 같다.

앞에서 언급했듯이 인욕의 발생은 도덕적 직립성의 위치에서 비도덕적
처짐이라는 위치로의 이동이다. 즉 「위」에서 「아래」로의 이동이다. 그렇
다면 사회의 공동체적 차원에서 천리와 인욕의 대립관계는 「아래」에서
「위」로의 이동, 즉 비도덕적 처짐에서 도덕적 직립성으로의 이동을 요구

---

380) 『全書(15)』, 「語類」, 卷41, 人只有天理、人欲兩途, 不是天理, 便是人欲. 卽無不屬天理又不
屬人欲底一節(1454쪽) 참조.
381) 『全書(14)』, 「語類」, 卷13, 人只有箇天理人欲, 此勝則彼退, 彼勝則此退(389쪽) 참조.
382) 『全書(16)』, 「語類」, 卷61, 天理・人欲相爲消長分數. "其爲人也寡欲", 則人欲分數少, 故"雖
有不存焉者寡矣", 不存焉寡, 則天理分數多也. "其爲人也多欲", 則人欲分數多, 故"雖有存焉
者寡矣", 存焉者寡, 則是天理分數少也(1996쪽) 참조.
383) 『全書(6)』, 「四書章句集注・孟子集注・滕文公上」 3, 天理人欲, 不容並立(310쪽) 참조.
384) 錢穆, 『朱子新學案(上)』, 280쪽.
385) 陳榮捷, 『朱子新探索』, 175쪽.

한다. 따라서 그 자연적인 귀결은 바로 인욕을 없애고 천리 — 최고의 도덕적 가치인 인의예지의 실현 — 를 회복하는 것을 인간의 도덕적 수양과 실천의 최종적 목표로 설정하는 것이다. 이를 위해서는 다만 일상생활과 공부에서 예를 준칙으로 삼아 날마다 자기 몸의 사의(私意)을 정밀하게 살피고 분명하게 판별하여 그 근원을 뿌리 뽑고 막아 최종적으로 예로 돌아가는 것이다.

여기에서 알 수 있듯이 주희의 리욕론에는 또 「경로」(PATH) 도식(schemata)이 작동하고 있다. 존슨에 따르면 「경로」 도식의 확정적인 내적 구조는 구체적이고 공간적인 영역들을 더 추상적인 영역으로 은유적으로 사상하는 수많은 방식의 체험적 근거를 제공한다.[386] 이렇게 볼 때 「경로」 도식은 주희 리욕론의 전반적인 논리적 구조를 근거 짓는다. 구체적으로 「경로」 도식에 내재한 「원천(출발점) — 경로(원천과 목표를 연결하는 연속적 위치들의 연쇄) — 목표(종착점)」라는 본유적인 공간적 구조는 「천리(성선) — 인욕발생과 제거(수양 공부)—천리(성선의 회복)」라는 리욕론의 논리적 구도에 은유적으로 사상되어 일련의 체계적인 대응관계를 이룬다.

초기의 원천 또는 출발점 = 천리(성선)
최종의 목표 또는 종착점 = 천리(성선의 회복)
경로의 지속적인 위치 연쇄 = 인욕의 발생과 제거(수양 공부)

이러한 우리의 현실적인 신체적·물리적 활동으로부터 발생하는 「경로」 도식에 대한 은유적 해석의 관점에서 이해되는 주희의 리욕론은 특히 「경로」 도식의 자연스러운 은유적 추론에 따라 서사(narrative)적 구조를 형성하면서 구체적으로 인욕의 발생, 천리와 인욕의 구분과 상관관계, 인욕의 소멸과 천리의 보존 등의 많은 문제가 전개되고 정당화되는 것이다.

---

386) 존슨, 『마음 속의 몸』, 229쪽 참조.

지금까지 천리와 인욕에 관한 검토를 종합하면 주희의 천리/인욕의 구분 문제는 사실상 선과 불선, 도덕적인 것과 비도덕적인 것을 구분하는 문제다. 주희는 천리/인욕 구분을 단지 개인의 감성적 욕구 차원에서만 다룬 것이 아니라 사회의 공동체 차원으로까지 확장해서 다루고 있다. 물론 구분의 기준은 바로 '천리의 공'이다.

체험주의에 의하면 우리 인간의 몸에는 크게 생존 욕구와 번영 욕구 두 가지 부분이 포함되어 있다.387) 생존 욕구에는 유기체적 생명을 유지하는 데 필요한 생리적 수요와 감성적 욕망 등이 포함되어 있으며, 번영 욕구에는 생물학적 성장과 이에 따르는 물질 이익의 추구와 개선, 나아가 정신적·문화적으로 고양된 가치의 추구 등이 포함되어 있다. 이것은 인간만이 가진 특유한 본능적인 힘이다.

주희의 리욕론의 관점에서 비추어 볼 때, 인간의 생존 욕구 부분은 부정의 대상이 아니므로 별문제가 없지만, 만약 인간의 번영 욕구 부분이 사회 공동체 이익에 부합하지 않거나 기여하지 못하면 바로 인욕으로 간주하여 제거 혹은 소멸의 대상이 된다. 그러나 인욕이 다 불선한 것은 아니며 또 반드시 소멸해야 하는 것도 아니다. 주희와 같이 인욕을 구분하는 경계와 기준을 너무 심하게 확대한다면 그것은 나아가 실제로 제거 대상이 되지 말아야 할 인간의 정당한 번영 욕구 부분도 사악한 인욕으로 단정해서 제거해 버릴 위험성이 있다.

이상의 분석에 의하면 주희의 천리/인욕의 구분 기준, 즉 선과 악, 도덕적인 것과 비도덕적인 것을 가르는 이 '천리의 공'이라고 하는 기준은 인간으로부터 너무 멀리 나아간 지점에 설정되어 있다. 이런 기준의 대가는

---

387) 체험주의에 의하면 인간에게는 신체적·물리적 층위의 경험이 정신적·추상적 층위의 경험으로 은유적으로 확장되어가는 이른바 '두 층위의 경험' 구조가 있다. 이렇게 볼 때 인간 경험의 한 방식으로서의 생존 욕구와 번영 욕구는 바로 위와 같은 '두 층위의 경험' 관점을 받아들이면서 자연스럽게 함축되는 귀결이라고 할 수 있다.

필연적으로 개인의 적극성과 창의성의 억압, 그리고 개성의 속박을 수반할 것이다. 그 결과 개인의 물질적 이익과 정신적 가치의 희생은 물론, 심지어는 정의의 명목 아래에서 "리로서 사람을 죽이는"[388] 폭력까지도 초래할 수 있을 것이다.

이상의 주희의 리욕론에 관한 체험주의 시각에서의 검토를 다음과 같이 요약할 수 있다.

첫째, 주희의 리욕론도 「욕구는 나쁜 것의 통속 이론」을 바탕으로, 거기에 원리적 개념인 리와 기가 결합하고, 나아가 「물결」 「시동/절름발이」 「오르막길/내리막길」, 「벼루 윗면/벼루 아랫면」 등의 다양한 은유들과 「경로」 도식에 의해 구조화된 은유적 구조물로서 그것도 역시 주희 도덕 이론 체계의 구축을 위한 이론적 요청의 소산이라고 할 수 있다.

둘째, 주희의 리욕론도 인지과학의 경험적 발견과 현시대 개인의 성장 발전에 부합하지 않는 이론 남점들을 안고 있다. 예컨대 인욕은 도덕적 경험에 관한 경험과학적 탐구 결과들과는 부합하지 않으며, 특히 '천리의 공'이라는 절대적 기준에 의해 구분되는 인욕은 자칫 개인의 성장, 번영 욕구를 공적 욕구와 상반되는 사악한 사적 욕구로 오인하여 억제해 버릴 위험성이 있다.

지금까지 필자는 체험주의 시각에서 리기론, 심성론, 리욕론을 중심으로 주희의 성리학, 특히 도덕 이론 체계의 개념적 구조를 검토해 보았다. 주희의 도덕성 개념체계에 대한 은유 분석은 주희의 도덕 이론이 다음과 같은 근원에서 비롯된다는 것을 보여 준다.

- 「본성의 통속 이론」
- 「욕구는 나쁜 것의 통속 이론」
- 「엄격한 아버지」 가정 모형

---

388) 戴震, 『戴震集』(上海 : 上海古籍出版社, 1980), 188쪽.

- 「리일분수」 복합 은유
- 「위—아래」 지향적 은유
- 「구슬」 「뿌리/종자」 「나뭇결」 개념적 은유

구체적으로 주희의 도덕 이론은 다음과 같은 은유적 구조를 갖고 있다.

첫째, 「위—아래」 「구슬」 「뿌리/종자」 「나뭇결」 등의 은유에 의해 구조화된 원리적 개념인 리와 기를 주축으로 하는 '리일분수'의 형이상학적 우주 본체론, 즉 리기론을 정립했다.

둘째, 리에 대한 「도덕적 권위」 「도덕적 힘」 「도덕적 질서」 등의 은유에 의해 성격이 규정되는 「엄격한 아버지」 가정 모형을 토대로 하는 도덕성의 개념적 구조를 형성했다.

셋째, 「본성의 통속 이론」을 토대로, 거기에 원리적 개념인 리와 기가 적용되고, 나아가 「장소금물」 「촛불 빛」 「거울」 「전지」 「만두소」 「맑은 물/흐린 물」 「장수/졸병」 「물/물의 고요함/물의 흐름」 「관원/현위/도저을 잡는 것」 등의 은유에 의해 정교화된 '심통성정'을 중심적 내용으로 하는 심성론을 수립했다.

넷째, 「욕구는 나쁜 것의 통속 이론」을 근거로, 그것에 원리적 개념인 리와 기가 결합하고, 나아가 「물결」 「시동/절름발이」 「오르막길/내리막길」 「벼루 윗면/벼루 아랫면」 등의 은유들과 「경로」 도식에 의해 체계화된 '존천리 멸인욕'을 궁극적 목표로 하는 리욕론을 구축했다.

요컨대 주희의 도덕 이론은 그 시대 가장 일반화되었던 통속 이론들과 인간의 체험적 영역들을 바탕으로 하는 은유들의 독자적인 통합으로 이루어진 하나의 정교화하고 체계화한 복합적인 은유적 구조물이라고 할 수 있다. 이러한 주희의 도덕 이론에 대해 다음과 같이 요약 정리할 수 있다.

첫째, 주희의 도덕 이론의 논리적 구조는 은유적이다. 그 은유들이 없이는 그 사유의 은유적 논리가 단적으로 존재할 수 없으며, 그의 형이상학적인 도덕 이론도 존재할 수 없다. 이러한 그의 도덕 이론에서 「위—아래」, 「구슬」, 「뿌리/종자」, 「나뭇결」 등의 은유는 그의 이론 체계의 기본적 틀을 구성하는 핵심적인 얼개 은유, 즉 상위 은유들이며, 그 외 「장소금물」, 「촛불 빛」, 「거울」, 「전지」, 「만두소」, 「맑은 물/흐린 물」, 「물결」, 「장수/졸병」, 「시동/절름발이」, 「오르막길/내리막길」, 「벼루 윗면/벼루 아랫면」 등의 은유는 그의 도덕 이론 체계의 개념적 상부 구조를 이루는 섬세한 은유, 즉 하위 은유들이다.

둘째, 주희의 도덕 이론에서 형이상학적 대상인 리를 제거한다는 것은 다만 리 중에서 의미론적 근거가 없는 초경험적 요소들에 대한 제거를 의미한다. 리 중의 인의예지와 질서와 같은 경험적 요소들은 제거해야할 대상이 아니라 오히려 확충해야 할 것이다. 그러나 그의 도덕 이론은 결과적으로 형이상학적 특질에서 드러나는 문제점 때문에 공맹 유학의 참된 본령을 밝혀준 것이 아니라 오히려 억압적 틀로 적용되어 유가 도덕 이론을 심각한 이론적 모순과 도덕적 수양의 실천적 딜레마에 빠지게 하는 역설적 결과를 낳게 했다.

셋째, 주희의 도덕 이론이 은유적 가상이라는 것은 그것이 절대적인 도덕 이론이 될 수 없으며, 특히 보편적 도덕원리의 발견과 건설도 실제로 가능하지 않다는 것을 함축한다.[389] 그러나 주희는 인간 존재의 불확실성

---

389) 체험주의에 따르면 우리 경험 안에는 도덕원리들이 분명히 존재하며, 또 그것들은 매우 중요하다. 실제로 현재 유지하고 있는 도덕원리들은 모두 어떤 전통이나 문화에서 특정한 집단의 공유된 도덕적 경험의 요약으로서의 도덕원리다. 이러한 일반화된 도덕원리들은 인간의 유일한 '옳은 행위'를 규정해 주는 종류의 지침이 아니라 우리에게 가능한 행위 중 어떤 것이 선택될 수 있는지를 숙고하고 성찰하는 데 부분적 근거가 되는 '도덕적 이해(moral understanding)'를 위한 지침이다. 존슨, 『도덕적 상상력』, 47, 225, 499쪽 참조. 이렇게 볼 때 우리 인간이 살아가는 현실 세계에는 단일한 절대 보편적 도덕원리가 존재할 수 없으며, 설령 그러한 도덕원리가 존재한다 하더라도 현재와 같은 유기체적인 존재 조건을 가진 우리로서는 그러한 도덕원리를 식별할 수 없으며, 따라서 그것은 우리에게 무의미한 것이다. 로티(R. Rorty)의 어법을 빌자면 설혹 신적 관점이 존재한다 하더라도 우리가 그것을 식별할 수 없다. Richard Rorty, Philosophy

을 극복하기 위해 현실 세계를 넘어선 초월에서 그 절대 보편의 정당화 근거를 찾아야만 했다. 그 결과 유가 도덕 이론은 주희의 '철학적 열망'에 의해 절대화된 도덕 이론으로, 특히 '도덕주의'(moralism)로 변형된 것이다.[390] 그것은 '우리가 원하는 것'이지 '우리의 것'이 아니다. 즉 그것은 도덕성의 절대적 근거를 확립하려는 선언의 이론이지, 도덕적 경험에 대한 해명의 이론이 아니다.

넷째, 주희의 도덕 이론은 '열망'의 산물로서 도덕적 이상들이다. 이러한 도덕적 이상들은 물론 그 자체로 일정한 유용성을 가진다. 즉 그것들은 사적 가치의 영역에서는 우리 개개인의 삶의 척도가 되기도 하고 삶의 방향성을 제시해 주기도 한다. 그러나 인간의 경험은 성격상 단일한 체계로 통합, 수렴될 가능성이 전혀 없다. 이렇게 볼 때 이러한 열망의 이론들이 만일 이론적 본성을 넘어서 정치권력과 결합하여 이데올로기로서 지배적 독단으로 자리 잡으면, 그리하여 공적 가치의 영역에서 우리에게 부과되어 공유하도록 강요할 때 그것은 오히려 우리를 억압하는 폭력으로 전락할 위험성을 안고 있다.

---

and Social Hope (London : Penguin Books, 1999), p. 82 참조.
390) 몽배원은 성리학이 도덕주의의 특징이 있다고 했으며, 왕육제도 성리학은 일종 극단적 도덕주의 이론이라고 했다. 蒙培元,『理學範疇系統』, 256쪽 참조; 王育濟,『天理與人欲』, 14쪽 참조. 노양진도 유학을 본성상 '도덕주의'라고 규정했다. 노양진에 따르면 도덕주의란 도덕적 가치가 다른 모든 가치를 수렴하는 최고의 가치라는 입장이며, 그것이 동아시아는 물론 서구의 전통적인 윤리학의 무비판적 가정을 이루고 있다고 지적했다. 노양진,「유학의 자리」(미발표 논문, 2011), 1쪽 참조.

제5장 유가 도덕 이론에 대한 경험적 재해석

오늘날 보편적 도덕원리의 탐구로 특징지어지는 절대주의 도덕 이론이 다만 '철학적 열망'의 산물이며, 또한 그것이 더는 우리의 공동체적인 삶에 의미 있는 도덕적 탐구가 아니라는 것은 일종의 기본적인 철학적 상식이 되었다. 특히 초월적인 것에 대한 호소는 절대 우리 시대의 이론적 정당화의 적절한 방식이 될 수 없으며, 그것은 유가 도덕 이론에서도 마찬가지라고 할 수 있다.

인지과학이 급속도로 성장하고 있는 현시대, 경험적 탐구의 증거들과 성과들은 우리 인간의 인지적 구조에 대해 새로운 해명을 제시한다. 철학적 탐구에서 이제 우리에게는 더는 경험과학적인 증거들을 외면한 채, 그것에 대한 무지를 인지적 '천진성'(innocence)으로 변명할 수 있는 도피처가 주어져 있지 않다. 철학적이거나 과학적인 그 어떤 이론의 타당성 문제는 결국 경험적이며, 따라서 이러한 경험적 증거들과 충돌하는 이론은 결정적으로 반박되며 설 자리가 없게 된다.[1] 이는 새롭게 제시되는 모든 이론은 적어도 이러한 경험적 증거, 성과들과 상호 충돌하지 않는 방식으로 제시되어야 한다는 것을 의미한다.

이렇게 볼 때, 현시대 우리는 마땅히 유가 도덕 이론이 진정으로 이론적·실천적 곤경에서 벗어나 우리 인간의 더 나은 삶에 중요한 역할을 하는 도덕 이론으로서 새로운 위상을 확립해야 할 것이다. 이러한 목적으로 체험주의의 기본 관점에서 유가 도덕 이론을 우리에게 주어진 것에 가장

---

1) 레이코프·존슨, 『몸의 철학』, 377쪽 참조.

부합하는 방식으로 재해석해야 할 필요성이 있다고 할 수 있다.

이 장에서는 주로 그 당시 아직 형이상학화의 과정을 거치지 않은 공맹의 도덕 이론에 대한 경험적인 재해석을 통해 유가 도덕 이론이 새로운 경험적 지식에 부합하는, 다시 말해 '경험적으로 책임 있는' 도덕 이론으로 재해석될 가능성을 탐색하려고 한다.

1. '상상력'의 도덕적 주체

도덕 주체란 통상적으로 도덕의식, 의지, 판단, 행위의 소재를 가리킨다. 공맹의 도덕 이론은 일반적으로 금수와 다른 것이 얼마 안 되는, 그러나 근본적인 구별을 초래하는 인의예지 도덕적 심성을 기본 단위로 도덕적 주체와 인간 개인을 규정했다. 그러나 주희에 이르러 그는 또 기품의 차이에 따른 분리의 차이와 그것이 기질 중에서의 발현 차이, 달리 말하면 원리적 개념인 리와 기로서 인간과 동물의 구별을 설명했으며, 나아가 인간을 도덕적 주체로 규정하고 정당화하는 근거로 삼았던 것이다.

체험주의에 따르면 몸을 중심으로 한 자연적 조건은 바로 우리 인간이 유사한 도덕적 존재라는 사실을 의미화해 주는 경험적 지반이다. 특히 이러한 우리 인간의 모든 경험은 신체화되어 있으며, 따라서 전통적인 도덕 이론이 가정했던 도덕적 주체로서 순수한 마음은 존재하지 않는다. 그것은 도덕적 주체가 몸을 중심으로 규정되어야 한다는 것을 의미하며, 나아가 전통적인 마음 중심의 이론적 가정이 부적절하다는 것을 의미한다.

앞에서 보았듯이 공자의 시대에는 다만 도덕적 의식에 불과했던 마음이 맹자에 이르러서는 사변화의 경향이 점점 짙어져 결국 도덕적 주체로 이론화되었으며, 이에 반해 몸은 도리어 도덕적 발현의 장애물로 되어 극복의 대상으로 전락하고 말았다. 그렇다면 맹자는 도덕적 주체로서 마음과 몸 사이의 관계를 어떻게 보고 있는가?

사람에게 보존된 것에 눈동자보다 더 좋은 것이 없으니 눈동자는 그 악을 은폐하지 못한다. 마음속이 바르면 눈동자가 밝고 마음속이 밝지 못하면 눈동자가 흐리다. 그 말을 들어보고 그 눈동자를 관찰하면 사람들이 어떻게 숨길 수 있겠는가?[2]

백성으로 말하면 항산이 없으면 그 때문에 항심이 없어진다. 만일 항심이 없어지면 방탕하고 편벽하고 사악하고 사치함을 하지 않음이 없다.[3]

눈동자는 말 그대로 몸의 한 구성 요소다. 맹자에 따르면 눈동자는 마음의 창문으로서 그 눈동자의 빛을 보기만 해도 그 사람의 마음을 판단할 수 있다. 예컨대 마음이 선하고 바르면 눈동자가 밝고, 마음이 악하고 바르지 못하면 눈동자가 흐리다. 여기에서 볼 수 있듯이 도덕적 주체로서 마음은 몸과 떨어질 수 없는 관계이며, 특히 신체적 요소를 통해 표현되고 드러나는 것이다.

맹자는 또 백성은 만일 항산이 없다면 항심도 없을 것이며 나아가 불선도 마다치 않을 것이라고 했다. 그렇다면 항산과 항심이란 무엇인가? 항산이란 사람이 떳떳이 살 수 있는 생업을 말한다. 항심이란 사람이 떳떳이 가지고 있는 선한 마음이다. 만일 이러한 생업이 없다면 백성은 당연히 생존에 필요한 수요를 충족시키지 못해서 굶주리게 되거나 심지어는 죽게 될 것이며, 그러한 상태에서 도덕적인 것을 운운하는 것은 결코 쉬운 일이 아니다.

따라서 여기에서 맹자가 비록 항산과 항심, 즉 물질적 토대와 도덕적

---

2) 『孟子』, 「離婁上」 15, 存乎人者, 莫良於眸子. 眸子不能掩其惡. 胸中正則眸子瞭焉, 胸中不正則眸子眊焉. 聽其言也, 觀其眸子, 人焉廋哉.

3) 『孟子』, 「梁惠王上」 7, 若民則無恒産, 因無恒心. 苟無恒心, 放辟邪侈, 無不爲已.

마음의 상관관계를 논하고 있지만, 사실은 몸과 마음의 관계를 논하고 있다고 할 수 있다. 즉 그것은 도덕적 마음이 유기체 몸의 존재를 떠날 수 없으며, 특히 유기체 몸의 가장 기본적인 생존 유지를 전제조건으로 하고 있음을 강조하고 있다.

위에서 볼 수 있듯이 비록 공맹의 도덕 이론에서 마음과 몸은 구분되어 논의되고 있으며, 그중 마음은 도덕적 의식으로부터 도덕적 주체로 확립되며, 유기체 몸은 도덕적 주체를 이루던 데로부터 도덕 실현의 부정적 요소로 전락하지만 마음과 몸은 종국적으로는 서로 떨어질 수 없는 관계다. 여기에서 특히 금수와 근본적으로 구별되는 인의예지 도덕적 심성을 도덕적 주체로 하는 맹자의 관점은 몸을 중심으로 도덕적 주체가 구성된다는 체험주의 관점과는 정면으로 충돌하지만, 그럼에도 도덕적 주체인 마음이 동시에 신체적 요소와 분리되지 않는다는 주장은 우리가 또한 반드시 주목해야 할 부분이다.

체험주의에 따르면 우리 인간은 상상적인 서사적 존재이며,[4] 따라서 도덕적 경험의 근거는 바로 인간의 신체화된 상상적 구조다. 즉 인간이 도덕적인 것에 대해 경험하고 사유하고 추론하는 방식은 대부분 영상도식, 은유, 환유. 서사 등과 같은 상상력의 다양한 구조들에 의존하고 있다. 구체적으로 말해서 인간이 영상도식과 그 은유적 확장을 포함한 상상적 구조를 갖고 있고 있으므로 능히 도덕적 경험의 다양한 구조적 측면들을 개념화하고 이에 도덕적 이해와 사고 및 통찰을 형성한다.

나아가 특정한 상황에서 무엇이 도덕적으로 관련되는지를 식별하며, 또한 다른 사람들이 사물을 어떻게 경험하는지를 감정이입적으로 이해하며, 특정한 경우에 우리 인간에게 열려 있는 창조적 행위 가능성의 전 영역을 조망하는 것이다.[5] 따라서 이러한 상상적 구조는 우리 인간의 모든 도덕

---

4) 존슨, 『도덕적 상상력』, 333쪽 참조.
5) 같은 책, 19쪽 참조.

적 경험을 이해하는 능력과 도덕적 경험의 의미를 찾는 능력에 불가결한
것이다.

이러한 도덕적 주체 문제와 관련해서 체험주의가 중요하게 제안하는
것이 바로 타인을 도덕적 주체로 인식하거나 혹은 도덕적 행위를 행하는
데는 객관적인 도덕원리가 아닌 '도덕적 상상력'(moral imagination)이 요구된
다는 점이다. 특히 '감정이입'이라고 하는 상상적 경험의 작용이 필요하다
는 것이다.

구체적으로 말하면 우리 인간은 일반적으로 상상력 기제를 동원하여
상상적인 합리성에 따라 감정이입적으로 자기 자신과 같은 유기체 몸의
존재인 다른 인간에게 도덕적 인격성을 부여하여 그들이 대등한 도덕적
지위의 존재임을 경험적으로 인식함으로써 정당화한다. 이러한 도덕적 경
험은 우리 인간이 아닌 다른 동물에게도 확장될 수 있다. 다만, 유기체적
인 존재 조건이 우리 인간과 기본적으로 다르다는 것이 도덕적 주체를 결
정하는 중요한 척도로 작용하는 것이다.

이러한 감정이입적 능력은 또한 우리 인간의 가장 중요한 도덕적 능력
으로서 단순히 개인적이거나 주관적이지 않다. "오히려 그것은 어느 정도
공통적인 세계 ─ 공유된 운동, 행위, 지각, 경험, 의미, 상징, 서사 등의 세
계 ─ 를 경험할 수 있는 통로가 되는 주된 활동이다."[6] 우리 인간은 주로
이러한 인지적, 체험적 상상력 안에서 타인의 경험과의 상상적인 대면을
통해 그들과 상호작용하고 도덕적 감수성을 키우며 나아가 자기의 주관
적 경험에 투사된 타인의 가치들을 가지고 자신의 일상적인 도덕적 경험
을 진행하는 것이다.

이와 관련된 비교적 전형적인 예는 『맹자』에서 찾아볼 수 있다. 즉 『맹
자』에는 다음과 같은 맹자와 제선왕(齊宣王)의 대화가 등장한다.

---

6) 같은 책, 400쪽.

제선왕: 과인과 같은 사람도 백성을 보호할 수 있습니까?

맹자: 가능합니다.

제선왕: 무슨 이유로 나의 가능함을 아십니까?

맹자: 신이 호흘에게 들었습니다. '왕께서 당상에 앉아계시는데, 소를 끌고 당 아래로 지나가는 자가 있었습니다. 왕께서 이를 보시고 「소가 어디로 가는가?」하고 물으시자, 대답하기를 「장차 흔종에 쓰려고 해서입니다.」했습니다. 왕께서 「놓아주어라. 내가 그 두려워 벌벌 떨며 죄 없이 사지에 나아감을 차마 볼 수 없다.」하시자, 대답하기를 「그렇다면 흔종을 폐지하겠습니까?」하니, 왕께서 「어찌 폐지할 수 있겠는가? 양으로 바꾸어 쓰라.」하셨습니다.' 알지 못하겠지만 이런 일이 있었습니까?[7]

이는 맹자가 제선왕에게 인정(仁政), 왕도 정치를 강론하는 중요한 대목이다. 여기에서 잠시 이 내용을 제쳐놓고 제선왕의 언행을 살펴보자. 제선왕은 제물로 도살장에 끌려가는 소의 겁에 질린 모습을 보고 측은한 생각이 들어 그 소를 양으로 바꾸어 목숨을 살려준다. 쥴리앙(F. Jullien)은 여기에서 결국 경험적 차원만이 도덕적 근거를 제공해 줄 수 있다는 사실이 밝혀졌다고 했다.[8] 이에 대비해 주천령(周天令)은 이 사건의 관건은 제선왕의 주관적 가치의 인지에 있었다고 했다.[9]

체험주의적 시각에서 볼 때 이는 분명히 감정이입적 상상력이 발현된 경우다. 즉 제선왕은 우선 눈앞에 보이는 소에게 상상적으로 도덕적 인격성을 부여하여 소를 우리 인간과 똑같은 도덕적 존재로 간주했던 것이며, 더욱이 감정이입적으로 자신의 의식을 소에게 투사하여 자신이 직접 소의 처지에서 도살장에 나가는 경험을 했던 것이다. 당연히 제선왕은 죽음

---

7) 『孟子』, 「梁惠王上」 7, 曰 : 若寡人者, 可以保民乎哉? 曰: 可. 曰: 何由知吾可也? 曰: 臣聞之胡齕曰, 王坐於堂上, 有牽牛而過堂下者, 王見之, 曰: '牛何之?' 對曰: '將以釁鍾.' 王曰: '舍之! 吾不忍其觳觫, 若無罪而就死地.' 對曰: '然則廢釁鍾與?' 曰: '何可廢也?以羊易之!' 不識有諸?

8) 프랑수아 쥴리앙, 『맹자와 계몽철학자의 대화 : 도덕의 기초를 세우다』, 허경 역 (파주 : 한울, 2004), 24쪽 참조.

9) 周天令, 『朱子道德哲學研究』, 74쪽 참조.

에 대한 공포와 삶에 대한 본능적인 갈망 등의 상상적인 체험을 했을 것
이다. 따라서 그는 자신이 바로 이러한 죽음의 공포 속에서 살기를 간절
히 원했다면 소도 자신과 마찬가지로 살기를 간절히 바랐을 것으로 생각
하고 그 소를 살려주었던 것이다.

그러나 제선왕의 상상적인 도덕적 경험은 비록 소와 같은 동물에게도
확장되었지만 동시에 그는 또 동물을 우리 인간과는 다른 유기체적 존재
라고 생각했기 때문에 결과적으로는 우리 인간과 대등한 도덕적 주체로
는 보지 않았다. 이는 소를 양으로 바꾸어 제사를 지내라고 하는 그의 태
도에서 잘 드러난다.

여기에서 볼 수 있듯이 이러한 감정이입적 상상력은 인간에게만 국한
되는 것은 아니지만 적어도 도덕적 구성원을 가정하는 데에는 어떤 공유
하는 공통성에 대한 가정이 필요하며, 그것은 추상적인 도덕원리를 통해
서 주어지는 것이 아니라 주로 인간의 신체적·물리적 층위의 경험에서
발견될 수 있다.

도덕적 주체의 감정이입적 상상력과 유사한 내용은 또 공자의 '서'(恕)
사상에서 집중적으로 체현된다.

> 자공: 한마디 말로 종신토록 행할 만한 것이 있습니까?
> 공자: 그것이 바로 서다. 자기가 하고 싶지 않은 것을 남에게 베풀지 말
> 아야 한다.[10]

공자가 말하는 '서'는 대체로 두 가지 의미가 있다. 첫째는 자기가 하기
싫어하는 것을 남에게 시키지 말라는 것이다. 이것이 '서'의 소극적이면서
동시에 기본적인 의미이다. 『대학』에서 말하는 '혈구지도'(絜矩之道)가 바로

---

10) 『論語』, 「衛靈公」 23, 子貢問曰: 有一言而可以終身行之者乎? 子曰: 其恕乎! 己所不欲, 勿施
於人.

이와 같은 의미다. 둘째는 내가 서고자 함에 남도 서게 하고 내가 이루고
자 함에 남도 이루게 하는 것이다. 이는 서의 적극적인 의미이다.11) 이러
한 '서'는 공자의 사상을 하나로 관통한 인도다.

'서' 사상의 핵심적 논리는 다음과 같다. 예컨대 만일 당신과 다른 사람
이 느끼는 것이 유사하다면, 만일 당신이 불안함을 느끼고 싶어 하지 않
는다면 다른 사람의 입장을 상상적으로 취해볼 때 다른 사람도 당연히 불
안함을 느끼고 싶어 하지 않을 것이다. 따라서 당신은 상대방에게 불안함
을 느낄 수 있는 행동을 강요하지 않을 것이다.

마찬가지로 만일 당신이 평안함을 느끼고자 한다면 당신은 다른 사람
도 평안함을 느끼고자 함을 알 수 있으며 특히 다른 사람이 평안함을 경
험하기를 바랄 것이다. 따라서 당신은 그 사람의 평안함을 촉진하기 위해
서 행동할 것이다. 요컨대 자기를 미루어 남에게 미치는, 즉 자신보다는
남의 입장을 먼저 생각하고 나아가 모든 문제와 일 처리를 해야 한다는
공자의 이 '서'의 정신은 감정이입이라고 하는 인간의 도덕적 능력과 기
본적으로 일맥상통한다.

이 외에도 체험주의에 의하면 인간은 공맹의 주장처럼 선천적으로 도
덕성, 나아가 도덕의식을 타고나는 것은 아니다. 또한, 주희의 주장처럼
순수지선의 천리를 하늘로부터 부여받아 선한 도덕적 본성으로 타고나는
것은 더더욱 아니다. 그것은 인간이 태어나서 성장하는 과정에서 지속적
인 문화적·사회적 영향과 타인과의 공존 관계 속에서 점차 도덕적 인지
와 의식이 형성되고, 나아가 도덕적 발달과 성장을 이룩하는 것이다.

여기에서 체험주의가 이해하는 도덕적 본성은 바로 인간의 다양한 경
험의 한 방식이다. 즉 "무엇이 도덕적인가에 대한 우리의 개념은 다른 모
든 개념처럼 인간의 신체화된 경험의 구체적 본성으로부터 비롯된다. 도

---

11) 채인후, 『공자의 철학』, 천병돈 역 (서울 : 예문서원, 2000), 99쪽 참조.

덕성에 관한 우리의 관념은 객관적이거나 '더 높은' 원천으로부터 비롯된 것일 수 없다."[12]

그렇다면 여기에서 인간이 금수와는 달리 도덕적일 수 있는 근거가 무엇인가 하는 문제가 제기된다. 체험주의적 시각에서 볼 때 그것은 현재와 같은 유기체 몸을 가진 같은 종(種)으로서 인간이 하게 되는 직접적 경험의 내용이 유사할 것이라는 믿음이다. 노양진은 그것을 '종적 신뢰'(specific ommitment)라고 부른다.[13] 이 문제에 대해 맹자도 유사한 견해를 제기한 바 있다.

> 사람은 배우지 않고도 능한 것은 양능이 있기 때문이며, 사려하지 않아
> 도 아는 것은 양지가 있기 때문이다.[14]

글자 뜻풀이를 해보면 '양'이란 일반적으로 아래와 같은 몇 가지 의미가 있다. 첫째, 훌륭하고 좋다는 뜻이 있다. 둘째, 어질고 선량하다는 뜻이 있다. 셋째, 매우 혹은 아주의 뜻이 있다. 이렇게 볼 때 여기에서 맹자가 말하는 양능, 양지의 '양'을 '선천적으로 타고난 어질고 선한' 의미로 해석하는 것이 맹자의 본지에 가장 가깝다고 할 수 있다. 즉 인간이 도덕적일 수 있는 것은 양능과 양지와 같은 선을 행할 수 있는 타고난 능력이 있기 때문이다.

이에 우리는 자칫하면 체험주의가 말하는 '종적 신뢰'로서 인간의 유사한 도덕적 경험, 특히 그러한 도덕적 이해와 추론을 가능케 하는 어떤 능력과 맹자가 말하는 이 양능, 양지 능력을 혼동할 수 있다. 사실 체험주의가 말하는 인간의 이 능력은 선과 불선을 모두 가능케 하는 잠재적인 중

---

12) 레이코프 · 존슨, 『몸의 철학』, 803쪽.
13) 노양진, 『몸 · 언어 · 철학』, 179쪽 참조.
14) 『孟子』, 「盡心上」 15, 人之所不學而能者, 其良能也; 所不慮而知者, 其良知也.

립적 능력이다. 특히 인간이 스스로 상상적인 합리성에 따라 추론하고 행위를 할 수 있는 이러한 능력을 소유하고 있으므로 금수와는 본질적으로 달리 도덕적일 수 있다. 이에 반해 맹자가 말하는 양능, 양지는 오직 선만을 가능케 하고 불선과는 근본적으로 무관한 능력이다.

그럼에도 맹자의 이 도덕적 행위를 가능케 하는 양지, 양능 능력에 대해 우리는 특별히 주목해야 한다. 그것은 인간이 도덕적 행위를 할 수 있는 어떤 능력을 본래부터 타고난다는 맥락에서는 체험주의와 매우 유사한 점이 있기 때문이다. 관건은 여기에서 멈추지 않고 특히 이 양능, 양지의 능력에 초점을 맞추어 한 걸음 더 밀고 나간다면 맹자의 인성론에 대해 다음과 같은 새로운 해석도 가능할 수 있다.

앞에서 보았듯이 전통적으로 우리는 맹자가 인의예지로서 인간의 본성을 규정한다고 인식해 왔다. 이는 맹자의 인성론에 대한 일반화된 관점으로서 맹자가 인의예지의 도덕성을 강조했다는 점에 근거한 것이다. 그러나 우리는 이 관점이 혹시 주희의 형이상학적 관점에 얽매이고 고착된 일종 잘못된 해석이 아닌지 의심해볼 필요가 있다.

인의예지는 주로 측은, 수오, 사양, 시비 등의 사단지심을 단초로, 즉 시작점으로 해서 밖으로 확충하고 드러나는 과정을 거친 뒤에 이루어진다. 이런 의미에서 우리는 맹자가 말한 "인의예지는 밖으로부터 나에게 녹여 들어오는 것이 아니라 내가 본래 가지고 있는 것이다",15) "군자의 본성인 인의예지는 마음에 뿌리를 둔다"16) 등의 관점을 우리 인간이 태어날 때부터 도덕관념 혹은 도덕원리로서 인의예지 도덕성을 본래부터 갖추고 있다는 전통적 의미보다는 우리 인간이 만일 도덕적 수양과 실천의 공부를 거듭하면 모두 요순(堯舜)과 같이 인의예지 사덕을 완비한 성현으로 될 수 있다는 가치 지향적인 측면에서 강조해서 한 말로 이해할 수도 있다.

---

15) 『孟子』, 「告子上」 6, 仁義禮智, 非由外鑠我也, 我固有之也.
16) 『孟子』, 「盡心上」 21, 君子所性, 仁義禮智根於心.

노사광에 따르면 성이란 맹자에게서는 원래 자각심의 특성을 가리켜 한 말이다. 특히 인간의 이러한 사단의 자각심은 여러 가지 덕을 성취할 수 있는 능력을 갖추고 있다.[17] 그 능력이 바로 양능, 양지라고 할 수 있다. 따라서 현재 우리는 맹자의 인성론에 대해 인의예지 덕성인 아닌, 다만 인의예지 덕을 성취할 수 있는 사단지심과 그 뒷받침이 되는 양지, 양능의 능력으로서 인간의 본성을 규정하는 경험적인 해석도 시도할 수 있다. 요컨대 공맹의 도덕 이론에서 '서' 사상을 비롯한 양능, 양지의 관점은 체험주의가 제기하는 '상상력'의 도덕적 주체의 관점에 부합한다.

2. '공공성'의 도덕적 규범

앞에서 이미 보았듯이 주희의 도덕 이론은 그 기본적 근거를 이루는 도덕적 규범성의 원천을 우리를 넘어선 초월적인 천리에 외존하고 있다. 그러나 이런 초월적 시도는 그 원천의 존재를 입증하지 못할 뿐만 아니라 그것이 우리와 접속되는 방식도 적절하게 제시하지 못한다는 결정적인 난점을 안고 있다.

이 때문에 그의 도덕 이론은 적어도 오늘날 인지과학이 제공하는 수렴적 증거들과 정면으로 상충한다. 특히 그것에 근거한 절대적이고 보편적인 도덕적 규범은 우리 인간으로부터 너무 멀리 나아간 지점, 즉 범인(凡人)이 아닌 군자나 성인들만이 실현할 수 있는 고원한 지점에 설정되어 있으며, 따라서 그것은 현실적으로 범인으로서 보통 인간들의 도덕적 실천의 가능성을 완전히 배제하고 있다.

체험주의에 따르면 천리와 같은 형이상학적 대상은 규범성의 최종적인

---

17) 노사광, 『중국철학사(고대편)』, 126쪽 참조.

원천이 아니라 오히려 인간의 일상적인 경험들을 원천영역으로 삼고 있는 정교한 은유화의 산물이다. 이러한 사실을 바탕으로 우리가 실제로 확인하거나 경험할 수 있는 도덕적 규범성의 원천은 '종'으로서의 인간의 '경험의 공공성'(commonality of experience)에서 찾을 수 있으며, 그 뿌리는 현재와 같은 몸을 가진 인간이 공유하는 자연적 조건이다.[18] 즉 도덕적 규범성의 원천과 소재를 초월을 통해 '가정된 보편성'에서 추구할 것이 아니라 경험을 통해 '검증된 공공성'에서 찾아야 한다는 의미이다.

일반적으로 도덕적 규범은 자연세계의 물리적 사실이 아니라 우리 도덕적 경험의 한 방식이다. 따라서 도덕적 규범성의 경험은 다른 경험과 마찬가지로 인간의 신체적 활동으로부터 비롯되며, 상상력의 구조들을 통해 점차 추상적인 층위로 확장되어 간다. 그러나 동시에 이러한 확장은 또한 신체적 요소들에 의해 강하게 제약을 받는다. 이러한 신체적 요소가 바로 우리가 경험적으로 확인할 수 있는 인간이 공유하는 경험의 공공성이다. 이것은 바로 나와 타자 사이에 도덕적 공감을 가능하게 해주는 경험적 지반이며, 또한 다양한 도덕적 이해와 경험이 시작되는 출발점이다.

이러한 경험의 공공성을 바탕으로 형성된 도덕적 규범성은 확고한 보편적 지반을 가지는 것도 아니지만 그렇다고 해서 결코 자의적인 것도 아니다. 그리고 앞에서 언급했듯이 도덕적 경험을 다양한 다른 유형의 경험과 근본적으로 구별해주는 핵심적 특성이 바로 '규범적 강제성'이다. 특히 이러한 '규범적 강제성'을 정당화하는 현실적 조건이 바로 '타인에 대한 해악'(harm to others)이다. 따라서 이러한 '타인에 대한 해악'이 자연스럽게 도덕적인 것을 규정하는 규범성의 가장 실질적인 근거가 될 수 있다.[19]

공맹의 도덕 이론에서도 이러한 '경험의 공공성'으로서의 도덕적 규범성의 정당화 근거 또는 기준을 어렵지 않게 찾아볼 수 있다. 우선『논어』

---

18) 노양진, 「규범성의 자연주의적 탐구」,『범한철학』, 제32집 (2004 봄), 167쪽 참조.
19) 노양진, 「도덕의 영역들」, 333쪽 참조.

에서 나오는 공자와 그 제자 재아(宰我)의 다음과 같은 한 단락의 대화록을
검토해 보자.

> 재아: 삼 년의 상은 일 년도 너무 긴 것입니다. 군자가 삼 년 동안 예를
> 행하지 않으면 예가 반드시 파괴될 것이며 삼 년 동안 음악을 다루지 않으
> 면 음악이 반드시 무너질 것입니다. 묵은 곡식은 이미 없어지면 새 곡식이
> 익으며 불씨를 취하는 나무도 바뀌니, 일 년이면 그칠 만합니다.
> 공자: 쌀밥을 먹고 비단옷을 입는 것이 너는 편안하냐?
> 재아: 편안합니다.
> 공자: 네가 편안하면 그리하라. 무릇 군자는 거상할 때 맛있는 것을 먹어
> 도 달지 않으며 음악을 들어도 즐겁지 않으며 거처함에도 편안하지 않은
> 것이다. 이 때문에 하지 않는 것이다. 지금 네가 편안하거든 그리하라.[20]

위에서 볼 수 있듯이 재아는 각종 이유를 들어가면서 부모의 삼 년 상
을 일 년 상으로 바꾸는 것이 좋지 않겠는가 하고 공자에게 묻는다. 여기
에서 우리가 특별히 주목해야 할 부분은 이 실문에 대한 공자의 대답이
다. 공자는 그렇게 하고도 날마다 쌀밥을 먹고 비단옷을 입는 것이 편안
하겠는가라고 되묻는다.

공자에 따르면 군자는 거상(居喪)에 있을 때 아무리 맛있는 음식을 먹어
도 입에 달지 않으며, 아무리 아름다운 음악을 들어도 즐겁지 않으며, 아
무리 좋은 거처에서 살아도 편안하지 못하다. 음식은 입으로 먹고 음악은
귀로 들으며, 마찬가지로 옷은 우리 몸이 걸치며 거처는 우리 몸이 사용
한다. 흥미롭게도 공자가 말하는 '편안함'은 모두 우리 인간의 신체적 요
소와 밀접한 관련이 있다. 그렇다면 이는 도대체 어떤 중요한 함축이 있
는 것인가?

---

20) 『論語』, 「陽貨」 21, 宰我問: 三年之喪, 期已久矣. 君子三年不爲禮,禮必壞; 三年不爲樂, 樂必
   崩. 舊穀旣沒, 新穀旣升, 鑽燧改火, 期可已矣. 子曰: 食夫稻, 衣夫錦, 於女安乎? 曰: 安. [子
   曰:] 女安則爲之, 夫君子之居喪, 食旨不甘, 聞樂不樂, 居處不安, 故不爲也, 今女安則爲之.

효는 윤리의 초석이다. 즉 효는 모든 덕행의 근본이고 출발점이다. 자식이 부모상을 당하여 애도의 마음으로 예의를 갖추어 제사를 치르는 것도 일종 돌아가신 부모님에 대한 효도의 자연적 발로(發露)이며, 그것은 인간으로서 반드시 지켜야 할 도덕의 근본을 행하는 것이다. 이러한 점에서 볼 때 공자는 인간의 도덕적 행위의 판단 근거를 그런 행위를 함으로써 자신의 몸이 편안한가, 편안하지 못한가 하는 것에 두고 있다.

이는 앞에서 보았듯이 도덕적인 것이 인간의 물리적 평안함의 기본적 경험을 바탕으로 은유적으로 이해된다는 체험주의의 관점과도 정확히 합치된다. 다시 말하면 공자는 도덕적 행위규범의 근거, 토대를 바로 인간 유기체적 존재 조건인 몸의 물리적 편안함에 두고 있다고 할 수 있다.

그렇다면 몸의 물리적 편안함의 가장 근본적인 척도가 무엇인가 하는 문제가 제기된다. 바꾸어 말하면 공자가 모든 도덕적 행위를 결정하고 지시하고 규정하는 가장 기본적인 판단 기준을 몸의 어떤 측면에 맞추고 있는가 하는 것이다. 이 문제에 관해 자로(子路)의 덕행을 평가하는 공자의 다음과 같은 말을 잘 음미해 보자.

> 공자: 해진 옷을 입고서 여우나 담비 가죽으로 만든 갖옷을 입은 자와 같이 서 있으면서도 부끄러워하지 않는 자는 그 유(자로)일 것이다. 남을 해치지 않고 남의 것을 탐내지 않는다면, 어찌 선하지 않겠는가?
> 자로가 [위의 시구]를 종신토록 외우려고 했다.
> 공자: 이 도가 어찌 족히 선하겠는가?[21]

사실 '불기불구, 하용불장'(不忮不求, 何用不臧) 이 두 구절은 『시경』 국풍(國風) 웅치(雄雉)편에 나오는 시구다. 공자는 이 시구를 인용해서 자로를 찬미하고 있다. 여기에서 우리는 도덕적 규범의 정당성을 판단하는 기준을

---

21) 『論語』, 「子罕」, 26, 子曰: 衣敝縕袍, 與衣狐貉者, 立而不恥者, 其由也與. 不忮不求, 何用不臧? …… 是道也, 何足以臧?

파악할 수 있다. 구체적으로 말하면 '기'(忮)는 해침을 뜻하며, '구'(求)는 탐함을 뜻하며, '장'(臧)은 선함을 뜻한다. 공자에 따르면 타인을 해치지 않으며 타인의 것을 탐내지 않는다면 그것이 바로 선한 덕행이다.

여기에서 볼 수 있듯이 공자는 덕행의 판단 기준을 주로 '타인에 대한 해악'에 맞추고 있다. 여기에서 '타인에 대한 해악'의 구체적 내용에는 당연히 가깝게는 타인의 인신 안전에 대한 상해(傷害), 멀게는 타인의 각종 물질적 이익에 대한 침해 등이 포함될 것이다.

그러나 공자의 주문은 여기에 그치지 않는다. 자로가 이 시구로 자기의 모든 덕행의 좌우명으로 삼으려고 하자 공자는 '타인을 해치지 않고 타인의 것을 탐내지 않는' 이 도가 어찌 족히 선하다고 할 수 있겠는가 하고 반문한다. 이는 도덕적 수양과 실천에서 이 정도로는 너무나도 실천하기 쉬운 것이며, 따라서 덕을 쌓는 데는 턱없이 부족함을 지적하고 있는 것이다. 즉 그것은 다만 도덕과 비도덕이 갈리는 분기점이며, 특히 그것은 모든 덕행의 시작일 뿐이라는 말이다.

이 외에도 『논어』를 살펴보면 도덕의 이러한 국면을 반영한 내용이 적지 않다. 예컨대 공자는 이렇게 말했다.

> 거친 밥을 먹고 물을 마시고 팔을 굽혀 베개로 삼아도 즐거움은 그 가운데 있으니, 의롭지 못하고서 부유해지고 또한 귀해짐은 나에게 있어서는 뜬구름과 같다.[22]

> 부와 귀는 사람들이 바라는 바이지만 그 정당한 방법으로 얻지 않았다면 처하지 않으며, 빈과 천은 사람들이 싫어하는 바이지만 그 정당한 방법으로 버릴 수 없다면 버리지 않겠다.[23]

---

22) 『論語』, 「述而」 15, 飯疏食飮水, 曲肱而枕之, 樂亦在其中矣. 不義而富且貴, 於我, 如浮雲.
23) 『論語』, 「里仁」 5, 富與貴, 是人之所欲也, 不以其道, 得之, 不處也. 貧與賤, 是人之所惡也, 不以其道, 得之, 不去也.

여기에서 '이롭지 못한 것'이란 도대체 무엇을 의미하는 것인가? 위의 문맥에서 볼 때 의롭지 못한 것이란 바로 타인에 대한 해악을 의미한다. 그렇다면 '정당한 방법'이란 과연 무엇인가? 그것 역시 타인에게 그 어떤 해악도 주지 않는 것을 의미한다. 즉 부와 귀는 사람마다 바라는 바이지만 만약 정당한 방법을 통해 얻은 것이 아니라면 그것은 타인에 대한 해악을 의미하기 때문에 이러한 부와 귀는 마치 하늘에 뜬 구름과 같아 비록 얻을 수 있다 하더라도 처하지 않는다는 의미이다.

여기에서 볼 수 있듯이 공자는 타인에 대한 해악 여부를 모든 행위의 출발점과 기준으로 삼아서 인간들이 점차 "아래의 것을 배우고 위의 것을 통달하여"24) 더 높은 도덕적 경지에 도달해야 함을 강조했다.

그렇다면 맹자는 이 문제를 어떻게 보고 있는 것인가? 맹자에게서도 이러한 도덕적 규범성의 정당화 근거를 찾아볼 수 있다. 그것은 맹자와 양혜왕(梁惠王)의 다음과 같은 대화에서 잘 드러난다.

> 양혜왕: 노인께서 천리를 마다치 않고 여기에 오셨으니, 또한 장차 내 나라를 이롭게 함이 있겠습니까?
> 맹자: 왕은 왜 하필 이익을 말씀하십니까? 또한, 인의가 있을 따름입니다. 왕께서 어떻게 하면 내 나라를 이롭게 할까 하고 말씀하시면 대부들은 어떻게 하면 내 집을 이롭게 할까 하고 말하며 선비 백성은 어떻게 하면 내 몸을 이롭게 할까 하고 말하여, 윗사람과 아래 사람이 서로 이익을 취한다면 나라가 위태로울 것입니다. 만승의 나라에서 그 군주를 시해하는 자는 반드시 천승을 가진 공경의 집안이며, 천승의 나라에서 그 군주를 시해라는 자는 반드시 백승을 가진 대부의 집안이니, 만승 중에 천승을 소유하며 천승 중에 백승을 소유함은 절대 많지 않은 것은 아닙니다. 진실로 의를 뒤에 하고 이익을 먼저 한다면 [자기보다 많은 것을 소유한 사람의 것을 모두] 빼앗지 않고서는 만족해지지 않습니다. 인하고서 그 어버이를 버리는 자는 있지 않으며 의로우면서 그 군주를 뒤에 하는 자는 있지 않습니다. 왕은 오

---

24) 『論語』, 「憲問」 36, 下學而上達.

직 인의만을 말씀하실 따름이지 왜 하필이면 이익을 말씀하십니까?[25]

위는 맹자의 의리지변(義利之辨)에 관한 내용이다. 맹자에 따르면 한 사람이 행위를 함에서 오직 사적인 이익만을 추구한다면 그것은 매우 위태로운 것이다. 그러한 행위는 일반적으로 그 어버이를 버리게 하고 그 군주를 뒤로 하게 하지만, 심하면 다른 사람이 소유한 것을 몽땅 빼앗지 않고서는 만족해하지 않으며 심지어는 군주를 시해하는 일까지도 서슴지 않고 저지르게 하는 것이다. 이 때문에 맹자는 양혜왕에게 이익과 반대되는 인의를 진언한 것이다.

여기에서 볼 수 있듯이 맹자의 의리지변의 기저에도 바로 인간 몸의 자연적 조건이 깔려 있으며, 그것은 최종적으로 타인에 대한 해악 여부로 귀결된다. 이는 맹자에게서도 '타인에 대한 해악'이 도덕적 행위규범의 가장 현실적인 근거가 되고 있음을 의미하는 것이다.

이상의 검토에서 우리는 공맹의 도덕 이론이 그 당시에 이미 어느 성도 현제와 같은 몸을 가진 우리 인간이 공유하는 자연적 조건, 즉 체험주의가 제안하는 '경험의 공공성'에 눈길을 돌리고 있으며, 특히 타인에 대한 해악의 경계로서 도덕적인 것과 그 규범성의 원천 또는 척도 문제 등을 다루고 있었음을 분명히 읽어낼 수 있다. 요컨대 공맹의 도덕 이론에서 부모상에 관한 '평안함'과 '의리지변' 등에서 드러나는 도덕적 규범성의 원천 문제에 관한 관점은 체험주의가 주목하는 '공공성'의 도덕적 규범의 관점에 접근한다.

---

25) 『孟子』, 「梁惠王上」 1, 王曰 : 叟不遠千里而來, 亦將有以利吾國乎? 孟子對曰 : 王何必曰利? 亦有仁義而已矣. 王曰'何以利吾國'? 大夫曰'何以利吾家'? 士庶人曰'何以利吾身'? 上下交征利 而國危矣. 萬乘之國弑其君者, 必千乘之家; 千乘之國弑其君者, 必百乘之家. 萬取千焉, 千取百 焉, 不爲不多矣. 苟爲後義而先利, 不奪不饜. 未有仁而遺其親者也, 未有義而後其君者也. 王亦 曰仁義而已矣, 何必曰利?

3. '일상성'의 도덕적 가치

앞에서 보았듯이 유학적 도덕가치인 인의예지는 송대의 주희에 이르러 형이상학적인 방식에 의해 우리 삶의 궁극적 가치 또는 최상의 가치로 규정되는 데까지 이르게 되었다. 즉 그것은 '순수 지선'의 초월적 리에 의해 다른 모든 가치를 수렴하는 최고의 도덕적 가치로, 특히 인간이 도덕적 수양과 실천에서 반드시 도달해야 하는 최종적인 도덕적 목표로 정당화 된 것이다.

체험주의에 따르면 '가치'는 본성상 어떤 외부 대상 또는 외부 대상들의 속성이 아니라 우리 인간이 외부 세계와 상호작용하는 방식들, 즉 '경험의 방식들'이다.26) 다시 말하면 그것은 우리 인간의 다양한 의도와 욕구, 관심을 반영한 특정한 경험의 방식들로서 우리 인간의 현재와 같은 몸의 그러한 조건에서 확장되는 추상적 활동 능력, 즉 마음의 활동으로부터 발생하는 것이다.

이러한 관점에서 볼 때 인의예지의 덕목들은 초월적 덕목이 아니라 우리 인간의 신체화된 도덕적 경험과 이해에 근거한, 우리 인간이 더 나은 공동체적인 삶을 살아가는 데 우선으로 요구되는 일상성의 도덕적 가치인 것이다.

그렇다면 여기에서 이러한 도덕적 덕목들의 가치 위계성 또는 그 보편성과 절대성을 부정하는 것은 결코 그 덕목들 자체를 거부하는 것도 아니며, 나아가 도덕 자체를 거부하는 것은 더더욱 아니다. 그것은 다만 이 덕목들이 우리 시대의 인간 이해에 부합하는 방식으로 재해석되어야 한다는 것을 의미한다. 즉 이러한 도덕적 덕목들의 가치는 비록 인간 존재를 넘어선 더 넓은 범위로까지 확장할 수 있으나 대신에 그 가치 중요성은

---

26) 노양진, 「경험으로서의 가치」, 『범한철학』, 제39집 (2005 겨울), 7쪽 참조.

마땅히 그 유기체의 전반적인 존재 조건에 얼마나 부합하는가 하는 관점에서 정당화되어야 한다는 것이다.

이제 우리가 만약 체험주의의 시각에서 근거해 보면 인간의 신체적, 일상적 삶의 구조에서 행해지는 공맹의 이른바 인의예지 네 가지 덕목들을 다음과 같이 분별적으로 정리할 수 있다.

인이란 사람을 사랑하는 것이다.27) 이러한 인에 관해서 공자는 이렇게 말했다.

> 인이란 어려운 일을 먼저하고 얻음을 뒤로 하는 것이다.28)

> 자기를 극복해서 예로 돌아가는 것이 인이다.29)

특히 자신이 서고자 함에 남도 서게 하고 자신이 통달하고자 함에 남도 통달하게 하는 '서'도 인으로 귀결된다고 했다. 이는 다음과 같은 맹자의 인 사상과 그게 다르지 않다.

> 어버이를 친근히 함이 인이다.30)

> 사람들은 모두 차마 하지 못하는 바가 있으니 차마 할 수 있는 바에까지 도달한다면 인이다.31)

> 우 임금은 천하에 물에 빠진 자가 있으면 마치 자신이 그를 빠뜨리게 한 것과 같이 여기셨고 후직은 천하에 굶주리는 자가 있으면 마치 자신이 그

---

27) 『論語』,「顔淵」22, 樊遲問仁. 子曰 : 愛人 참조.
28) 『論語』,「雍也」20, 仁者先難而後獲.
29) 『論語』,「顔淵」1, 克己復禮爲仁.
30) 『孟子』,「告子下」3, 親親仁也.
31) 『孟子』,「盡心下」31, 人皆有所不忍, 達之於其所忍, 仁也.

를 굶주리게 한 것과 같이 여기셨다.[32]

내 노인을 노인으로 공경해서 남의 노인에게까지 미치며 내 어린이를 어린이로 사랑해서 남의 어린이에게까지 미친다.[33]

이러한 인은 밥을 먹는 짧은 사이에도 떠나지 말아야 하며 경황 중에도 반드시 지켜야 하며 위급한 상황에서도 반드시 지켜야 한다.[34] 즉 이러한 인은 멀리 있는 것이 아니라 내 몸 가까운 곳에 있으며 자기가 만약 인하려고만 한다면 바로 인이 이르는 것이다.[35]

여기에서 볼 수 있듯이 인은 윤리적인 모든 덕의 토대로서 남을 사랑하고 어질게 행동함을 뜻하는데, 그것은 어버이를 섬기는 효제로부터 타인에 대한 사랑, 관심과 배려 등의 확충으로 집약될 수 있다. 이러한 인은 인간의 현실적인 삶에서 대인관계를 처리하는 정감 토대이다.

의는 공정하고 적합함이다. 공자는 다음과 같이 말했다.

군자는 의에 밝다.[36]

의로운 것을 보고 하지 않음은 용맹이 없다.[37]

천하의 일에서 오로지 괜찮다는 것도 없으며 절대로 안 된다는 것도 없이 다만 의를 따를 뿐이다.[38]

---

32) 『孟子』, 「離婁下」 29, 禹思天下有溺者, 由己溺之也; 稷思天下有餓者, 由己餓之也.
33) 『孟子』, 「梁惠王上」 7, 老吾老以及人之老, 幼吾幼以及人之幼.
34) 『論語』, 「里仁」 5, 無終食之間,違仁, 造次必於是, 顚沛必於是 참조.
35) 『論語』, 「述而」 29, 仁遠乎哉? 我欲仁, 斯仁至矣 참조.
36) 『論語』, 「里仁」 16, 君子喩於義.
37) 『論語』, 「爲政」 24, 見義不爲, 無勇也.
38) 『論語』, 「里仁」 10, 君子之於天下也, 無適也, 無莫也, 義之與比.

유사한 맥락에서 맹자도 의에 관해서 이렇게 말했다.

> 어른을 공경함이 의로움이다.[39]

> 사람들은 모두 하지 않은 바가 있으니 그 할 수 있는 바에까지 도달하면 의로움이다.[40]

> 한 가지 일이라도 불의를 행하며 한 사람이라도 죄 없는 이를 죽이고 천하를 얻음을 모두 하지 않는다.[41]

> 그 의가 아니고 그 도가 아니면 지푸라기 하나도 남에게 주지 않으며 지푸라기 하나도 남에게서 취하지 않는다.[42]

여기에서 볼 수 있듯이 의는 다른 덕목에 대비해 대체로 행위를 절제하거나 지도하는 역할을 하고 있는데, 그것은 공사를 분명히 하며 무사(無私)하여 공리(公利)를 중요시하는 내용으로 압축될 수 있다. 이러한 의는 인간의 현실적인 삶에서 대인 관계를 처리하는 가치 준칙이다.

예란 일종 의칙(儀則)을 말한다. 옛사람들은 '예'를 이(履)로, 즉 실천하고 실행하다의 뜻으로 해석하기도 했다. 그것은 인간이 실천하고 실행하는 바가 예에 따르기 때문이다. 이러한 예는 정분(定分)을 근본으로 하며, 그 실천은 경(敬)을 요점으로 한다. 공자는 이렇게 말했다.

> 예란 사치스럽기보다는 차라리 검소한 것이다.[43]

---

39) 『孟子』, 「盡心上」 15, 敬長義也.
40) 『孟子』, 「盡心下」 31, 人皆有所不爲, 達之於其所爲, 義也.
41) 『孟子』, 「公孫丑上」 2, 行一不義, 殺一不辜而得天下, 皆不爲也.
42) 『孟子』, 「萬章上」 7, 非其義也, 非其道也, 一介不以與人, 一介不以取諸人.
43) 『論語』, 「八佾」 4, 禮與其奢也, 寧儉.

삼베 관을 쓰는 것이 예이나 지금은 명주 관을 쓰니 검소하다. 나는 사람들을 따르겠다.44)

예이다, 예이다 하고 말하지만 옥이나 비단만을 말하겠는가?45)

윗자리에 있으면서 너그럽지 않으며, 예를 행함에 공경하지 않으며, 초상에 임하여 슬퍼하지 않는다면, 내가 어떻게 그를 알아봐 줄 수 있겠는가?46)

한편, 예에 관한 맹자의 언급을 살펴보자.

공경지심은 예이다.47)

예의 실질은 이 두 가지(인과 의)를 절문하는 것이다.48)

예가 있는 자는 남을 공경한다.49)

군자는 반드시 공손하고 검소하여 아랫사람을 예우해야 한다.50)

윗사람이 예가 없고 아랫사람이 배움이 없다면 폭민이 일어나 며칠이 못가 [나라는] 망하게 된다.51)

여기에서 볼 수 있는 것처럼 예는 인간의 욕구에 따른 절도 없는 행위를 방지하여 인간 개개인으로 하여금 자기의 본분을 지키게 하며, 나아가

---

44) 『論語』, 「子罕」 3, 麻冕禮也, 今也純, 儉, 吾從衆.
45) 『論語』, 「陽貨」 11, 禮云禮云, 玉帛云乎哉?
46) 『論語』, 「八佾」 26, 居上不寬, 爲禮不敬, 臨喪不哀, 吾何以觀之哉?
47) 『孟子』, 「告子上」 6, 恭敬之心, 禮也.
48) 『孟子』, 「離婁上」 27, 禮之實, 節文斯二者是也.
49) 『孟子』, 「離婁下」 28, 有禮者敬人.
50) 『孟子』, 「滕文公上」 3, 賢君必恭儉, 禮下.
51) 『孟子』, 「離婁上」 1, 上無禮, 下無學, 賊民興, 喪無日矣.

사회적 혼란을 피하게 하는 내용으로 개괄될 수 있다. 이러한 예는 인간의 현실적인 삶에서 대인 관계를 처리하는 행위 양식이다.

지란 지혜를 의미한다. 즉 "배우기를 싫어하지 않는 것이 지이다."52) 이 때문에 공자는 이렇게 말했다.

> 지혜로운 자는 미혹되지 않는다.53)

> 지혜로운 자는 인을 이롭게 여긴다.54)

> [지란] 사람을 아는 것이다.55)

> 남이 자신을 알아주지 못하는 것을 걱정하지 말고 내가 남을 알지 못하는 것을 걱정해야 한다.56)

맹자도 역시 지에 관해 매우 유사한 말을 했다.

> 시비지심은 지의 단서다.57)

> 지의 실질은 이 두 가지[인과 의]를 올바르게 파악하여 떠나지 않는 것이다.58)

> 사람을 다스려도 다스려지지 않거든 그 지혜를 돌이켜보아야 한다.59)

> 오직 지혜로운 자만이 작은 것으로 큰 것을 섬길 수 있다.60)

52) 『孟子』, 「公孫丑上」 2, 學不厭, 智也.
53) 『論語』, 「子罕」 28, 知者不惑.
54) 『論語』, 「里仁」 2, 知者利仁.
55) 『論語』, 「顏淵」 22, 知人.
56) 『論語』, 「學而」 16, 不患人之不己知, 患不知人也.
57) 『孟子』, 「公孫丑上」 6, 是非之心, 智之端也.
58) 『孟子』, 「離婁上」 27, 智之實, 知斯二者弗去是也.
59) 『孟子』, 「離婁上」 4, 治人不治, 反其智.

여기에서 볼 수 있듯이 지는 앎으로부터 비롯되지만 앎이 바로 지는 아니다. 앎에서 선입견에 얽매이지 않고 편벽한 것에 가리지 않으며 또한 그 운용에서도 사적인 이익이 아닌 공적인 의리에 이용되어야만 진정한 지라고 할 수 있다. 따라서 지는 일종의 정의를 근본으로 시비정사(是非正邪), 선악진위를 판별하는 능력으로 요약될 수 있다. 이러한 지는 인간의 현실적인 삶에서 대인 관계를 처리하는 지성 원칙이다.

지금까지의 검토에서 보면, 인의예지 도덕적 덕목들은 모두 우리 인간의 원초적인 조건에 부합하고 기여하는, 특히 더 나은 공동체 삶을 살아가는 데 우선으로 요구되는 원형적인 가치로서 그 우선성과 중요성은 공맹에 의해 우리 인간의 실질적인 삶의 맥락에서 정당화되는 방식을 취하고 있다.

오늘날 민주주의적 인본주의를 신봉하는 사회적 구도 속에서 이러한 인의예지 일상성의 도덕적 가치들은 비록 최고의 가치가 될 수 없으며, 특히 초월적인 정당화 근거가 제거되었다 하더라도 그 현재성과 실효성은 여전히 우리 인간의 구체적인 삶을 통해 지속해서 제시되고 입증될 수 있다. 더욱이 자유주의적 사회 구도 안에서 유학이 제시하는 도덕적 덕목들은 또 다른 도덕적 지평을 얻을 수 있다. 즉 그것들은 다양하게 열려 있는 '권고의 도덕'(advisory morality) 영역으로 재편입됨으로써 그 정당성과 필요성이 새롭게 평가되어야 할 것이다.[61]

요컨대 공맹의 도덕 이론에서 인의예지 덕목들의 도덕적 가치가 공맹에 의해 인간의 일상적인 삶에서 정당화되는 관점은 체험주의가 주장하

---

60) 『孟子』, 「梁惠王下」 3, 惟智者, 爲能以小事大.
61) 노양진은 '타인에 대한 해악'을 축으로 도덕을 금지의 도덕(compulsory morality)과 권고의 도덕을 구분하며, 도덕적 경험을 특징짓는 규범적 강제성이 금지의 도덕 영역에 국한되는 문제라고 주장한다. 즉 자유주의적 사회 구도 안에서 도덕 이론은 금지의 도덕에 대한 원리적 탐구이며, 권고의 도덕은 사실상 사적 가치의 영역으로 편입된다. 노양진, 「도덕의 영역들」, 『범한철학』, 제47집 (2007 겨울) 참조.

는 '일상성'의 도덕적 가치의 관점에 합치된다.

4. '신체화된' 도덕적 실천

주희의 성리학과 도덕 이론에서 인간이 하늘로부터 부여받은 성리는 서로 같지 않음이 없지만, 하늘로부터 품부받은 기질은 오히려 청탁후박의 차이가 있다. 여기에서 인간과 인간 간의 성품 차이는 주로 기품의 차이에 따른 성리의 발현 차이에 의해 결정된다. 주희는 이에 근거해서 도덕적 수양과 실천에서의 '기질의 변화'를 강조하기도 했다.[62] 비록 그의 인성론의 기본전제는 잘못되었지만, 도덕적 실천에서 인간의 기질을 개변한다는, 즉 인간을 개조할 수 있다는 관점은 그의 도덕 이론의 적극적 요소라고 할 수 있다.

체험주의에 따르면 몸은 우리 인간의 존재 근거이며 사유의 궁극적 뿌리이다. 이러한 몸은 인간이 도덕적 경험과 이해를 할 수 있는 기본조건이며 도덕적 실천에서 중심적이고 핵심적인 역할을 하고 있다. 즉 인간의 몸이야말로 도덕적 수양과 실천의 진정한 주체이며, 나아가 이러한 몸이 실질적으로 도덕적 수양과 실천을 수행하고 있다.

앞에서 살펴보았듯이 공맹의 유학적 전통에서 공자는 대체로 도덕적 수양과 실천에서 도덕적 주체를 이루는 인간 몸의 중요성을 강조했다. 그러나 맹자에 이르면서 그는 이러한 몸을 오히려 도덕적 수양과 실천에서 도덕적 사유를 가로막는 부정적 장애물이거나 혹은 도덕 발현의 부적절한 대상으로 간주했다. 그러나 총체적인 차원에서 볼 때, 도덕적 수양과 실천에서 몸은 완전히 배제되지 않고 있으며, 특히 신체적 요소와 관련된

---

62) 『全書(14)』, 「語類」, 卷4, 人之爲學, 卻是要變化氣稟, 然極難變化(198쪽).

도덕적 수양 방법도 적지 않다.

그렇다면 이제 경험의 본성과 구조에 관한 포괄적인 해명을 바탕으로 하는 체험주의의 '몸의 복권'이라는 관점에 근거해서 공맹의 도덕 이론에서 몸과 관련된 도덕적 수양과 실천, 즉 신체화된 도덕적 실천의 전형적인 예를 몇 개만 골라서 논의하기로 하겠다.

● 삼계(三戒)

군자가 훌륭한 인격을 갖춘 지성인일지라도, 군자가 되기 위한 과정이 쉽지 않을 뿐만 아니라 치러야 할 대가도 적지 않다. 공자는 군자로서 경계해야 할 점을 인생의 과정에 따라 세 가지를 들었다. "군자는 세 가지 경계함이 있으니, 젊을 때는 혈기가 안정되지 않으니 여색에 경계해야 하며, 장성해서는 혈기가 한창 강성하므로 싸움을 경계해야 하며, 늙어서는 혈기가 쇠잔하므로 얻음을 경계해야 한다."[63]

그렇다면 군자가 삼계를 지켜야 하는 근본 이유는 무엇인가? 그것은 다름 아닌 '혈기'라고 하는 몸의 생리적 기능 때문이다. 즉 공자는 주로 몸의 생리적 기능인 혈기에 초점을 맞추어 우리 인간의 도덕적 수양과 실천이 마땅히 몸의 생리변화와 성장발달의 특징에 맞게 점진적으로 이루어져야 함을 강조하고 있다.

● 사물(四勿)

사물, 즉 네 가지를 하지 말아야 한다는 이것은 공자가 안회에게 가르

---

63) 『論語』, 「季氏」7, 君子有三戒, 少之時, 血氣未定, 戒之在色; 及其壯也, 血氣方剛, 戒之在鬪; 及其老也, 血氣旣衰, 戒之在得.

친 것으로서 예에 의해 반드시 경계해야 할 네 가지 조목이다. 구체적으로 말하면 공자가 '극기복례'(克己復禮)를 말하자, 안회는 그 상세한 조목을 물었으며, 이에 공자는 "예가 아니면 보지 말며, 예가 아니면 듣지 말며, 예가 아니면 말하지 말며, 예가 아니면 움직이지 말아야 한다"[64)고 말했다. 이는 사실상 그의 제자 증자(曾子)의 "군자가 귀하게 여기는 도는 세 가지이니, 용모를 움직일 때는 난폭함과 방자함을 멀리해야 하며, 얼굴빛을 바로잡을 때는 성실함에 가깝게 해야 하며, 말과 소리를 낼 때는 비루함과 사리에 어긋남을 멀리해야 한다"[65)는 '삼귀'(三貴) 사상과 일맥상통한다.

'극기복례'는 공자 일생의 최고의 이상이며, 또한 평생의 분투 목표다. 위에서 볼 수 있듯이 이러한 '극기복례'는 인간 몸에 주어진 눈, 귀, 입, 사지 등과 같은 감각기관의 시(視), 청(聽), 언(言), 동(動)이라고 하는 가장 기본적인 인지, 감각 행위의 절제와 통제를 통해 실현되는 것이다.

● 양기(養氣)

양기란 호연지기를 기르는 것을 말한다. 맹자에게서 호연지기는 인간이 도덕적 수양을 거쳐 도달하는 일종의 경지다. 그렇다면 호연지기란 무엇이며 어떻게 호연지기를 기를 것인가? 이 문제에 관해 맹자는 다음과 같이 말했다.

> 그 기뭄이 지극히 크고 지극히 강하니 올바름으로 키워서 해가 됨이 없
> 으면 천지의 사이에 꽉 차게 된다. 그 기뭄이 의와 도에 배합되니 이것이
> 없으면 [사람은] 위축된다. 이[호연지기]는 내적인 의가 많이 축적하여 생겨

---

64) 『論語』, 「顔淵」 1, 非禮勿視, 非禮勿聽, 非禮勿言, 非禮勿動.
65) 『論語』, 「泰伯」 4, 君子所貴乎道者三 : 動容貌, 斯遠暴慢矣; 正顔色, 斯近信矣; 出辭氣, 斯遠鄙倍矣.

나는 것이지 의가 밖으로부터 엄습하여 갖추어지는 것이 아니다. 행하고서
도 마음에 부족하게 여기는 바가 있으면 [사람은] 위축된다. 내 그러므로
고자는 일찍이 의를 알지 못했다고 말한 것이니, 이는 그가 의를 외적이라
고 하기 때문이다. [호연지기를 기름에] 반드시 의로움을 축적하는 일에 종
사하되 효과를 기대하지도 말며, 마음이 망령 하지도 말며, 억지로 자라도
록 하지도 말아야 한다.66)

중국철학사에서 기는 일종의 철학적 범주로서 대체로 아래와 같은 세
가지 함의가 있다. 첫째는 하늘의 기운이나 음양의 두 기운과 같은, 나중
에 발전하여 태허의 기 혹은 리와 같이 본원적인 면에서 서로 대립하여
쓰이는 물질적인 기이다. 둘째는 혈기, 정기(精氣), 사기(邪氣)와 같은 생리
적인 기이다. 셋째는 야기(夜氣), 지기(志氣), 골기(骨氣)와 같은 윤리 도덕적
인 기이다.67)

맹자에 따르면 호연지기는 온몸에 충만한 기가 의로움과 결합하여 날
마다 조금씩 쌓여 점차 이루어지는 것이지 결코 한두 번의 우연한 의분의
솟구침이나 감정의 충동에서 비롯된 행위를 통해 단번에 이루어지는 것
이 아니다. 따라서 장시간의 의로움을 모으는 과정을 거쳐 형성된 호연지
기는 지극히 크고 지극히 강대하여 천지간을 꽉 채울 수 있다. 여기에서
볼 수 있는 것처럼 호연지기는 일반적인 기체나 몸의 생리적인 기운과는
근본적으로 다른 의로움을 바탕으로 하는 윤리 도덕적인 기이다.

물론 이러한 호연지기와 그 배양은 인간 몸의 활동을 이탈할 수 없다.
인간은 반드시 올바름으로 의로움을 축적하는 일에 종사함으로써 호연지
기를 키워야 한다. 그러나 그 방법에서 어떤 소기의 목적이 있어도 안 되

---

66) 『孟子』, 「公孫丑上」 2, 其爲氣也, 至大至剛, 以直養而無害, 則塞於天地之間. 其爲氣也, 配義
與道, 無是, 餒也. 是集義所生者, 非義襲而取之也. 行有不慊於心, 則餒矣. 我故曰, 告子未嘗
知義, 以其外之也. 必有事焉而勿正, 心勿忘, 勿助長也.

67) 주백곤, 『중국고대윤리학』, 전명용 외 역 (서울 : 이론과실천, 1990), 132쪽 참조

며, 제멋대로 되도록 내버려 두어도 안 되며, 더욱이는 새싹이 빨리 자라 나도록 억지로 쥐어 뽑듯이 성급하게 조장해서도 안 된다. 왜냐하면, 그것 은 도리어 그 기를 해치거나 난폭하게 만들기 때문이다. 이렇게 오랜 시 간의 연마와 단련을 거쳐 호연지기를 기르기만 하면 인간은 능히 부귀에 마음이 방탕하지 않으며, 비천에 절개를 옮기지 않으며, 위무에 지조를 굽 히지 않는 대장부가 될 수 있다.[68]

● 천형(踐形)

맹자는 일찍이 "형색은 천성이니, 오직 성인인 뒤에야 형구를 실천할 수 있다"[69]고 말했다. 여기에서 형이란 신체의 형상을 의미하며, 색이란 피부의 색깔을 의미한다. 이 형과 색을 합치면 인간의 형구, 즉 육체 생명 을 가리킨다. 이러한 형구는 천부적인 자질이므로 천성이다. 즉 인간이 선 친적으로 타고나는 것이다. 천형이란 바로 인간이 육체 생명 활동에 따라 실천하되 형색과 같은 타고난 자질을 잘 운용함으로써 그 자질이 훼손되 지 않을 뿐만 아니라 본유의 작용도 남김없이 더 잘 발휘하여 종국적으로 신체의 모든 가치를 완만하게 실현하는 것을 말한다.[70] 이 점에 대해 맹 자는 또 다음과 같이 말했다.

사람은 자기 몸에 대해서 사랑하는 바를 겸했으니 사랑하는 바를 겸한다 는 것은 기르는 바를 겸하는 것이다. 한 자와 한 치의 살도 사랑하지 않음 이 없다면 한 자와 한 치의 살을 기르지 않음이 없다. 따라서 잘 기르고 잘 기르지 못함을 살피는 것이 어찌 다른 것에 있겠는가? 자기 스스로 취할 따

68) 『孟子』, 「騰文公下」 2, 富貴不能淫, 貧賤不能移, 威武不能屈, 此之謂大丈夫 참조.
69) 『孟子』, 「盡心上」 38, 形色, 天性也, 惟聖人然後可以踐形.
70) 왕방웅·증소욱·양조한, 『맹자철학』, 황갑연 역 (서울 : 서광사, 2005), 113쪽 참조.

름이다. …… 먹고 마시기를 즐기는 사람이라고 해도 [양심을] 잃어버림이
없다면 입과 배가 어찌 다만 한 자와 한 치의 살이 될 뿐이겠는가?[71]

인간의 입, 배와 같은 것은 단순히 형구로서 입과 배가 아니라 도덕적
본심, 즉 양심을 잃지 않는 정황에서는 도덕적 가치를 실현하는 데 중요
한 도구가 되어 큰 도움을 줄 수 있다. 따라서 그 자체로서는 매우 귀중한
것이며, 이에 우리 인간은 반드시 자신의 감성적인 육체 생명을 힘써 사
랑하고 기르는 동시에 이러한 구체적인 생명 활동을 통해 부단히 도덕적
수양과 실천을 하여 육체 생명의 모든 가치를 완성하여 그 기상이 윤택하
게 얼굴에 드러나며 등에 흘러넘쳐 사체에 베풀어지는 대인이 되어야 한
다.[72] 위에서 볼 수 있듯이 공맹의 도덕 이론에서 우리는 위와 같은 신체
화된 도덕적 실천에 초점을 맞춤으로써 몸의 중심성, 즉 도덕적 수양과
실천에서 몸의 인지적 우선성을 새로운 방식으로 정당화할 수 있다.

요컨대 공맹의 도덕 이론에서 '삼계' '사물' '양기' '천형'과 같은 도덕
적 실천의 관점은 체험주의가 강조하는 '신체화된' 도덕적 실천의 관점과
기본적으로 일치한다.

지금까지의 공맹의 도덕 이론에 대한 경험적 재해석의 결과를 다음과
같이 요약 정리할 수 있다.

첫째, 윤리학 또는 도덕 이론의 탐구에서 우리는 더는 현시대 인지과학
이 제시하는 경험과학적 증거들과 성과들을 무시할 수 없으며, 그것은 유
가 도덕 이론이 과거의 '철학적 열망'의 이론으로부터 경험적 발견에 합
치하는 '경험적으로 책임 있는' 도덕 이론으로의 회귀를 요구한다.

둘째, 그것은 특히 이론적 토대와 논리적 체계성이 취약할지라도 아직

---

71) 『孟子』, 「告子上」 14, 人之於身也, 兼所愛. 兼所愛. 則兼所養也. 無尺寸之膚不愛焉, 則無尺
寸之膚不養也. 所以考其善不善者, 豈有他哉? 於己取之而已矣. …… 飮食之人, 無有失也, 則
口腹豈適爲尺寸之膚哉?
72) 『孟子』, 「盡心上」 21, 其生色也, 睟然見於面, 盎於背, 施於四體 참조.

형이상학화의 이론화 과정을 거치지 않은 공맹의 도덕 이론에 대한 경험적인 재해석, 즉 우리에게 이미 주어진 것들의 도덕 이론으로 재해석, 재구성하는 것으로 구체적으로 이루어질 수 있을 것이다.

셋째, 그 과정에서 사변적 요소를 과감히 제거하고, 인의예지 도덕적 덕목들의 가치 중요성은 현실적인 삶의 지반 위에서 새롭게 제시하며, 도덕적 실천에서의 몸의 중심적 역할은 더욱더 부각함으로써 현시대 발전에 적응하는 유가 도덕 이론의 이론적·실천적 생명력과 현재성을 새롭게 밝혀야 할 것이다.

제6장 결론

이 글의 목적은 유가 도덕 이론의 본성에 대한 체험주의적 해명을 바탕으로 유가 도덕 이론을 우리의 삶에 직접 관련되는 것으로서 '경험적으로 책임 있는' 도덕 이론으로 재해석하려는 것이다.

이를 위해 필자는 체험주의적 시각에서 후세에 의해 다양하게 해석되었거나 혹은 그 시대 공맹 자신들의 인식 제한성으로 정교한 통찰을 결여하고 있는, 그럼에도 유학적 전통 안에서 윤리 사상의 가장 대표적인 전형이라고 할 수 있는 공맹의 도덕 이론에 대한 검토를 진행했으며, 이를 통해 '천부 내재'의 도덕적 근거, '탈신체화'된 도덕적 본심, '절대 보편'의 도덕적 규범, '내성 과욕'의 도덕적 수양을 제시하는 공맹의 도덕 이론의 기본적 구조를 밝혔다.

공맹의 도덕 이론에 대한 이상의 검토를 통해 필자는 다음과 같은 입장을 정리하려고 한다.

첫째, 공맹의 도덕 이론은 비록 인간 중심의 윤리적 실천에 중점을 두고 있지만 그럼에도 이미 주관적 사변화의 경향을 보이기 시작했으며, 그것은 공맹의 도덕 이론이 그 이후로 형이상학적 이론으로 성격을 바뀌게 되는 단초를 제공해 주었다.

둘째, 공맹의 도덕 이론에서 잠재적으로 드러나는 보편적 성선의 신장과 절대적 윤리규범의 추구는 결과적으로 그것이 보편적 도덕성과 도덕원리의 초월적 정당화 근거를 확립한 절대화된 도덕 이론으로 변형되는 주된 원인이 되었다.

셋째, 공맹의 도덕 이론은 이론적으로 논리적 체계성이 취약한 형태를 지니고 있으며, 그것은 필연적으로 섬세하게 체계화된 불·도교를 비판적으로 수용하는 과정에서 송대에 이르러 형이상학적인 이론화의 길로 접어들게 하는 결과를 낳게 했다.

이어서 필자는 형이상학화의 산물로 변형된 주희의 초월적 도덕 이론의 기본적 구조에 대해 리기론, 심성론, 리욕론 등 세 가지 측면에서 은유적 구조를 분석했으며, 이를 통해 「본성의 통속 이론」, 「욕구는 나쁜 것의 통속 이론」, 「엄격한 아버지」 가정 모형, 「리일분수」 복합 은유, 「위-아래」 지향적 은유, 「구슬」, 「뿌리/종자」, 「나뭇결」 개념적 은유 등의 근원에서 비롯된 주희의 초월적 도덕 이론의 은유적 구조를 드러냈다.

주희의 도덕 이론에 대한 은유 분석을 토대로 필자는 다음과 같은 입장을 제안하려고 한다.

첫째, 주희의 도덕 이론은 통속 이론들과 은유들에 의해 정교화된 은유적 구조물이다. 이러한 그의 도덕 이론의 논리적 구조는 은유적이다. 거기에서 「위—아래」, 「구슬」, 「뿌리/종자」, 「나뭇결」 등은 그의 이론 체계의 기본적 틀을 구성하는 상위 은유들이며, 「장소금물」, 「촛불 빛」, 「거울」, 「전지」, 「만두소」, 「맑은 물/흐린 물」, 「물결」, 「장수/졸병」, 「시동/절름발이」, 「오르막길/내리막길」, 「벼루 윗면/벼루 아랫면」 등의 은유들은 그의 도덕 이론 체계의 상부 구조를 이루는 하위 은유들이다.

둘째, 주희의 도덕 이론에서 형이상학적 대상인 리를 제거한다는 것은 리 중의 인의예지나 질서와 같은 경험적 요소가 아닌 다만 초경험적 요소들에 대한 제거를 의미한다. 그러나 그의 도덕 이론은 결과적으로 형이상학적 특질 때문에 공맹 유학의 기본 성격을 밝혀주지 못했을 뿐만 아니라 오히려 유가 도덕 이론을 그 자체 심각한 모순과 딜레마에 빠지게 하는 역설적 결과를 낳게 했다.

셋째, 주희의 도덕 이론이 은유적 가상이라는 것은 그것이 절대적인 도덕 이론이 될 수 없으며, 특히 절대 보편의 도덕원리 건설도 가능하지 않다는 것을 함축한다. 그러나 유가 도덕 이론은 주희의 '철학적 열망'에 의해 절대화된 도덕 이론으로 변형되었다. 그것은 도덕성의 절대적 근거를 확립하려는 선언의 이론이지, 도덕적 경험에 대한 해명의 이론이 아니다.

넷째, 주희의 도덕 이론은 일종의 도덕적 이상들로서 사적 가치의 영역에서는 유용성을 가진다. 그러나 인간의 경험은 본성상 단일한 체계로 통합될 가능성이 없다. 이렇게 볼 때 이러한 열망의 이론들이 만일 본성을 넘어서 이데올로기로서 독단으로 자리 잡으면, 그리하여 공적 가치의 영역에서 우리로 하여금 공유하도록 강요할 때 그것은 우리를 억압하는 폭력으로 전락할 위험성을 안고 있다.

주희의 초월적 도덕 이론의 본성에 대한 철학적 재반성은 유학적 도덕 이론 전반에 대한 경험적 재해석의 필요성을 제안했다. 따라서 필자는 특히 형이상학화 이전 공맹의 도덕 이론에 초점을 맞추어 경험적 차원에서의 재해석을 시도했다. 이를 통해 '상상력'의 도덕적 주체, '공공성'의 도덕적 규범, '일상성'의 도덕적 가치, '신체화된' 도덕적 실천 등 여러 측면에서 공맹의 도덕 이론이 천명하고 있는 관점이 체험주의가 제안하는 '몸의 복권'의 관점과 기본적으로 합치한다는 것을 드러냈다.

공맹의 도덕 이론에 대한 경험적 해석을 근거로 필자는 다음과 같은 의견을 밝히려고 한다.

첫째, 유가 도덕 이론의 타당성 문제는 결국 경험적인 것에 귀착되며, 이는 과거의 '철학적 열망'에 사로잡힌 형이상학적인 도덕 이론으로부터 경험적 발견에 합치하는 '경험적으로 책임 있는' 도덕 이론으로의 회귀를 요구한다.

둘째, 형이상학화 이전 공맹의 도덕 이론에 대한 체험주의의 '몸의 복권' 차원에서의 재해석을 통해 유가 도덕 이론을 우리에게 이미 주어진 것에 가장 부합하는 도덕 이론으로 재구성할 수 있을 것이다.

셋째. 공맹의 도덕 이론에 대한 경험적인 재해석을 통해 그것을 우리 인간의 더 나은 삶에 중요한 역할을 하는 유익한 도덕 이론으로 성장해 나가게 해야 할 것이며, 이로써 그 역사적 현재성을 새롭게 밝혀야 할 것이다.

총체적으로 유가 도덕 이론에 대한 체험주의적 재해석을 근거로 필자는 다음과 같은 주장을 제기하려고 한다.

첫째, 과거에 우리는 유가 도덕 이론에 대해 주로 문헌 연구에 치우쳤을 뿐 이론적 본성에 대한 반성적 성찰은 결여되어 있었다. 그 결과 유가 도덕 이론은 오랜 시간 동안 다만 전통적인 형이상학적 관점에 의해서만 해석되고 이해됐다. 그러나 오늘날 유가 도덕 이론의 이론적 본성에 대한 철학적 재반성은 우리에게 '경험적으로 책임 있는' 철학의 관점에서 더 설득력이 있는 경험적 해명의 필요성과 가능성을 제안한다.

둘째, 유가 도덕 이론에 대한 경험적인 재해석은 일종의 우리의 일상적 삶의 지반을 토대로 이루어지는 경험적 정당화의 새로운 시도다. 그것은 다원주의적 공존의 현대 사회에서 인간 중심주의 도덕적 인간상의 탐색을 위주로 하는 유가 도덕 이론의 본래의 성격을 더 잘 드러낼 것이며, 그렇게 드러난 유가 도덕 이론의 본성은 과거의 형이상학화로 인한 비판에서 더 자유로워질 수 있을 것이다.

셋째, 경험적으로 재해석된 유가 도덕 이론은 '닫힌 이론'이 아닌 '열린 이론'으로 그 고유한 이론적·현실적 정체성을 더욱 창조적으로 확립할 수 있을 것이다. 이로써 오늘날 '탈형이상학'(post-metaphysical)으로 특징지어지는, 현대 윤리학의 큰 흐름과도 충돌 없이 양립 가능할 것이며, 특히 21세기 인지과학의 경험적 발견에 합치하는 새로운 몸의 철학적 담론의 장에 더욱 부합하는 방식으로 확장되어 나갈 수 있을 것이다.

••• **참고문헌**

<원전류>
『노자』, 이민수 역, 파주 : 혜원출판사, 2000.
『논어』, 김학주 역, 제2전정판, 서울 : 서울대학교출판부, 2007.
『논어집주』, 성백효 역, 서울 : 전통문화연구회, 2007.
『논형』, 이주행 역, 서울 : 소나무, 1996.
『대학·중용집주』, 성백효 역, 서울 : 전통문화연구회, 2007.
『맹자』, 김학주 역, 서울 : 명문당, 2002.
『맹자집주』, 성백효 역, 서울 : 전통문화연구회, 2008.
『서경』, 김학주 역, 서울 : 명문당, 2002.
『시경』, 김학주 역, 서울 : 명문당, 2002.
『순자』, 김학주 역, 서울 : 을유문화사, 2001.
『예기』, 이민수 역, 파주 : 혜원출판사, 1989.
『장자』, 이민수 역, 파주 : 혜원출판사, 1989.
『춘추좌씨전』, 문선규 역, 개정판, 서울 : 명문당, 2009.
『정몽』, 정해왕 역, 서울 : 명문당, 1991.
『주역』, 최완식 역, 파주 : 혜원출판사, 1996.
『중용』, 김학주 역, 서울 : 서울대학교출판부, 2009.
『춘추번로』, 남기현 역, 서울 : 자유문고, 2005.
『효경』, 김학주 역, 서울 : 명문당, 2006.
『한비자』, 이운구 역, 파주 : 한길사, 2002.
『여씨춘추』, 김근 역, 서울 : 민음사, 1995.
『열자』, 김학주 역, 고양 : 연암서가, 2011.

<저서류(한글본)>
김재권, 『물리계 안에서의 마음』, 하종호 역, 서울 : 철학과현실사, 1999.
노사광, 『중국철학사(고대편)』, 정인재 역, 서울 : 탐구당, 1986.
_____, 『중국철학사(송명편)』, 정인재 역, 서울 : 탐구당, 1993.
노양진, 『상대주의의 두 얼굴』, 파주 : 서광사, 2007.

_____,『몸·언어·철학』, 파주 : 서광사, 2009.

뚜웨이밍,『뚜웨이밍의 유학 강의』, 정용환 역, 성남 : 청계, 1999.

라일, 길버트『마음의 개념』, 이한우 역, 서울 : 문예출판사, 1994.

류인희,『주자철학과 중국철학』, 서울 : 범학사, 1980.

레이코프, G.·M. 존슨.『삶으로서의 은유』, 수정판, 노양진·나익주 역, 서울 : 박
  이정, 2006.

_____,『몸의 철학 : 신체화된 마음의 서구 사상에 대한 도전』, 임지룡 외 역, 서
  울 : 박이정, 2002.

손영식,『성리학의 형이상학 시론』, 울산 : 울산대학교 출판부, 2007.

아라키 겐고,『불교와 유교』, 심경호 역, 서울 : 예문서원, 1999.

야마다 케이지(山田慶兒),『주자의 자연학』, 김석근 역, 서울 : 통나무, 1991.

오하마 아키라(大濱晧),『범주로 보는 주자학』, 서울 : 예문서원, 1997.

왕방웅·증소욱·양조한,『맹자철학』, 황갑연 역, 서울 : 서광사, 2005.

이강대,『주자학의 인간학적 이해』, 서울 : 예문서원, 2000.

이동희,『주자 : 동아세아 세계관의 원천』, 서울 : 성균관대학교출판부, 2007.

이상익,『주자학의 길』, 서울 : 심산, 2007.

이향준,『조선의 유학자들, 켄타우로스를 상상하며 理와 氣를 논하다』, 서울 : 예문
  서원, 2011.

정석도,『하늘의 길과 사람의 길』, 서울 : 아카넷, 2009.

정용환,『철학적 성찰로서 유교론』, 서울 : 철학과현실사, 2011.

존슨, M.『마음 속의 몸 : 의미, 상상력, 이성의 신체적 근거』, 노양진 역, 서울 : 철
  학과현실사, 2000.

_____,『도덕적 상상력 : 체험주의 윤리학의 새로운 도전』, 노양진 역, 파주 : 서광
  사, 2008.

주백곤,『중국고대윤리학』, 전명용 외 역, 서울 : 이론과실천, 1990.

중국철학연구회 편,『논쟁으로 보는 중국철학』, 서울 : 예문서원, 1994.

쥴리앙, 프랑수아.『맹자와 계몽철학자의 대화 : 도덕의 기초를 세우다』, 허경 역,
  파주 : 한울, 2004.

진래,『주희의 철학』, 이종란 역, 서울 : 예문서원, 2002.

최정묵,『주자의 도덕철학』, 서울 : 국학자료원, 2001.

채인후,『공자의 철학』, 천병돈 역, 서울 : 예문서원, 2000.

_____,『맹자의 철학』, 천병돈 역, 서울 : 예문서원, 2000.

칸트, 임마누엘.『윤리형이상학 정초』, 백종현 역, 서울 : 아카넷, 2005.

커베체쉬, 졸탄. 『은유 : 실용입문서』, 이정화 외 역, 서울 : 한국문화사, 2003.
『태극해의』, 곽신환 외 역, 서울 : 소명출판, 2009.
풍우란, 『중국철학사(상)』, 박성규 역, 서울 : 까치, 1999.
_____, 『중국철학사(하)』, 박성규 역, 서울 : 까치, 1999.
_____, 『중국철학사』, 정인재 역, 서울 : 형설출판사, 1989.
한국사상사연구회 편, 『조선유학의 개념들』, 서울 : 예문서원, 2002.

<논문류>
김흥경, 「주희 리일분수의 두 가지 이론적 원천」, 『동양철학연구』, 제10집 (1989).
노양진, 「도덕의 영역들」, 『범한철학』, 제47집 (2007 겨울).
_____, 「몸의 철학과 경험의 미학적 구조」, 전남대학교 인문학연구소 인문주간 특
        강 (2009. 9.)
_____, 「유학의 자리」 (미발표 논문, 2011).
_____, 「규범성의 자연주의적 탐구」, 『범한철학』, 제32집 (2004 봄).
_____, 「경험으로서의 가치」, 『범한철학』, 제39집 (2005 겨울).
_____, 「인지과학과 철학 : 마음에서 몸으로」, <인지과학으로 여는 21세기> 연속
        세미나, 제1회 발표문 (2010. 10).
박영도, 「신유가에서 내재적 초월의 구조와 그 의미」, 『한국사회학』, 제37집 (2003).
이석주, 「'같음'과 '다름'의 이중주 : 주자의 리일분수를 중심으로」, 『동서철학연구』,
        제46집 (2007).
이향준, 「체험주의적 분석의 학제적 전망 : 동양철학의 경우」, 『담화와 인지』, 제13
        집 (2006).
최성철, 「효사상의 현대적 재조명」, 『범한철학』, 제56집 (2010 봄).
王寅, 「Lakoff和Johnson的体験哲學」, 『当代語言學』, 제2기 (2002).
劉正光, 「<体験哲學－－体験心智及其對西方思想的挑戰>述介」, 『外語教學与研究』,
        제6기 (2001).

<저서류(중국어본)>
郭象, 『莊子注疏』, 北京 : 中華書局, 2011.
蘇輿, 『春秋繁露義證』, 北京 : 中華書局, 1992.
杜維明, 『儒家傳統的現代轉化』, 北京 : 中國廣播電視出版社, 1992.

戴震, 『戴震集』, 上海：上海古籍出版社, 1980.

羅欽順, 『困知記全譯』, 閻韜 譯注, 成都：巴蜀書社, 2000.

牟宗三, 『心體與性體(上)』, 上海：上海古籍出版社, 1999.

_____, 『心體與性體(下)』, 上海：上海古籍出版社, 1999.

_____, 『中國哲學的特質』, 臺北：學生書局, 1978.

蒙培元, 『理學的演變：從朱熹到王夫之戴震』, 福建：福建人民出版社, 1984.

_____, 『理學範疇系統』, 北京：人民出版社, 1989.

_____, 『中國心性論』, 臺北：學生書局, 1996.

_____, 『朱熹哲學十論』, 北京：中國人民大學出版社, 2010.

班固, 『漢書』, 北京：中華書局, 2000.

範壽康, 『朱子及其哲學』, 北京：中華書局, 1983.

僧肇, 『肇論校釋』, 北京：中華書局, 2010.

沈善洪・王鳳賢, 『中國倫理思想史(中)』, 北京：人民出版社, 2005.

揚雄, 『法言義疏』, 汪榮寶 撰, 北京：中華書局, 1987.

王育濟, 『天理與人欲』, 山東：齊魯書社, 1992.

王充, 『論衡校注』, 張宗祥 校注, 上海：上海古籍出版社, 2010.

王弼, 『王弼集校釋(上冊)』, 樓宇烈校釋, 北京：中華書局, 1980.

王弼, 『王弼集校釋(下冊)』, 樓宇烈校釋, 北京：中華書局, 1980.

餘書麟, 『中國儒家心理思想史(上冊)』, 臺北：心理出版社有限公司, 1984.

劉述先, 『朱子哲學思想的發展與完成』, 臺北：臺灣學生書局, 1995.

李翱・歐陽詹, 『李文公集・歐陽行周文集』, 上海：上海古籍出版社, 1993.

李澤厚, 『中國古代思想史論(宋明理學片論)』, 北京：人民出版社, 1986.

張岱年, 『中國哲學大綱』, 北京：中國社會科學出版社, 1982.

_____, 『中國倫理思想研究』, 南京：江蘇教育出版社, 2009.

張立文, 『中國哲學範疇發展史(天道篇)』, 北京：中國人民大學出版社, 1988.

_____, 『宋明理學研究』, 北京：中國人民大學出版社, 1985.

_____, 『朱熹思想研究』, 北京：中國社會科學出版社, 1981.

_____, 『理』, 北京：中國人民大學出版社, 1991.

_____, 『氣』, 北京：中國人民大學出版社, 1990.

_____, 『天』, 臺北：七略出版社, 1996.

_____, 『性』, 北京：中國人民大學出版社, 1996.

_____, 『心』, 北京：中國人民大學出版社, 1993.

張錫勤・柴文華, 『中國倫理道德變遷史稿(下卷)』, 北京：人民出版社, 2008.

張定宇,『中國道德思想精義』, 臺北 : 中正書局, 1983.

張載,『張載集』, 北京 : 中華書局, 1978.

錢穆,『朱子新學案(上)』, 成都 : 巴蜀書社, 1986.

程顥·程頤,『二程集(上)』, 第二版, 北京 : 中華書局, 2004.

趙歧,『孟子趙注』, 臺北 : 中華書局, 1982.

曹端,『曹端集』, 北京 : 中華書局, 2003.

周敦頤,『周敦頤集』, 第二版, 北京 : 中華書局, 2009.

周予同,『朱熹』, 上海 : 商務印書館, 1929.

周天令,『朱子道德哲學研究』, 臺北 : 文津出版社, 1999.

朱義祿,『『朱子語類』選評』, 上海 : 上海古籍出版社, 2006.

朱貽廳,『中國傳統倫理思想史』, 第四版, 上海 : 華東師範大學出版社, 2009.

朱熹,『朱子全書』, 朱傑人·嚴佐之·劉永翔 主編, 上海古籍出版社, 安徽教育出版社, 2002.

陳來,『宋明理學』, 上海 : 華東師範大學出版社, 2004.

陳榮捷,『朱子新探索』, 上海 : 華東師範大學出版社, 2007.

蔡方鹿,『宋明理學心性論』, 修訂版, 成都 : 四川出版集團巴蜀書社, 2009.

蔡仁厚,『宋明理學·南宋篇』, 長春 : 吉林出版集團有限責任公司, 2009.

唐凱麟·曹剛,『重釋傳統 : 儒家思想的現代價值評估』, 上海: 華東師範大學出版社, 2000.

馮友蘭,『新理學』, 北京 : 三聯書店, 2007.

_____,『中國哲學史新編(下)』, 第二版, 北京 : 人民出版社, 2007.

湖南省濂溪學研究會,『元公周先生濂溪集』, 長沙 : 岳麓書社, 2006.

候外廬,『中國思想通史(第四卷下)』, 北京 : 人民出版社, 1960.

<저서류(영어본)>

Leder, Drew. The Absent Body. Chicago : University of Chicago Press. 1990.

Rorty, Richard. Philosophy and Social Hope. London : Penguin Books. 1999.

Hobbes, Thomas. Leviathan. Indianapolis, Ind. : Bobbs—Merrill. 1968.

저자 **장 수**

장수는 중국 연변대학교(延邊大學校)에서 법학석사 학위, 그리고 한국 전남대학교에서 철학박사 학위를 받았다. 현재는 중국 연변대학교 정치와공공관리학원의 부교수, 조선반도연구협력창신중심의 부주임으로 재임 중이다.

논문으로는 「맹자 도덕 이론의 체험주의 해석」(『범한철학』, 2010, 제57집), 「주희 리기 개념의 체험주의적 해석」(『동양철학연구』, 2011, 제68집), 「주희 '리일분수'설의 체험주의적 해석」(『역사학연구』, 제45집), 「體驗主義哲學理論初探」(『延邊大學學報(社會科學版)』, 2012, 제6기), 「朱熹"理"的體驗主義探析」(『東疆學刊』[CSSCI期刊], 2014, 제4기), 「在認知轉變視域下對孔孟倫理思想的經驗詮釋」(『周易研究』[CSSCI期刊], 2015, 제4기) 등 10여 편이 있다.

몸으로 본 유가 도덕 이론

초판 1쇄 인쇄 2016년 11월 15일
초판 1쇄 발행 2016년 11월 20일
저 자 장 수
펴낸이 이대현
편 집 홍혜정

펴낸곳 도서출판 역락
주 소 서울시 서초구 동광로 46길 6-6 문창빌딩 2층
전 화 02-3409-2058, 2060
팩 스 02-3409-2059
등 록 1999년 4월 19일 제303-2002-000014호
이메일 youkrack@hanmail.net
역락블로그 http://blog.naver.com/youkrack3888

ISBN 979-11-5686-718-0 93150

* 책값은 표지에 있습니다.
* 파본은 구입처에서 교환해 드립니다.